AMRA

Meg Blackburn Losey

The Children of Now – Gespräche mit den neuen Kindern

Liebe, Gott, das Seelenreich
und die Erde nach 2012

Aus dem Amerikanischen von
Sabina Trooger und Vincenzo Benestante

AMRA

Titel der amerikanischen Originalausgabe:
CONVERSATIONS WITH THE CHILDREN OF NOW
Crystal, Indigo and Star Kids Speak Out about the World, Life and the Coming 2012 Shift

Besuchen Sie uns im Internet:
www.amraverlag.de

Deutsche Ausgabe:

Auf der Reitbahn 8, D-63452 Hanau
Telefon: + 49 (0) 61 81–18 93 92
Kontakt: info@amraverlag.de

Original Language edition published by Career Press
3 Tice Road, Franklin Lakes, NJ 07417, USA

Herausgeber & Lektor	Michael Nagula
Umschlaggestaltung	Scott Fray & Günter Treppte
Layout & Satz	Keller & Keller GbR
Druck	CPI Moravia Books s.r.o.

ISBN 978-3-939373-11-7

Für uns Menschen sind
die unendlichen Zukunftsmöglichkeiten
nur ein Erwachen entfernt.

Danksagung

Schon seit der allerersten Planungsphase entwickelte sich dieses Buch als ein Werk der Liebe. Wenn ich alle Namen erwähnen und alle Seelen würdigen wollte, die ihren Teil dazu beigetragen haben, würde ich unweigerlich jemanden übersehen.

An alle Kinder, die mit mir zusammengearbeitet haben, um Ihnen, liebe Leserinnen und Leser, ihre Worte zu vermitteln: Euch gilt meine tiefste Dankbarkeit für euren Mut und die Weisheit, die ihr in diese Seiten eingebracht habt. Mein Herz und meine Liebe gehören euch. Ich bewundere euch.

Jedes dieser wundervollen Kinder ist von einem hilfreichen Netzwerk umgeben: Eltern, Lehrer und viele andere, die im Hintergrund Beistand geleistet, Antworten und Lebensgeschichten aufgeschrieben haben und die Kinder sanft dazu ermutigen, die zu sein, die sie sind. All diesen Menschen möchte ich sagen: »Bravo! Ich danke Ihnen.«

Ich bin Sunny Ariel zutiefst dankbar für die Genehmigung, das Interview mit Scotty benutzen zu dürfen, das wir auf Band aufnahmen.

Joy Kauf: Unser Treffen in Denver war schicksalhaft. Die Welt wird ein schönerer Ort sein, weil Sie sich die Zeit genommen haben, Ihre Schüler und deren Eltern dazu zu ermutigen, sich an diesem Werk zu beteiligen. Ewiger Dank sei Ihnen gewiss.

Allen, die dieses Buch lesen, danke ich nicht nur dafür, ich möchte Sie auch dazu auffordern, es an die Lehrer und Ärzte Ihrer Kinder weiterzugeben, und auch an alle anderen Menschen, von denen Sie das Gefühl haben, dass sie den Kindern zuhören würden.

Posthum an Van Villanti, den *wundervollsten* all meiner Freunde: Du bist und bleibst das beste Beispiel eines hilfreichen Freundes, das ich zeit meines Lebens gekannt habe. Wenn ich nicht mehr weiter weiß, frage ich mich immer noch: »Was würde Van sagen?« Und ich höre immer noch auf deine Weisheit.

An meinen amerikanischen Verlag New Page/Career Press, besonders an Laurie Kelley Pye und Michael Pye: Danke für Ihr Vertrauen in mich und dafür, das Sie meine Bücher in die Welt hinaustragen.

Und an meinen David – ich liebe es, wie du an mich glaubst, was ich auch tun mag.

Inhalt

Vorwort von Lee Carroll

Bestsellerautor der Kryon-Bücher und

von »Die Indigo-Kinder« und »Indigo-Kinder erzählen«

Dieses Buch wurde von Kindern geschrieben! Und zwar von ganz besonderen Kindern, denn sie repräsentieren das, was viele als neues Bewusstsein auf Erden bezeichnen … eine Weiterentwicklung der Menschheit, die man am Geist der jüngsten heute lebenden Menschen deutlich erkennen kann. Ist das möglich? Evolviert die menschliche Rasse tatsächlich? Wenn ja, dann werden Sie das zuerst an den Kindern sehen und in diesem Buch.

Im letzten Jahrzehnt wurde viel über diese Neuen Kinder geschrieben, man hat sie in viele Kategorien eingeteilt und ihnen viele neue Bezeichnungen gegeben. Das Bildungssystem steht vor dem Zusammenbruch, weil die herrschende Gesellschaft sich weigert, auf diese Tatsachen zu reagieren, und die Pharmakonzerne machen mit Drogen wie Ritalin ein Vermögen. Kinderärzte leugnen diese Entwicklung, weil sie weder in ihren Lehrbüchern noch in ihren bisherigen Erfahrungen vorkam – und unterdessen verlassen immer mehr Kinder vorzeitig die Schule oder werden mit Medikamenten betäubt, weil ein hundert Jahre altes Bildungssystem nicht auf ein ganz offensichtlich neues Bewusstsein eingeht.

Meg Blackburn schafft wie niemand sonst eine Öffentlichkeit für die Neuen Kinder, und sie bezieht ihre Informationen direkt von der Quelle – den Kindern selbst! Mit Genehmigung der Eltern hat sie Ihnen ein Buch an die Hand gegeben, das es Ihnen ermöglicht, in ihren Verstand zu reisen und sich anzusehen, was sie denken – und dadurch werden Sie bald selbst feststellen können, ob sich die Kinder dieses Planeten verändern.

Machen Sie sich auf unerwartete Weisheit und Poesie gefasst, und sogar auf Einblicke in eine andere Welt. Die Kinder geben Antworten auf grundsätzliche Fragen: Wozu sind wir hier? Wer ist Gott? Was geschieht, wenn man stirbt? Haben wir schon einmal gelebt? Gibt es andere Dimensionen? Diese Kinder sind unsere Zukunft, also werfen Sie einen Blick auf das, was auf uns zukommt… Lesen Sie weiter!

Einführung

Vielleicht erwarten Sie von diesem Buch niedliche Kindergeschichten. Stattdessen werden Sie darin tiefe Weisheit finden. Es wird Sie zum Lächeln bringen, Ihnen Tränen in die Augen treiben, Sie nachdenklich machen und Ihr gesamtes Glaubenssystem herausfordern – und letzten Endes werden Sie Ehrfurcht empfinden und inspiriert werden.

Zumindest ist das das Ziel, das die Kinder und ich uns gesetzt haben. Die Kinder, die an diesem Werk mitgearbeitet haben, taten es freiwillig und mit dem Einverständnis ihrer Familien.

Sie haben uns eine Menge zu sagen, und dabei ist dies lediglich eine Kostprobe. Heute leben Tausende oder sogar Millionen solcher erstaunlichen Kinder in unserer Welt, und sie sind Teil einer grandiosen Evolution des menschlichen Bewusstseins.

Zur Zeit findet eine Bewusstseinserweiterung statt, die sich mit keinem Ereignis innerhalb früherer Generationen vergleichen lässt, und unsere Kinder sind der lebende Beweis dafür.

Wir erleben ein erstaunliches Phänomen – eine beschleunigte Entwicklung, einen Evolutionssprung. Die vielfältigen Wechselbeziehungen innerhalb unserer DNS verändern sich. Noch nie haben unsere Gehirne ihr Potenzial so intensiv genutzt wie heute. Unsere Gehirnwellen interagieren spontan mit höheren Frequenzen und höheren elektromagnetischen Feldern innerhalb der DNS. So arbeiten all unsere Gehirne als kohärente Bewusstseinseinheiten zusammen. Das bedeutet, dass die Menschen immer mehr wahrnehmen und sich allmählich zu wahrhaft bewussten Wesen entwickeln, die sich simultan aller Dinge gleichzeitig gewahr sind.

Wie ich in meinem vorigen Buch *The Children of Now* beschrieben habe, äußert sich dieser evolutionäre Prozess in unseren Kindern auf sehr unterschiedliche Weise.

Als Erste erschienen die Indigos. Sie sprengen die Paradigmen, weil sie wissen, dass die Regeln unserer Gesellschaft nur wenigen Menschen dienen und dass sich der menschliche Geist nicht von Unwahrheiten kontrollieren lässt. Sie sind verständige Wesen, die bereit sind, aufzustehen und »Nein!« zu sagen, wenn sie das Gefühl haben, dass die aktuelle Situation auf einer Unwahrheit beruht.

Die Kristallkinder sind sensible Wesen, die oft telepathisch veranlagt sind. Sie besitzen natürliche Heilkräfte, ihre Wahrnehmung reicht viel weiter, als wir uns vorstellen können, und sie sind auf der Erde, um das zu verkörpern, was wir einst gewesen sind, damit wir uns daran erinnern.

Die Sternenkinder sind hoch intelligente Wesen, in deren DNS Segmente aktiv sind, die auf unsere Ursprungsrassen zurückgehen. Für sie steht die Technologie im Mittelpunkt, sie begreifen Energien instinktiv und werden die Wissenschaftler unserer Zukunft sein.

Unsere Übergangskinder sind weder Indigo noch Kristall, sondern eine Mischung verschiedener Energien. Oft sind sie in einem bestimmten Bereich hoch begabt, wollen aber dieses Talent nicht zur Schau stellen. Stattdessen wächst in ihnen der Glaube, dass sie »anders« sind, dass sie wertlos oder weniger wert sind als andere. Sie erleben sich selbst als gestörte Außenseiter. Diese Kinder werden oft alkohol- oder drogenabhängig, gewalttätig oder noch Schlimmeres.

Die Wundervollen Stillen sind meiner Auffassung nach – wenn man das überhaupt sagen kann – am liebenswertesten. Sie bilden innerhalb der Menschheit eine besondere Nische. Stets haben sie eine Körperbehinderung, die auf einer Skala von geringfügig bis zu extrem reichen kann, und sie können oder wollen nicht sprechen. Stattdessen setzen sie ihre Stimme telepathisch ein, und einige Leute fangen an, sie zu hören.

Ich hatte nie die Absicht, diese Kinder in Kategorien einzuteilen. Im Laufe der unzähligen Stunden, die ich mit ihnen und ihren Familien verbrachte, fielen mir jedoch gewisse Tendenzen auf, und ich beobachtete, dass Kinder aus jeder dieser Gruppen anscheinend ganz bestimmte Eigenschaften haben. Um dieses wachsende Phänomen verständlich mitteilen zu können, ist ein differenziertes Vokabular vonnöten. Ich bin aber immer noch der Meinung, dass es falsch ist, Kinder mit Etiketten zu versehen, weil man ihnen dadurch das Gefühl gibt, außerhalb der Menschheit zu stehen, obwohl sie doch in Wirklichkeit die eigentliche Wahrheit unserer Existenz darstellen.

Und wieso findet diese Evolution statt?

Gewöhnlich leben wir in der Illusion, individuelle Einzelwesen zu sein, die sich von allen anderen unterscheiden. Das stimmt zwar in gewisser Hinsicht, aber andererseits bestehen wir aus genau derselben Substanz wie die gesamte Schöpfung. Wir alle wurden von Gott erschaffen, der Quelle, dem Schöpfer, dem Licht, wie wir es auch nennen wollen – und wir alle sind Teil eines Gesamtbildes, das wesentlich komplizierter ist, als unser Verstand begreifen kann.

Tatsächlich haben wir, die menschliche Rasse, völlig vergessen, wer wir sind und wozu wir fähig sind. Wir haben uns vorgegaukelt, wir seien die allerwichtigsten Kreaturen, die sich je in der gesamten Schöpfung manifestiert haben. Wenn wir andere betrachten, urteilen wir zugleich über sie. Wir beurteilen uns selbst nach dem, was andere tun, und bewerten unsere Errungenschaften nach dem, was andere erreicht haben. Wir empfinden eine Leere, als würde in unserer Welt etwas fehlen.

Unsere Religionen bekämpfen einander und sind sich nicht darüber einig, an welche Wahrheiten man uns zu glauben erlauben sollte, doch in Wirklichkeit hat man diese Wahrheiten schon vor Jahrhunderten manipuliert, die meisten der uralten Texte ausgetilgt und nur einige wenige übersetzt, die zu dem passten, was damals gerade erwünscht war. Man hat eine ganze Menge ausgelassen, wie wir dank der Entdeckung der Evangelien von Nag Hammadi und anderer uralter Schriftrollen im Nahen Osten feststellen konnten.

In den Informationen, die wir über die Geschichte der Menschheit besitzen, klaffen gewaltige Lücken. Es gibt archäologische Hinweise auf menschliche Existenz vor über einer Million Jahren. Es gibt Indizien für eine Technologie, die weit über alles hinausgeht, was wir heute über die von mir gern so genannte »Vorzeit« wissen – jene Zeit, bevor die Geschichte der Menschheit begann.

Im alten Ägypten wurden Pyramiden gebaut, die uns bis zum heutigen Tag verblüffen und inspirieren, und zwar von Leuten, die nur eine primitive Technologie besaßen. Die Pyramiden haben allen möglichen zerstörerischen Einflüssen getrotzt, darunter Hochwasser, Flutkatastrophen, Sandstürmen und unvorstellbar schrecklichen Ereignissen auf Erden – und sie weisen relativ geringe Schäden auf.

Die Sumerer schrieben über ein Volk, das von einem anderen Planeten kam und gewaltige Technologien besaß, und über ein Ereignis, das sich nach einer Atomexplosion anhört und in der Bibel vermutlich als Zerstörung von Sodom und Gomorrha beschrieben wurde. Die sumerischen Tontafeln berichten auch, dass diese Besucher sich mit Menschen kreuzten.

In Indien erwähnen uralte Texte Flugmaschinen namens *Vimana*, die Menschen über die ganze Erde trugen. Wir sehen diese Flugmaschinen sogar auf uralten Kunstwerken abgebildet. Sie schweben hoch oben im Hintergrund, als wären Flugmaschinen damals ein ganz normaler Anblick gewesen. Dabei wissen wir doch, dass zu jener Zeit niemand wusste, wie man fliegt … oder?

Die alten Schriften sprechen auch noch von anderen technologischen Geheimnissen, die wir als angeblich fortschrittliche Gesellschaft erst wieder entdecken müssen. In der Geschichte der Menschheit wird offiziell wesentlich mehr abgestritten als anerkannt. Der springende Punkt ist jedoch, dass irgendwo in unserem Inneren die Erinnerungen an unsere gesamte Geschichte gespeichert sind: Zell-Erinnerungen, die unsere Instinkte beeinflussen.

Wir lernten schon früh, uns vor Raubtieren und unseren Feinden zu schützen, als wir auf der Suche nach Nahrung, Wasser und Obdach ein jahreszeitenabhängiges Nomadenleben zu führen begannen. Wir fingen an, uns mit anderen Wesen auszutauschen, unter anderem, um Handel zu treiben und zu heiraten. Statt sich auf einfache Überlebensreaktionen zu beschränken, entwickelte unser Verstand die Kunst der Subtilität. Wir fingen an zu denken, und in diesem Moment schlossen wir die Pforten zu unserem höheren

Wissen, zu unserem bewussten Gewahrsein, zu dem wir durch höher schwingende Gehirnwellen Zugang hatten, durch Gammawellen und noch subtilere Frequenzen, die uns mit der universellen Wirklichkeit verbanden.

Das Ergebnis war die Entwicklung eines Egos, das uns beherrscht, uns hemmt und unsere Erfahrungen gegen frühere abwägt. Wir haben uns zu furchtsamen Menschen entwickelt, und unsere Wahrnehmung gaukelt uns vor, dass wir voneinander getrennt sind. Wir haben den Schwerpunkt auf den Intellekt gelegt, und das war uns bis zu einem bestimmten Punkt auch nützlich.

Nun schließt sich der Kreis unserer Evolution. Viele Erwachsene werden sich spontan einer größeren Wirklichkeit bewusst und begreifen, dass viel mehr hinter unserer Existenz steckt, als wir bisher wahrgenommen haben. Wir, die Erwachsenen, in denen dieses Erwachen begann, wurden zu Wegbereitern einer Bewusstseinserweiterung der Menschheit. Aufgrund dieses Erwachens haben wir eine neue Kindergeneration zur Welt gebracht, die uns längst vergessene Botschaften überbringt.

Die Kinder erinnern sich an alles – oder zumindest an so viele Einzelheiten, dass sie unserer Vergangenheit nicht nur Glaubwürdigkeit verleihen, sondern auch Leben.

Die Botschaften der Kinder sind sowohl formal als auch inhaltlich rein. Als ich mit den Kindern und ihren Familien arbeitete, erzählten sie mir zahllose Geschichten über fantastische Reisen, Technologien, multidimensionales Gewahrsein, ihre Beobachtungen an der Menschheit, Gott, unsere Welt und alles, was es sonst noch gibt.

Als *The Children of Now* um die Welt ging, haben mir viele Leser noch mehr Geschichten mitgeteilt. Und ehrlich gesagt fand ich diese Dinge zu aufregend und zu wichtig, um sie einfach in meinen Unterlagen abzuheften und für mich zu behalten.

Für dieses Buch entwickelte ich auch eine Reihe von Fragen. Sie beziehen sich auf jene Themen, mit denen die Menschheit anscheinend besonders um Klarheit ringt. Als Erwachsene bemühen wir uns, die ungreifbareren Aspekte unseres Daseins zu verstehen. Wir möchten wissen, wer wir sind und woher wir kamen. Wir möchten wissen, warum wir hier sind.

Wir streiten uns über die Frage, wessen Gott der einzige Gott ist, und wir gründen unser Leben auf die Dinge, von denen wir glauben, dass unser perfekter Gott sie von uns erwartet. All dies beruht natürlich auf unseren religiösen Lehren, die uns seit vielen Generationen übermittelt wurden. Wir fragen uns, wer Gott wirklich ist und was das für uns bedeutet. Und manchmal fühlen sich diese Glaubenssätze in unserem tiefsten Inneren irgendwie nicht ganz richtig an. Wir beginnen, sie in Frage zu stellen.

Wir sprechen über bedingungslose Liebe, aber *wissen* wir denn, was Liebe überhaupt ist? Ich wollte wissen, was die Kinder, unbeeinflusst von den Wahrnehmungen der Erwachsenen, darüber zu sagen hatten.

Wir fragen uns, ob es jenseits unserer Wirklichkeit Leben gibt, und bemühen uns darum, unseren Körper zu verlassen – und sei es auch nur, um einen winzigen Blick auf das zu werfen, was »außerhalb« liegt, und festzustellen, ob es real ist. Und wenn es uns gelingt, »dorthin« zu gelangen, bekommen viele von uns Angst, und wir ignorieren das, was wir gesehen oder gehört oder gespürt haben. Anderen dient es jedoch als Tor zu größeren Wirklichkeiten.

Wir verbringen einen Großteil unseres Leben damit, den Tod zu fürchten, als sei es möglich, ihn zu vermeiden. Wir wissen nicht genau oder erinnern uns nicht daran, ob und was als Nächstes kommt, und wir kämpfen gegen den Widerspruch zwischen unserer menschlichen und unserer höheren Wahrnehmung, die uns suggeriert, dass es womöglich nicht nur ein Leben nach dem Tod gibt, sondern sogar ein Leben jenseits unseres Hier und Jetzt.

An jedem einzelnen Tag unseres Lebens gibt es aus irgendeinem Grund irgendwo Krieg, meist aufgrund von religiösen Streitfragen, Grenzstreitigkeiten oder um irgendeinen Rohstoff, der die eine Gruppe reicher und mächtiger machen soll als die andere.

Wir möchten herausfinden, wie wir unsere Welt retten können, während wir zugleich ihre Ressourcen ausbeuten. Oft behandeln wir unseren Planeten mit der Arroganz des Besitzenden und vergessen, dass fast alle unsere Bedürfnisse nur durch die materielle Körperlichkeit unseres Planeten befriedigt werden können und dass diese Ressourcen begrenzt sind.

Über das kommende Jahr 2012 wird viel spekuliert und diskutiert. Naht das Ende der Welt? Wird es einschneidende Veränderungen auf der Erde geben? Bringt das kommende Zeitalter der Menschheit mehr Möglichkeiten und einen Bewusstseinssprung? Oder ist die ganze Hysterie in Wirklichkeit nur viel Lärm um nichts?

Ich beschloss, die Kinder nach *allem* zu befragen. Sie teilen uns täglich unglaubliche Weisheiten von großer Tiefe mit, ohne sich im Geringsten anzustrengen. Die Leute halten sie für niedlich, aber die Wahrheit ist, dass sie Bescheid wissen.

Sie wissen Bescheid.

Meine Fragen setzen sich schonungslos mit den aktuellen Themen auseinander, die der Menschheit heute am Herzen liegen und im Kopf herumgehen. Ich wollte den Kindern die Möglichkeit geben, sich aus freiem Willen zu äußern. Und das haben sie getan.

Die Kinder sprechen über ihre Erfahrungen, und ich habe nur ganz wenige Kommentare hinzugefügt. Ich habe sie in keiner Weise angeleitet und ihnen auch nie irgendwelche fantastischen Antworten in den Mund gelegt. Um jegliche Einmischung zu vermeiden, habe ich eine reine Beobachterrolle eingenommen und lediglich sanft die Richtung gewiesen – und dann habe ich jedem Kind erlaubt, seine Antworten auf alles zu beziehen, was es wollte. Manchmal hätte ich sogar noch tiefer bohren können, und vielleicht werde ich das zu einem späteren Zeitpunkt auch tun. Meine Absicht war es, nicht von den aktuellen Fragen abzuweichen.

Ich muss zugeben, dass ich die Kinder bewundere, die an diesem Projekt mitgearbeitet haben. Wenn ich ihre Antworten lese, erfüllt mich sowohl Demut als auch ein tiefes Staunen über ihre Wahrnehmung des Ungreifbaren, ihre Aufrichtigkeit und Direktheit. Ehrlich gesagt: Ich habe gelacht und geweint.

Bald zeichneten sich im Laufe der vielen Interviews Gemeinsamkeiten ab. Anscheinend hat das kollektive Unterbewusstsein der Kinder eine Botschaft für die Menschheit, und die präsentiere ich Ihnen hier: die Botschaften der Kinder von heute.

Jedem Kapitel habe ich die von mir liebevoll so genannten »Weisheitsseiten« vorangestellt. Dort finden Sie ein oder zwei Zitate der Kinder, die mit dem folgenden Kapitel zu tun haben. Wenn man sie fördert und ihnen erlaubt, so zu sein, wie sie sind, dann werden diese Kinder unsere Welt auf ein Niveau heben, von dem wir bisher nicht einmal zu träumen wagten.

Eine weitere wundervolle und unerwartete Besonderheit der Interviews war, dass etliche Kinder spontan ihre äußerst inspirierten Gedichte beisteuerten. Einige davon habe ich mit Erlaubnis der Eltern in den Text eingefügt.

Es war mir eine Ehre und ein großes Privileg, mit all diesen wundervollen Wesen sowie mit ihren Eltern und Erziehern zusammenzuarbeiten und Ihnen, liebe Leser, die Möglichkeiten nahezubringen, die unsere Kinder uns eröffnen. Sie kommen von Herzen und erinnern uns daran, dass es nie zu spät ist, wir selbst zu sein, in gegenseitigem Respekt miteinander zu leben, von ganzem Herzen zu lieben, unsere Angst vor dem, was wir nicht verstehen, loszulassen und uns den unendlichen Möglichkeiten zu öffnen, die wir haben – denn wir *sind* die Veränderungen, um die wir uns bemühen.

Hören Sie nur auf die Kinder …

Segen, Gnade und Frieden
Meg Blackburn Losey

Kapitel 1

Erkenne dich selbst, und du erkennst das Universum.
Das ist echt großartig, denn wenn du dich selbst kennst,
kannst du alles abwehren, was auf dich zukommt.
Dann kann dich ruhig jeder aufziehen oder verspotten,
und es macht eigentlich nichts, weil du weißt, wer du bist.
Es ist, als würde Wasser über einen Felsen fließen.
Wenn du dich selbst kennst, kannst du ein richtig starker Felsen sein.

Wer bist du, Scotty?
»Ich bin auf jeden Fall ein starker Felsen.«

Scotty

Begegnen Sie den Kindern

Wie kann ich das tiefe Staunen ausdrücken, das ich empfand, als ich all diese strahlenden Herzen kennenlernte? Voller Unschuld und Anmut hat jedes einzelne Kind einer Welt, in der die meisten alles vergessen haben, einen Lichtstrahl geschenkt und uns mitgeteilt, dass wir die Wahl haben und unsere Möglichkeiten grenzenlos sind.

Einige Kinder haben sich dafür entschieden, ihre Gaben der Welt in aller Öffentlichkeit zu präsentieren. Andere zogen einen privateren Weg vor und beschlossen, die Menschen im alltäglichen Umgang mit der Liebe der Unendlichkeit vertraut zu machen.

Wo immer dies möglich war, haben die Kinder ihre Biografien selbst verfasst. Andernfalls haben die Eltern sie geschrieben.

Jedes Kind ist ein großartiger Spiegel der Menschheit. Sie werden uns Liebe lehren und noch viel mehr! Es ist mir eine Ehre und ein Privileg, Ihnen die Hauptbeteiligten an diesem Werk vorzustellen.

Nicholas Tschense

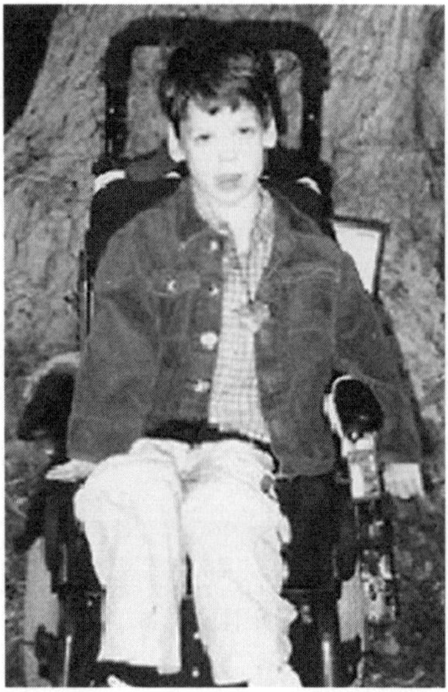

Viele von Ihnen erinnern sich vielleicht noch an Nicholas' eindrucksvolles Vorwort zu *The Children of Now*. Nicholas Tschense ist ein bezaubernder Zehnjähriger, der eine Lebensaufgabe hat! Im zarten Alter von drei Jahren verkündete er: »Hört zu, ich habe eine große Aufgabe im Leben, ich bin hier, um Gottes Botschaften (die Botschaften unseres Schöpfers) zu lehren.«

Sein Traum ist es, innerhalb der nächsten paar Jahre über zehn Millionen Menschen zu erreichen und sie die bedingungslose Liebe zu lehren. Seine Lehren sind rein und einfach. Nicholas' Worte sind erfüllt von der Macht einer Wahrheit, die jedes Herz befreien kann. Im Laufe der Jahre hat er durch seine Gabe, die Bedeutung der reinen Liebe zu verstehen, schon sehr viel vollbracht.

Nicholas begann mit drei Jahren, spirituell anregende Gedichte zu schreiben, sein erstes Gedicht handelte von einem Baum und hatte den Titel »Seltene Schönheit«. Inzwischen hat er sogar ein Buch verfasst: *Nicholas Inspires God's Love for All* (»Nicholas erweckt Gottes Liebe für Alles«). Nicholas hatte auch schon die große und ungewöhnliche Ehre, als Gastredner bei vielen internationalen Tagungen aufzutreten. Bei seinem ersten Auftritt war er fünf Jahre alt. Damals erhielt er den ersten Child and Youth Award for Healing and Peace, der jemals vergeben wurde, einen Kinder- und Jugendpreis für Heilung und Frieden.

Mit sechs Jahren wurde Nicholas von James Twyman nach Ashland in Oregon eingeladen, um seine Friedensbotschaft auf einem Kongress zu verkünden.

Die Kunde von Nicholas verbreitet sich rasend schnell. Am Eindrucksvollsten ist in dieser Hinsicht vielleicht, dass die Love Foundation ihn zum Liebesbotschafter berief.

Nicholas sagt, dass ihn seine körperlichen Behinderungen zwar manchmal einschränken, dass es aber kein Halten gibt, wenn es darum geht, Menschen die Liebe zu lehren. Wenn Sie mehr über diesen faszinierenden kleinen Jungen erfahren wollen, der überall die Herzen im Sturm erobert, dann besuchen Sie seine Webseite: *www.friendsofnicholas.com*.

Jude Decoff

Ich heiße Jude. Ich wurde am 27. Oktober 1981 in Landstuhl in Deutschland geboren. Nach der Numerologie macht das meinen Lebensweg zu einer 11. Kurz gesagt bedeutet 11 Lehrer, Führer, Mentor, Erleuchter, Erleuchtung und viele andere sehr bedeutsame Dinge, die auf die Meisterzahl und auf ein hoch energetisches Leben hinweisen.

Mein Vater heißt auch Jude, weshalb ich der Junior bin. Das beweist, dass ich nicht nach dem berühmten Beatles-Lied benannt wurde. Ich wurde nach meinem Vater benannt, und der wurde nach dem Heiligen Judas benannt, dem Heiligen für hoffnungslose Fälle.

Der Grund für den Namen war, dass meine Großmutter keine Kinder bekommen konnte, bis zu dem Tag, an dem sie zu diesem Heiligen der Hoffnungslosen betete und daraufhin nacheinander gleich mit vier Kindern gesegnet wurde.

Der Name meiner Mutter war Joanne Knight. Ich benutze ihren Mädchennamen, weil sie für mich nur auf Antragsformularen für Kreditkarten und Studentenkredite eine Rolle spielt und ich sie sonst nicht kenne. Meine Schwester Jennifer und ich wurden ihr weggenommen, als ich drei Jahre alt war. In der Zeit, die wir mit unserer leiblichen Mutter verbrachten, wurden wir oft missbraucht, körperlich, emotional und sexuell. Wir wurden von meiner Großmutter Marie Clair Deshaes DeCoff aufgezogen, die vor sechs Jahren an Darmkrebs starb, von meinem Großvater Joseph DeCoff senior und von meinem Vater, bis mein Vater, als ich zwölf war, seine zweite Ehe mit Carolyn Anne Rotti einging.

Ich ging auf die David Prouty Regional Highschool in Spencer, Massachusetts, und machte meinen Schulabschluss mit Auszeichnung als Mitglied der National Honor Society, als ich siebzehn war. Während meines letzten Schuljahres besuchte ich im Rahmen des Doppelstudienprogrammes für fortgeschrittene Schüler zugleich das Worcester State College. Danach ging ich in Amherst auf die staatliche Universität von Massachusetts. Ich promovierte in Kommunikation, mit den Nebenfächern Psychologie und vergleichende Religionen. Ich brauchte etwa sieben Jahre, bis ich endlich meinen Abschluss machte.

Meine Zulassung als Trauerberater und Fachmann für paranormale Phänomene erhielt ich im Jahr 2007. Ich habe außerdem eine Konzession, in Massachusetts als Barmixer zu arbeiten, und werde noch vor Dezember 2007 meine Maklerprüfung ablegen.

Nachdem all dies hinter mir liegt, habe ich inzwischen auch meine Biografie so gut wie beendet. Ich habe sie *Through Indigo Eyes* (»Durch Indigo-Augen«) betitelt und hoffe, dass sie bald veröffentlicht wird.

Während der letzten fünf Jahre habe ich im Hotelfach gearbeitet. Ich würde aber lieber meine Karriere als Medium vertiefen. Ich habe in Northampton, Massachusetts, ein Büro im Laden meines Freundes. Der Laden heißt Sacred Endeavors. Dort lege ich Karten, gebe Workshops über Numerologie und Kartenlegen, arbeite als Trauerberater und unterweise andere darin, ihr Leben in den Griff zu kriegen und dabei die metaphysische und mediale Seite mit einzubeziehen. Mein Büro wurde im Mai 2007 eröffnet, und allmählich geht dort die Post ab. Als ich meine Praxis eröffnete, habe ich über eBay meine Kartenlegedienste angeboten. (Anmerkung von Dr. Meg: Jude legt die Karten ausführlich und *akkurat!*)

Während sich all das in meinem Leben ereignet, bat mich die Autorin dieses Buches um einen Beitrag. Ich wusste, dass dies eine einmalige Chance sein würde, meine Botschaft hinaus in die Welt zu schicken und ein breites Publikum zu erreichen, wie es meine Berufung als 11 der Erleuchtung ist.

Ich plane, etwa im Oktober 2007 nach Parker in Arizona umzuziehen. Der Grund für diesen Umzug ist, dass ich näher an der planetarischen Ausrichtung meiner Pluto-Linie sein möchte, denn die ist meine psychische Ley-Linie, die von Las Vegas in Nevada ausgeht, und alles weist direkt nach Norden und Süden. Falls Sie mehr über mich erfahren möchten, beantworte ich gern Ihre Fragen unter meiner E-Mail-Adresse *jtdecoff1027@hotmail.com.*

Grandma Chandra

Grandma (»Großmutter«) Chandra sagt, dass wir für den Kontakt mit anderen Dimensionen bereit sind. Wir müssen nur den Schleier von unseren Gesichtern nehmen und in den Bereich jenseits der Körperlichkeit vordringen.

»Grandma Chandra«, ein lebendes Wunder, ist ein omnidimensionales Wesen, das in einem schwer behinderten Körper lebt. Aufgrund ihrer Körperbehinderung besitzt »Großmutter« andere Talente. Sie erscheint Menschen, die gerade träumen oder meditieren, in völlig gesunder Form und fordert diese auf, sie zu kontaktieren, damit sie ihnen dabei helfen kann, zu ihrem wahren, heilen Selbst zu erwachen.

Als sie drei Monate alt war, begann Chandra, mit ihren Fingern »Mudras« zu bilden. Das sind die heiligen Zeichen für universelle Intelligenz und OM.

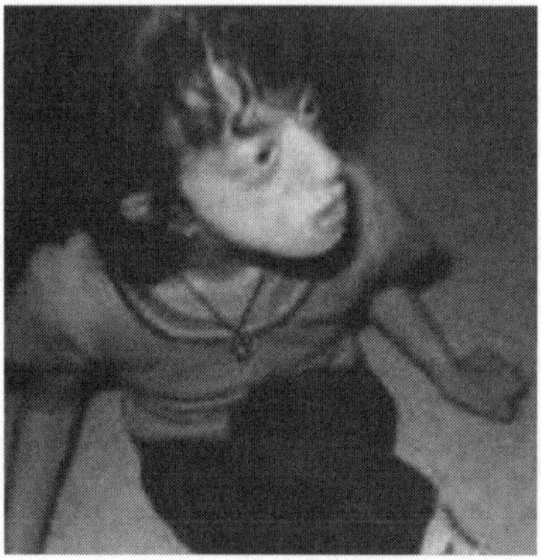

Mit neuneinhalb Jahren fing Chandra spontan an, die früheren Leben aller Menschen zu erkennen, mit denen sie in Kontakt kam. Sie ist nicht an den Körper gebunden und kann sich lückenlos an frühere Leben erinnern.

Ihr Leben war eine erstaunliche Aneinanderreihung von Bewusstseinserweiterungen und Gelegenheiten, der Welt ihre phänomenalen Talente zum Geschenk zu machen.

Mit sechzehn wurde Chandra von Golden Eagle, einem Häuptling der amerikanischen Ureinwohner, der Titel »Grandmother« verliehen, denn er erkannte in ihr eine echte »Pfeifenträgerin«, eine Überbringerin von Weisheit.

Als sie siebzehn war, stellte sich heraus, dass Chandra mit den Fingerspitzen lesen kann, wenn sie Papiere, geschlossene Bücher, Zeitschriften und so weiter sehr schnell dreht. Sie kann Ihnen eine Seite in einem Buch nennen und mitteilen, was dieser Text Ihnen oder einer anderen Person im Raum zu sagen hat. Wenn sie mediale Sitzungen für andere abhält, verwendet sie dafür verschiedene spirituelle und heilige Bücher und Schriften.

James Twyman, internationaler Friedensstifter und Autor der Bücher *Boten des Lichts* und *Abgesandte der Liebe*, entdeckte Chandra, als sie neunzehn war. Grandma Chandra wurde als Rednerin zu seiner Konferenz für mediale Indigokinder auf die Insel Kona nach Hawaii eingeladen. Im Anschluss an diese Konferenz begann Chandra, Menschen in Bezug auf ihre planetarische Aufgabe und die beste Möglichkeit, diese zu erfüllen, zu kodieren.

Mit zwanzig behauptet Chandra, ein zwölfdimensionales Wesen zu sein, das gekommen ist, um all jene anzuleiten und zu unterrichten, deren Kodes sie mittels ihrer medialen Sitzungen und ihrer CD *The Awakening Codes of Grandmother Chandra* aktiviert.

Grandma bat den Enkel des berühmten Meeresforschers Jacques Cousteau per E-Mail um eine Aufnahme von Walgesängen aus über 10.000 Metern Tiefe. Er antwortete, dass der Ozean nur 7500 Meter tief sei. Chandra widersprach, und er fragte, ob sie einen Tiefseegraben meinte. Sie antwortete: Ja, er liegt im Südpazifik. Bald darauf erhielt sie eine CD mit Walgesängen aus 10.000 Metern Tiefe. Sie hat die Botschaft, die die Wale uns bringen, auf ihrer CD *Whalespeak* übersetzt.

Im Mai 2003 erklärte Chandra, sie sei eine »Sternentor-Öffnerin«, und begann, im Rahmen von Veranstaltungen überall in den Vereinigten Staaten Sternentore zu öffnen. Sternentore sind nicht physische Tore, Portale, Türen oder Zugänge. Es gibt sie überall auf dem Planeten, aber nur Aufgestiegene Meister, Engel und Führer sowie Außerirdische besitzen die hohe Schwingung, diese Tore zu benutzen und uns und unserem Planeten dabei zu helfen, die nächste Bewusstseinsebene des Friedens und Aufstiegs zu erreichen. Chandra sagt: »Wenn wir sie nicht darum bitten, können sie nicht durchkommen, selbst wenn wir alle uns zur Erweckung unserer Kodes verpflichtet haben und es ihnen erlauben, uns zu helfen. Wir müssen sie darum bitten.« Zu diesem Zweck werden die Sternentore geöffnet.

Im Juli 2003 begegnete Chandra Jimmy Twyman erneut, und zwar auf seiner zweiten Konferenz für mediale Indigokinder in Ashland, Orgeon. Dort sprach sie darüber, wie zwingend notwendig es ist, dass wir alle unsere planetarische Berufung erfüllen, denn die »Zeit«, wie wir sie verstehen, beschleunigt sich immer mehr.

Im November 2003 war Grandma Gastgeberin einer Tagung zum Thema Harmonische Konkordanz in Scottsdale, Arizona, auf der sie den Menschen dabei half, sich ihrer planetarischen Berufung bewusst zu werden.

Im Februar 2004 nahm Grandma an der Sacred Geometry Conference in Sedona, Arizona, teil. Sie sprach über die axitonalen

Linien des feinstofflichen Körpers und ihre Beziehung zur heiligen Geometrie.

Im Juni 2004 reiste Grandma nach Holland, um an Tagungen und Workshops teilzunehmen. Dort entwickelte sie die Grandma-Chandra-Einstimmungskammer, eine omnidimensionale Manifestationskammer, die den Menschen dabei hilft, verlorene Teile ihrer selbst wiederzuerlangen, die sie einbüßten, als sie freiwillig oder unfreiwillig an Experimenten von Außerirdischen teilnahmen oder ihren Lehren ausgesetzt waren.

Im November 2004 flog Grandma nach Taos in Neumexiko, um Häuptling Golden Eagle (alias Black Spotted Horse) bei seiner Arbeit am 11:11-Phänomen zu helfen, durch die Veränderungen im morphogenetischen Feld der Erde gefördert werden.

Im Dezember 2004 arbeitete Grandma erneut mit Häuptling Golden Eagle zusammen, diesmal auf einer 12:12-Tagung in Sedona, Arizona. Dort sprach sie über die zwölfte Dimension und darüber, wie man Zugang zu ihr erhält.

Im März 2005 deutete Grandma auf eine Landkarte unserer näheren Umgebung und erklärte, dass wir ein bestimmtes Haus kaufen sollten. Sie wählte es, weil es dort im Wohnzimmer ein Sternentor gab, und Ende Mai zogen wir ein. Sie sagte, es sei ein »Trittstein-Haus«, das zur Gründung ihres Awakening Center of Grandma Chandra benötigt würde, ihres Zentrums des Erwachens.

Im Juni 2005 führte Grandma im Veranstaltungszentrum Earth and Sky Lodge in Los Angeles eine Präsentation durch. Dort trat sie in telepathischen Kontakt mit einigen sehr bekannten Musikern und teilte ihnen mit, dass die Zeit für sie gekommen sei, eine DVD über die »Klänge des Planeten« zu kreieren. Einer der Musiker nahm ihr Trommeln auf Band auf und sagte: »Sie trommelt die Sphärenklänge nach dem pythagoräischen Theorem.« (Quelle: JB, Los Angeles.)

Für weitere Informationen besuchen Sie bitte Grandma auf Ihrer Webseite: *www.grandmachandra.com*.

Tristan

Tristan Boardway, der in *The Children of Now* unter dem Namen Trevor auftaucht, ist dreizehn Jahre alt und lebt mit seiner Mutter, seinem Vater und den drei Hunden Haley, Holly und Latte zusammen.

Im Laufe seines Lebens hat Tristan bewiesen, dass er viele besondere Begabungen besitzt, darunter telepathische Kommunikation, das Wahrnehmen von Auras, die Erinnerung an frühere sowie an künftige Leben und die Fähigkeit, mit Geistern, Außerirdischen und anderen interessanten Wesen in Austausch zu treten.

Außerdem kann er die emotionalen und physischen Schmerzen anderer empfinden und den betroffenen Stellen heilende Energie schicken. Weil er so sensibel ist, wird er manchmal vom schieren Ausmaß der Energien überwältigt, die er von anderen empfängt. Deshalb hat er viele erdende Übungen erlernt, die ihm dabei helfen, sich zu entspannen. Tristan arbeitet immer noch daran, seine Energie auszubalancieren.

Es fiel Tristan ziemlich schwer, Krabbeln und Laufen zu lernen, denn irgendwie schien er in seinem Körper immer ein Fremder zu sein. Mit Hilfe vieler alternativer Therapien hat er diese Probleme inzwischen überwunden und ist nun ein ausgezeichneter Skifahrer, der seinen Vater weit hinter sich lässt! Das Sprechen ist eine weitere Disziplin, die Tristan nicht gerade leicht fiel. Vielleicht liegt das daran, dass er telepathisch veranlagt ist. Er fing erst mit drei Jahren an zu sprechen, und selbst da war seine Sprache noch sehr unklar und bruchstückhaft. Nun, mit dreizehn, redet er ununterbrochen und stellt unaufhörlich Fragen, wie seine Mutter gern bestätigen wird. Obwohl Tristans Sprache immer noch nicht so klar ist, wie sie sein könnte, hat er keine Schwierigkeiten, sich anderen verständlich zu machen, und er ist sehr gesellig.

Tristan wurde sein Leben lang zu Hause unterrichtet, und seine Lieblingsunterrichtsthemen sind das Universum, das Raumfahrtprogramm, Eingeborenenkulturen, uralte Zivilisationen, die Geschichte der Anatomie, Geografie, Geometrie und natürlich alles über Tiere.

Er hat sich schon immer sehr für das Fliegen interessiert und alles, was er zum Thema Fliegen und Raumfahrt finden konnte, regelrecht verschlungen. Sein Lieblingspilot ist Chuck Yeager, der in der Bell-X1 als Erster die Schallmauer durchbrach. Tristan wollte immer gern Astronaut werden – bis er die Trainingsvideos mit dem Zentrifugensitz sah. Seitdem ist er noch entschlossener als vorher, herauszufinden, wie er seinen Körper dazu bringen kann, wieder so zu fliegen wie damals, als er noch in geistiger Form existierte.

Zu seinen Lieblingsaktivitäten gehören Skifahren, Schwimmen, Wandern und Karate. Tristan hat Reiki des Ersten Grades erlernt und wird bald den Zweiten Grad erwerben. Im Augenblick lernt er Frühlingswald-Qigong der Ersten Stufe.

Außerdem überlegt Tristan zur Zeit, ob er einen seiner Hunde als Deltahund abrichten soll, damit sie zusammen die Patienten in der nahen Reha-Klinik besuchen können.

Scotty

(Scotty hat uns darum gebeten, weder seinen vollen Namen zu nennen noch sein Foto zu veröffentlichen, damit seine Privatsphäre gewahrt bleibt.)

Ich heiße Scotty und bin fünfzehn Jahre alt. Ich wusste schon von Anfang an, seit ich hierher gebracht wurde, was ich auf diesem Planeten machen würde! Ich bin hier, um die Welt zu verändern.

Seit meiner frühesten Kindheit hatte ich immer das Gefühl, meinen Lehrern und den anderen Erwachsenen um mich herum um Lichtjahre voraus zu sein.

Ich habe ständig Träume über die Zukunft und darüber, dass ich Leuten helfe und sie rette. Oft wache ich müde auf, weil ich buchstäblich die ganze Nacht gearbeitet habe. Ich bin Schlafwandler, und in meinen Träumen bin ich auf einer ganz anderen Ebene.

Ich kann ununterbrochen die Zukunft und das, was passieren wird, sehen. Irgendwie arbeitet mein Verstand wie eine Enzyklopädie der Symbole. In meinen Träumen und bei meiner Arbeit sehe ich Symbole, und mein Verstand kann sie lesen, als wären es Worte.

Beim Meditieren und im Schlaf erhalte ich ständig Besuch von anderen Wesen, und sie helfen mir, diese Welt und mich selbst zu enträtseln. Wenn man sich selbst kennt, kennt man das Universum.

Jasin (Jacob) Furman

Vielleicht erinnern Sie sich noch an Craig aus *The Children of Now*. Sein eigentlicher Name ist Jake, aber vor kurzem beschloss er, ihn zu ändern. Im Augenblick hat er »Jasin« gewählt. Oberflächlich betrachtet ist Jasin ein ganz typischer Junge mit einem erstaunlichen Talent, sich in die Gesellschaft einzufügen. Er hat die Rolle eines Menschenjungen am 11. Dezember 1999 in Paradise Valley, Arizona, übernommen. Er geht in die zweite Klasse und ist sehr gut in der Schule. Er hat sogar Preise in Wissenschaft, Mathematik und Schreiben gewonnen. Aber lassen Sie sich davon nicht täuschen. Jasin ist alles andere als typisch.

Als er noch ein Wickelkind war, fielen seinen Eltern gewisse Kleinigkeiten auf – etwa elektronisches Spielzeug, das mitten in der Nacht anfing zu laufen, während er in seinem Gitterbett lag. Oder dass er vom anderen Ende des Zimmers aus mit seinen Spielsachen spielte und sagte: »Das habe ich gemacht.« Nachdem er festgestellt hatte, dass nicht allen Menschen bewusst ist, diese Fähigkeiten zu besitzen, steckte Jasin sie, wie er sagt, in eine Schublade und wird sie erst wieder hervorholen, wenn er dazu bereit ist.

Jasin hat einige Dinge erwähnt, die uns klar machten, dass Menschen wie er, wenn sie als Säuglinge geboren werden, sich an alles erinnern und diese Erinnerungen auch behalten.

Kürzlich erzählte Jasin eine Geschichte aus der Zeit, als er ein Säugling war. Er erinnert sich daran, als sei es gestern gewesen, und erwähnte sein Gitterbett: »...als ich in diesem Käfig lag, in dem ich immer schlief...« Nachdem sich seine Mutter von ihrem Schock erholt hatte, erklärte sie ihm, dass es kein Käfig gewesen sei, sondern sein Gitterbett. Er bemerkte, es sei wie eine Gefängniszelle gewesen, doch er würde nun begreifen, dass man diese Dinge hier eben so macht.

Das ist nur eines von zahllosen Beispielen. Er kann sich an mehrere frühere Leben hier auf der Erde erinnern. Er besucht andere Dimensionen. Er kann weit entfernte Dinge sehen. Oft, wenn er durch die Klippen von Sedona in Arizona fährt, erzählt er hinterher von Eingeborenen, die dort in einen Hinterhalt gerieten. Auf die Frage, wann dies geschehen sei, antwortet er immer mit tiefer Stimme und kohlschwarzen Augen: »Zur Zeit des ottomanischen Reiches.« Er hat Heimweh nach seinem Planeten. Manchmal verfällt er in Trance und macht Bemerkungen über Dinge, die zu Hause nicht im Lot seien. Er sagt, er sei dort eine Art König und sein Volk würde ihn brauchen. Anscheinend ist er während dieser Phasen in der Lage, an beiden Orten gleichzeitig zu sein.

Jasins Art, die Welt wahrzunehmen, hat ihre eigene Schönheit. Wenn er nachts eine Kerzenflamme betrachtet, dann staunt er über das glühende Licht selbst – nicht etwa über die Flamme. Er kann den Zauber entdecken, der Käfern und Schlangen innewohnt, und das Flüstern des Windes hören. Er kann schweigend am Rand des

Grand Canyons sitzen und wissen, dass dies der Beweis dafür ist, dass Gott da ist. Er sagt: »Wenn man an einem Ort ist, den Gott gemalt hat, dann kann man ihn sprechen hören.«

Jasin ist die lebendige Verkörperung eines liebenden Wesens. Als er von dem alten Aberglauben hörte, dass es Glück bringt, einen Pfennig zu finden, nahm er die Sache selbst in die Hand. Einen ganzen Tag verbrachte er damit, Pfennige an die seltsamsten Orte zu legen, während seine Mutter ihre Einkäufe erledigte. Er legt immer noch überall, wo er auch hingeht, Pfennige auf den Boden. Als Grund dafür gibt er an, dass er dadurch die Welt zu einem glücklicheren Ort macht. Das Herz geht ihm auf bei dem Gedanken, dass jemand diese Pfennige finden und darüber lächeln wird. Er weiß, dass er dadurch die Welt verändert – mit jedem Lächeln ein bisschen mehr.

Außerdem ist er den meisten anderen Menschen immer zehn Schritte voraus. Anfang des Jahres bat er seine Großmutter in New Jersey darum, ihm ein ganz bestimmtes Spielzeug zu schicken. Tja, und nun liegt das Spielzeug auf dem Regal. Dort liegen eine ganze Menge Spielsachen einfach nur herum. Das klingt ziemlich typisch für einen Siebenjährigen, nicht wahr? Seine Mutter wusste jedoch, dass er nichts zufällig tut, und fragte ihn, warum er sich diese Spielsachen denn gewünscht hätte, wenn er gar nicht mit ihnen spielt. »Ich will sie in die Spendensammlung geben, die wir kurz vor Weihnachten machen«, sagte er. »Die Kinder, die wenige Spielsachen haben, fänden es unheimlich toll, so etwas zu haben, aber ihre Eltern können ihnen nicht viele Sachen geben. Ich möchte, dass sie ein schönes Weihnachten haben.«

Jasins Eltern zogen vor zwei Jahren auf ein sechs Morgen großes Grundstück im Prescott National Forest. Sie haben festgestellt, dass Jasin immer am glücklichsten ist, wenn er von Bäumen und freier Natur umgeben ist. Das Leben in der Stadt schneidet ihn buchstäblich von seiner Energie ab, und er wird dann fahrig und nervös. Immer, wenn er Baustellen und Zerstörung sah, reagierte er sehr emotional. Wenn Jasins Eltern ihn jetzt in eine dichter besiedelte Gegend mitnehmen, erinnern sie ihn immer daran, geerdet zu bleiben.

Jasin verbringt seine Tage mit seinen Tieren und Führern. Er hat sich dafür entschieden, in einer Virtuellen Akademie zur Schule zu gehen, damit er das Leben ohne soziale Zwänge erforschen kann. Es gefällt ihm, seinen Unterricht nicht in der Öffentlichkeit absolvieren zu müssen, aber er verabredet sich trotzdem gern mit seinen Freunden zum Spielen. Obwohl er das nie zugeben würde, lässt er seiner Mutter stillschweigend ihren Freiraum, wenn sie zu Hause ihre Kunden empfängt.

Jasin hat eine kleine Gruppe Kristall- und Sternenkinder als Spielkameraden um sich geschart. Seine Mutter erinnert sich, dass zwei von ihnen einmal darüber diskutierten, wie es in der neuen Dimension sei. Sie hatten viel Spaß bei diesem Thema, als sei es ein Zeichentrickfilm für Kleinkinder. Kichernd sagten sie: »Ja genau, die Sonne wäre wie reines Licht, nicht so gelb wie diese hier …« Einer seiner Freunde kann in die Vergangenheit sehen. Er hat gesehen, wie Eingeborene sich in ihren Lendenschurzen zu einem Fest versammelten, und zwar genau dort, wo heute Jasins Garten ist. Einer berichtet, dass Geister mit ihm sprächen. Doch meistens spielen die Kinder einfach nur und lachen und haben Spaß miteinander. Und das genießen sie auch am meisten.

Jasin ist kein typischer Junge. Er ist hellwach, er wird geführt, und er treibt die Dinge voran. Oft muss seine Mutter ihn daran erinnern, dass er diesmal als Kind hierherkam und dass er seinen Eltern deshalb die Elternrolle zugestehen muss. Es ist für alle Beteiligten ein sehr fragiles Gleichgewicht. Er weiß, was er will und wie er es bekommen kann. Er weiß, wer er ist und wie er das am Besten sein kann. Er ist aus einem ganz bestimmten Grund gekommen und begreift, wie wichtig das ist.

Er hat sogar kürzlich seinen Namen geändert. Er möchte nun Jasin genannt werden. Er möchte auch, dass es genau so geschrieben wird. Er weiß, dass der Klang seines Namens wichtig ist und dass »Jasin« zu ihm passt. Darüber hatte er vorher nie gesprochen. Er wachte am 7. Juli 2007 (07/07/07) morgens um sieben Uhr auf und hörte den Namen Jasin. Er betrachtete sich im Spiegel und sagte: »Das passt zu mir.« Dann weckte er um Viertel nach sieben seine Mutter und eröffnete ihr, dass er von nun an Jasin genannt werden wolle. Sein anderer Name passe nicht zu ihm – er klinge einfach falsch. Seine Eltern spürten, wie wichtig ihm das war und unterstützten ihn. Ein paar Tage später schlug seine Mutter den Namen nach. Jasin bedeutet »Heiler«.

Gabriel

(geschrieben von Gabriels Mutter)

Gabriel ist elf Jahre alt. Er ist ein sehr, sehr kleines Kind, da das Essen ihm große Schwierigkeiten bereitet. Er liest und baut Sachen und verbringt den größten Teil der Zeit allein. In der Schule wandert er herum und fühlt sich den anderen Kindern kaum zugehörig, denn er sagt, dass er nicht mit ihnen spielen kann, weil ihre Spiele alle irgendwie gemein sind, und das tut seinem Herzen und seinem Kopf weh.

Gabriels Lehrer berichten, dass die anderen Kinder in der Klasse ihn am meisten respektieren, weil er immer etwas sehr Einsichtiges zu sagen hat und immer freundlich ist.

Als Säugling hat er Stunden damit zugebracht, die Bäume zu betrachten und seine Hand vor den Augen zu bewegen. Als seine ersten Worte kamen, erzählte er mir, dass er wunderschöne Leute in den Bäumen sah und traurig war, weil ich sie nicht auch sehen konnte.

Mit zweieinhalb Jahren half er einer Hündin beim Sterben, indem er uns sagte, was der Hund brauchte. Einiges davon schien uns damals verkehrt zu sein, aber als wir es ausprobierten, reagierte die Hündin genau so, wie Gabriel es vorausgesehen hatte. Nachdem er diese Hündin, die noch nie Kinder in ihrer Nähe geduldet hatte, einen Tag lang gepflegt hatte, hielt er sie in den Armen und sagte ihr, dass sie keine Angst haben solle. Er sagte ihr, dass sie einfach weggehen könne, und sie starb in seinen Armen.

Im Alter von drei Jahren erzählte mir Gabriel, dass er sich daran erinnerte, wie er dazu bestimmt wurde, wieder auf diesen Planeten zurückzukehren, als ich ihn rief, aber dass er das Licht vermisste, nachdem er fortgegangen war.

Gabriel erzählte mir von traumatischen Dingen, die seine Freunde erlebten, bevor irgendein anderer davon wusste.

Wir sprechen nicht oft über Engel, aber wenn, dann fängt Gabriel diese Gespräche an.

Wir haben verschiedene Kirchen ausprobiert, und normalerweise geht er unter Tränen fort, denn ihn rührt die Beziehung zu Gott, aber er sagte mir, dass keine der Kirchen, die wir bisher besucht haben, die Heimat seiner Seele ist.

Gabriel ist einsam, aber ihm ist vollkommen bewusst, dass er nie jemand anders sein könnte als der, der er ist. Wir arbeiten regelmäßig an Gabriels größter Sorge, nämlich dass er im Laufe seines Lebens womöglich nicht in der Lage sein wird, all das zu geben, was er, wie er weiß, geben sollte.

Es ist das großartigste Geschenk meines Lebens, dass ich jeden Tag in seiner Nähe verbringen darf. Manchmal habe ich Angst, dass ich nicht stark genug bin, die gewaltige Dimension seines Herzens auszuhalten.

Ahn (Jasmine)

(geschrieben von ihrer Mutter)

Jasmine Ahn Caldwell van Mentz (sie zieht den Namen Ahn van Mentz vor) wurde am 18. Juni 1992 in West-Washington als Tochter eines gemischtrassigen Paares geboren. Sie war als Kleinkind lebhaft, hellwach und fröhlich, neugierig und sensibel. Ihr Lieblingsspielgefährte war der Zeichentrickaffe Curious George, und einer ihrer Spitznamen war »Buddha« (ich weiß auch nicht warum, es schien einfach zu ihr zu passen). Mit drei Jahren begann Ahn im

Kindergarten eine Sprachtherapie, weil ihre Sprachentwicklung langsamer verlief als üblich. Andere Kinder in ihrem Alter quasselten ununterbrochen, aber Ahn war ein schweigsames Mädchen. Sie verstand zwar die Worte, benutzte sie aber nicht. Ein Kinderarzt meinte, der Grund sei vielleicht ihre ältere Schwester, denn diese könne ja für sie sprechen, dann müsse sie es nicht selbst tun. Doch wie sich herausstellte, war das nicht der Grund.

Ahn war stets quicklebendig, und wenn sich im Kindergarten alle in einer Reihe aufstellen mussten, regte sie sich immer sehr darüber auf, dass sie nicht die Anführerin sein konnte. Eine Vorschullehrerin löste dieses Problem, indem sie ihr erlaubte, dasjenige Kind auszuwählen, dass die Reihe anführen sollte – was für eine großartige Idee! Wenn man selbst den Anführer wählt, kann man hinterher kaum wütend darüber sein, dass er die anderen anführt.

Ahn verkörpert eine andere Art des Seins. Dies zeigte sich schon früh, aber auf so subtile Weise, dass sie trotzdem gezwungen wurde, sich den Forderungen und Erwartungen der Gesellschaft anzupassen.

Ahns Gehör war so sensibel, dass sie immer, wenn sie mit ihrer Familie ins Kino ging, weinen musste – es sei denn, sie trug Ohrenschützer, um den Lärm zu dämpfen. Doch Ahns Empfindsamkeit beschränkte sich nicht auf ihr feines Gehör. Sie ist Empathin und empfängt alles, was die Menschen in ihrer Umgebung fühlen. Das kann eine wundervolle Gabe sein – es sei denn, der empathische Mensch verliert sich darin und weiß nicht mehr, welche Gefühle zu anderen Menschen gehören und welche seine eigenen sind. Der Schulalltag erwies sich als zu stimulierend für Ahn, er verwirrte und erschöpfte sie. Sie bemühte sich nach Kräften, damit fertig zu werden, aber ihre körperliche Gesundheit litt darunter.

Mit elf Jahren, als Ahn nach der Scheidung ihrer Eltern mit ihrer Mutter nach Kanada umgezogen war, aus der Großstadt in eine Kleinstadt, begann sie sehr viel zu schreiben. Ihre Schwester ging damals schon aufs College, und Ahn hatte das starke Bedürfnis, ihre Gefühle auszudrücken, also begann sie, Gedichte und Lyrik zu verfassen. Sie schien die Worte direkt aus dem Universum zu beziehen, und oft wusste sie nicht einmal, was die Worte bedeuteten, die sie niederschrieb. Häufig hatten diese Worte eine Doppelbedeutung und waren von tiefer Einsicht erfüllt. Ihre Mutter war sehr erstaunt und tief berührt, besonders von den ersten beiden Gedichten »Mutter Engel« und »Zementkäfig«.

Manchmal erwies sich Ahns besondere Art für die Erwachsenen als große Herausforderung, denn sie stellte jegliche konventionelle Handlungsweise in Frage. Sie bemühte sich verzweifelt, sich zu konzentrieren und anzupassen, und man vermutete, dass sie an ADS litt, dem Aufmerksamkeitsdefizitsyndrom. Da sie so empfindlich auf Energie reagiert, weigert sich Ahn, Räume mit Leuchtstoffröhren zu betreten. Die meisten Teenager gehen sehr gern in Einkaufszentren, doch Ahn wurde davon mitunter körperlich krank. Aufgrund ihrer extremen Sensibilität anderen Menschen und ihrer Umgebung gegenüber war sie ängstlich und nervös, und es wurde lebenswichtig für sie, erdende und zentrierende Techniken zu erlernen, damit sie nicht von allem überwältigt wurde.

Mit vierzehn beschloss sie, die Interaktion mit Gleichaltrigen einzuschränken, und wurde von da an zu Hause unterrichtet. Sie lernt am Besten visuell und anhand greifbarer Erfahrungen. Ahn hat ein regelmäßiges Trainingsprogramm aus Yoga, Meditation, Massage, energetischer Arbeit und Arbeit mit den Engeln entwickelt. Sie hat entdeckt, dass der Kontakt mit der Natur sich sehr positiv auswirkt, besonders mit Wasser – aber auch mit Bäumen, Felsen, Kristallen und Tieren. Außerdem hat sie festgestellt, wie wichtig Musik und Lyrik mit hoher Schwingung ist, aber auch Speisen und Getränke mit hoher Schwingung sowie Bewegung und Tanz. Ihre Leidenschaft, die sie innerlich antreibt, gilt kreativen Tätigkeiten und der darstellenden Kunst. Sie ist äußerst empfänglich für die Schwingungen von Worten und Klängen. Zur Zeit entwickelt sie ihre Fähigkeiten beim Tönen, Singen, Harfespielen, Trommeln und dem Spielen anderer Musikinstrumente.

Ahn findet es oft sehr schwierig, in der physischen Welt zu leben, und weiß noch, wie es in der geistigen Welt war: »Eine Blase aus reiner Liebesenergie, die im Weltraum schwebt.« Sie setzt am liebsten ihre Fähigkeiten der Telepathie und Fernwahrnehmung ein, wobei sie sich in das galaktische Bewusstseinsnetz einklinkt. Das tut sie oft in ihren Traumzuständen.

Ahn hat ein tief verwurzeltes Bedürfnis nach Harmonie und Wahrheit, doch wenn in einer Situation die Integrität fehlt, dann kommt ihr Kampfgeist zum Vorschein, und sie ist bereit, die Harmonie um der Wahrheit willen zu opfern. Ahn arbeitet mit ganzer Energie daran, ihrem Herzen zu folgen, in ihrer ganzen Kraft und Wahrheit zu leben und andere zu führen, indem sie sie durch ihre kreativen Arbeiten und ihr Leben dazu inspiriert, dasselbe zu tun. Ihr Lieblingsmusiker ist derzeit India Arie, und ihre Lieblingsschriftsteller sind Doreen Virtue und Eckhart Tolle. Sie lebt bewusst nach dem Motto Mahatma Gandhis: »Sei selbst die Veränderung, die du auf der Welt sehen willst!«

Und noch ein paar Worte von Ahn:

☆☆Poesie und Lyrik fließen irgendwie aus mir heraus, und um sie anderen mitzuteilen, kreiere ich gerade eine Webseite, die bald verfügbar sein wird. Meine Webseite wird *BlueStarLight* heißen. Ich weiß, dass eines meiner Totemtiere die Spinne ist, und früher hatte ich große Angst vor Spinnen. Als ich zwölf war, fiel mir auf, dass meine Angst vor Spinnen in Wahrheit die Angst vor meiner eigenen Kraft und Kreativität war (die Spinne symbolisiert Kreativität und Magie mittels des geschriebenen Wortes).

Ich habe viele Pläne – unter anderem möchte ich die Vogelspinne als Label für meine Modekreationen benutzen. Meine Leidenschaften sind Singen und Tanzen. Ich spiele auch gern Musikinstrumente (besonders die Harfe) und interessiere mich für Klangheilung. Ich möchte meine Gaben dazu benutzen, andere zu erleuchten, in FREUDE zu existieren und unsere Neue Erde voll bedingungsloser LIEBE zu erschaffen. ☆

Christina Marie Siegl

(geschrieben von ihrer Mutter Margi)

Christina wurde am 25. März 1990 geboren.

Sie war mein zweites Kind. Wie es kleine Schwestern nun einmal tun, lief Christina ständig hinter ihrer großen Schwester her. Immer, wenn es etwas nur einmal gab – zum Beispiel ein bestimmtes Spielzeug – kabbelten sich die Schwestern darum, doch am nächsten Tag war das Ding zweimal da. Ich fragte dann, woher das zweite Spielzeug gekommen war, und Christina antwortete: »Das habe ich mit meiner Zauberkraft gemacht.« Wir lebten damals hoch oben in den Bergen, also hätte sie es sonst nirgendwo herbekommen können – und doch war es da.

Christina war schon immer sehr sensibel und kann mit Tieren kommunizieren, und ich glaube, das hilft ihr beim Dressurreiten, aber sie kann sich auch aus der Ferne mit Tieren verständigen. Ab dem kommenden Herbst wird sie eine dressierte Oldenburger Stute vorführen, mit einer Widerristhöhe von fast ein Meter achtzig.

Jeder fühlt sich zu Christina hingezogen, aber ganz besonders jene, die gerade Leid oder Schmerzen empfinden. Auf sie wirkt Christina wie ein Magnet. Oft ziehen Gleichaltrige sie ins Vertrauen. Sie versucht immer, ihnen zu helfen, doch manchmal überwältigen sie die Probleme ein wenig, die andere ihr anvertrauen. Ich glaube, dass sie deshalb die Highschool nicht mochte.

Man hat Christina gesagt, sie leide am Aufmerksamkeitsdefizitsyndrom, weil sie so oft abgelenkt zu sein schien, aber sie meint, dass das nur dann passiert, wenn sie gerade auf die andere Seite eingestellt ist und Informationen von dort empfängt.

Lange Zeit bestand sie darauf, sie habe »nur einen Engel gesehen!« Doch seit ihrem ersten Eden Event, einem alljährlichen Ereignis, das direkt mit Engeln zu tun hat, sieht sie sie ständig. Nach einer Zeremonie, die während des Events stattfand, hatte Christina eine erstaunliche Erfahrung. Sie war in der Lage, meinen verstorbenen Vater zu besuchen – obwohl sie dazu mit dem Boot hinausfahren musste, da er nicht ans Ufer kommen konnte.

Als kleineres Kind war Christina oft krank und fehlte deshalb in der Schule. Trotzdem verstand sie immer den Lehrstoff und bekam bei den schriftlichen Prüfungen gute Noten, aber weil sie so selten ihre Hausaufgaben abgab, bekam sie auch schlechte Noten. Sie hatte das Gefühl, das sei nur »sinnlose Beschäftigungstherapie«. Ich glaube, dass sie während der Prüfungen viele Antworten channelte. Jemand hat mich sogar einmal gefragt, ob das nicht Betrug sei! Sie ist siebzehn Jahre alt und hat gerade ihr erstes Jahr auf der Highschool unserer Stadt absolviert.

Als sie auf die Mittelschule ging, kam ich dahinter, dass sie häufig ihren Körper verließ, um ihre Drachen zu besuchen. So sieht sie nämlich ihre Beschützer. Ich glaube, sie fing damit an, als sie Probleme hatte.

Christina kommuniziert gern telepathisch mit mir, aber sie wird ärgerlich auf mich, wenn ich ihre Botschaften nicht vollständig empfange. Sie ist ein wundervoll sanfter Mensch, und es ist eine Freude, in ihrer Nähe zu sein.

Peter Donald Siegl

(geschrieben von seiner Mutter Margi)

Nachdem Christina zur Welt gekommen war, empfahlen mir die Ärzte, eine Hysterektomie vornehmen zu lassen. Ich weigerte mich, konnte ihnen aber den Grund dafür nicht verraten – nämlich, dass mein Sohn noch nicht da war. Er war zu mir gekommen, bevor ich schwanger wurde, und hatte mir gesagt, dass er kommen würde, um bei der Heilung seines Vaters zu helfen, und dass er haselnussbraune Augen und dunklere Haare als Julia haben würde, aber hellere Haare als Christina. Meine Älteste ist eine blauäugige Blondine, und Christina ist eine dunkeläugige Brünette.

Meine Schwangerschaft mit Peter war problematisch, und ich hatte mehrmals vorzeitige Wehen. Als Peter geboren wurde, war er sehr klein und galt eine Zeit lang als »unterentwickeltes Baby«. Inzwischen hat er das allerdings mehr als wettgemacht: Er ist schon über ein Meter achtzig groß und wächst weiterhin!

Ich habe immer gesagt, dass er alle seine Schwierigkeiten schon vor seiner Geburt selbst ausgelöst hat. Er war von Anfang an der süßeste, freundlichste Junge, den ich jemals erlebt habe. Als Peter in die erste Klasse ging, begab er sich jeden Tag ins Büro der Schuldirektorin und bestand darauf, dass er »den Armen helfen« müsse. Er ließ ihr so lange keine Ruhe, bis sie ihm endlich erlaubte, in der Schule eine Lebensmittelsammlung zu organisieren. Ich erfuhr erst davon, als die Flugblätter bereits gedruckt waren.

Eines Tages kam er ganz geknickt nach Hause, weil ein anderer Junge ihn mehrmals geschlagen hatte. Ich fragte ihn, was er daraufhin getan hätte, und er antwortete: »Ich bin weggegangen. Gewalt ist nicht die Antwort, Mama!«

Ein andermal war er ganz außer sich, und ich konnte ihn gar nicht beruhigen. Nachdem ich alles versucht hatte, sagte ich schließlich, dass ihm vielleicht seine Engel helfen könnten. Daraufhin beruhigte er sich sehr schnell, und ich fragte ihn, ob ihm das geholfen habe. Er sagte ja. Dann fragte ich ihn, ob er seine Engel sehen könne. Er schaute mich total ungläubig an und antwortete in etwa: »Was ist denn das für eine Frage?! Natürlich kann ich sie SEHEN!« Er hatte vorher nie davon gesprochen. Als ich ihn genauer danach fragte, erklärte er, sie kämen, um nachzusehen, wie es ihm ginge. Als ich ihn fragte, was sie denn täten, sagte er: »Die schweben nur so in der Luft.«

Peter erzählte, dass vier Engel zu ihm gekommen seien, als er einmal an einer Zeremonie teilgenommen habe. Jeder brachte ein Geschenk. Die Engel brachten ihm Gesundheit, Schönheit, Stärke und Liebe. Sie standen vor einer großen Tür und sagten, er dürfe dort eintreten, wenn er irgendwann einmal wiederkäme.

Peter hat mir schon so viel Freude bereitet.

Joseph

Wir wussten schon früh, dass Joseph etwas Besonderes war und dass er das Leben viel besser verstand als gleichaltrige Kinder. Bereits mit drei Jahren erzählte er uns, dass ihn nachts die Engel besuchten und ihm vieles sagten. »Was denn zum Beispiel?«, fragte ich ihn. Er antwortete: »Dinge über Liebe und Heilung.« Er behauptete, er könne hören, wie die Engel direkt von ihrem Gehirn in sein Gehirn sprächen. Ohne Worte.

Einige Jahre lang schien Joseph zu wissen, was in der Zukunft passieren würde. Das Erstaunlichste geschah am frühen Morgen des 11. September 2001, als er mir sagte, dass zwei Flugzeuge gegen zwei sehr hohe Gebäude prallen würden und dass viele Menschen sterben würden. Eine halbe Stunde später geschah das Unglück am World Trade Center. Ich glaube, dass er am Vortag nicht nur alles sah, was geschehen würde, sondern dass er auch die Trauer bereits fühlte.

Er schien sich auch an die Vergangenheit zu erinnern. Eines Tages auf der Heimfahrt erzählte er mir von einem früheren Leben, in dem wir alle Indianer waren.

Mit vier sagte er einmal, er könne vor die Zeit seiner Geburt zurückdenken und erinnere sich an seinen Entschluss, hierher auf die Erde zu kommen. Er sagte mir, dass er große bunte Kreise sehe, wenn er die Augen schließe. Er nannte diese Farben »Liebe und Energie«. Er sagte: »Wenn die Farben deinen Körper berühren, dann heilen sie alle Schäden, die entstehen.«

Heute ist Joseph zehn Jahre alt. Er ist intelligent, hoch sensibel und leidenschaftlich und kann sich sehr gut ausdrücken. Die Schule stellt manchmal ein Problem für ihn dar, nicht der Lehrstoff, sondern die Belastung, sich dem System anzupassen. Er stellt seine bemerkenswerten Fähigkeiten immer noch unter Beweis. In diesem Schuljahr waren wir einmal nach der Schule auf der Heimfahrt, und ich fragte ihn, wie sein Tag gewesen sei. Er erzählte, er habe während einer Gesangsvorführung der vierten Klasse die Augen geschlossen und sofort seinen Körper verlassen. Er schwebte über den Kindern, die der Vorstellung zusahen, und konnte um die Körper der Kinder herum viele Farben sehen. Ich sagte, das sei ja total cool. Er antwortete ganz lässig: »Ja, wahrscheinlich. Ansonsten war es okay in der Schule.«

Er versteht nicht, warum es Krieg, Armut, Gier, Natur- und Umweltzerstörung gibt. Er liebt den Schamanismus, mythologische Gestalten, die Natur in all ihren Erscheinungsformen und alle wilden Tiere. Sein Lieblingssprichwort ist:

Behandelt die Erde gut.
Ihr habt sie nicht von euren Eltern geerbt,
sondern von euren Kindern geliehen.

Indianisches Sprichwort

Scott

Scott ist zwölf, aber »älter« als seine Lebensjahre. Er sammelt seit etwa vier Jahren Kristalle und sammelt und baut überhaupt sehr gern. Außerdem bringt er andere gern zum Lachen und fühlt sich sehr zu Tieren hingezogen, besonders zu Hunden und Katzen.

Als er acht Jahre alt war, begegnete Scott einigen seiner Geistführer und spricht seitdem täglich mit ihnen. Er erwartet von anderen, dass sie das Richtige tun, die Regeln einhalten und die Gesetze befolgen. Er wird sehr wütend, wenn die Menschen das nicht tun. Scott schwimmt auch sehr gern.

Weston Schmier

(geschrieben von seiner Mutter Marilu)

(Weston war eine der Hauptpersonen in *The Children of Now*. Dort wurde er »William« genannt.)

Als Westons Mutter musste ich sowohl Geduld als auch Glauben lernen. Vor seiner Geburt betete ich einmal ganz verzweifelt, und ich glaube, da wurde mir mitgeteilt, dass ich einen Jungen bekommen würde, mit dem etwas nicht so richtig stimmte, dass jedoch letzten Endes alles in Ordnung käme. Bei späteren Gebeten gewann ich den Eindruck, dass sich alles verändern würde, wenn er fünf Jahre alt war.

Fast unmittelbar nach seiner Geburt merkten wir, dass etwas an ihm anders war, obwohl die ärztlichen Untersuchungen nichts Konkretes ergaben. Doch ein angesehener Arzt sagte meinem Kinderarzt, dass Weston schwer zurückgeblieben sei und man ihn wahrscheinlich früher oder später würde einweisen müssen. Nach jahrelangen Analysen und Ultraschalluntersuchungen wurde schließlich, als er fünfeinhalb Jahre alt war, eine Tomografie gemacht, bei der sich eine pfirsichgroße Zyste in seinem Gehirn zeigte. Er wurde operiert, und ich dachte, nun würde endlich das gemeinsame Leben mit ihm beginnen, das ich mir immer ausgemalt hatte. Doch bald nach der Operation begann ich, Weston in einem ganz neuen Licht zu sehen.

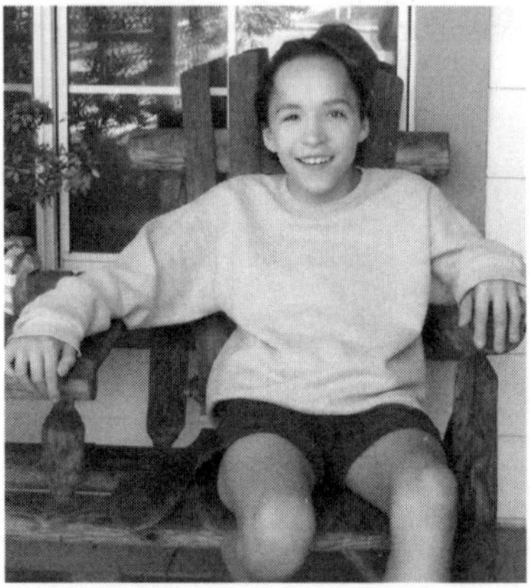

Ich hatte lange Zeit alles geglaubt, was andere mir über Weston und seine geistige Behinderung sagten, denn die Experten schienen sich alle vollkommen einig zu sein. Zum Glück für uns (und hier begann der Glaube eine Rolle zu spielen) gab es jedoch auch eine Fachkraft, die ihre vorgefasste Meinung überwand und seine Lesefähigkeit entdeckte. Durch sie begann ich, Weston in einem neuen Licht zu sehen, und allmählich wurde mein ganzer Umgang mit ihm vom Glauben bestimmt. Mir wurde immer klarer, dass er womöglich gar nicht geistig behindert war, aber anfangs war es sehr schwer, all die Dinge außer Acht zu lassen, die mir so viele Experten so viele Jahre lang erzählt hatten.

Als ich Fähigkeiten an ihm entdeckte, die sich zu diesem Zeitpunkt hauptsächlich auf intellektueller Ebene äußerten, vertraute ich das nur sehr wenigen Menschen an. Ein oder zwei Jahre später war ich endlich überzeugt, dass das Ganze real war, und dann fand ich heraus, dass Weston noch viel mehr Begabungen besaß, darunter die Fähigkeit, mit Engeln zu sprechen. Viele meiner Freunde haben seitdem für verschiedenste Probleme seinen Rat eingeholt. Eine meiner Lieblingserinnerungen ist, dass Weston einer Freundin von mir sagte, auf welchem College ihr Sohn aufgenommen werden würde, und zwar ein Jahr vor seiner Eignungsprüfung, und dass man ihn vorzeitig aufnehmen würde. Genau das passierte neun Monate später. Inzwischen ist es für den Freundeskreis und die Familie eine vertraute Tatsache, dass Weston mit Engeln und anderen göttlichen Wesen sprechen kann, dass er sich mit Verstorbenen unterhält und telepathisch mit Menschen kommuniziert. Er kann Menschen auch dabei helfen, die richtige Therapie zu finden.

All das ist besonders deshalb so erstaunlich, weil Weston noch immer nicht mit Worten spricht. Ich stelle ihm mit Hilfe einer Kreidetafel Fragen, entweder in einer Form, auf die er mit ja oder nein antworten kann, oder im Multiple-Choice-Verfahren. Manchmal befrage ich ihn zwei Wochen lang immer wieder zu einem bestimmten Thema. Ich staune ein ums andere Mal darüber, dass er stets dasselbe antwortet, egal in wie vielen verschiedenen Formulierungen ich ihm die Frage auch stelle. Ich glaube, dass Weston eines Tages sprechen wird (hier kommt die Geduld ins Spiel), und mit Hilfe meines Glaubens ist es mir gelungen, Weston als den wundervollen, rätselhaften Jungen zu akzeptieren, der er ist.

Lindsay Moore

Ich bin neunzehn Jahre alt, studiere am Agnes Scott College und versuche, meine Leidenschaft für das Theater zum Beruf zu machen. Ich bemühe mich, allen Leuten, mit denen ich in Berührung komme, Liebe zu geben, und mein Leben voll und ganz auszuschöpfen – und zwar immer eine Lektion auf einmal.

Ich kam um 14 Uhr 41 am 8. Februar 1988 als Tochter von Christy Jenkins Moore und Ronald Dean Moore zur Welt. Wenn man die beiden so sieht, scheinen sie ein eher unwahrscheinliches Paar zu sein, aber ich hatte sie ausgewählt, und sie hatten eingewilligt. Meine Mutter kannte meinen Vater gar nicht aus einem früheren Leben. Und mein Vater – also, ich bezweifle, dass sie einander überhaupt kennengelernt hätten, wenn ich nicht das Bedürfnis gehabt hätte, in diese Welt zu kommen. Ich kenne beide schon sehr, sehr lange, deshalb schien es passend zu sein, dass sie mich ins Dasein brachten.

Nach meiner Geburt dauerte ihre Ehe nicht mehr allzu lange. Meine einzige Erinnerung an ihre Beziehung ist zugleich meine allererste Erinnerung überhaupt: Ich liege zwischen ihnen, mein Vater links von mir, meine Mutter rechts, und bin eingezwängt und habe es warm und behaglich. Ich gehöre nicht zu den Kindern, die sich wünschen, ihre Eltern würden wieder zusammenkommen ... Sie waren nicht füreinander bestimmt, sondern nur für mich.

Meine Kindheit war ziemlich ereignisreich.

Mit fünf beschloss ich, dass ich alle meine Haare abschneiden und Scott genannt werden wollte. Eigentlich wollte ich ein Junge sein. Meine Eltern und Verwandten taten mir den Gefallen. Diese Phase dauerte in etwa drei Monate. Danach beschloss ich, einfach ein Wildfang zu sein und mein Leben ganz normal weiterzuführen. Meine Schwester ist fünfundzwanzig Jahre älter als ich und wurde für mich zu einer zweiten Mutter, und meine beiden älteren Brüder filmten fast meine ganze Kindheit. All die peinlichen Momente, an die ich mich gar nicht mehr erinnere, sind aufgezeichnet worden. Aber das macht nichts, denn auch ihre peinlichen Klamotten und beknackten Frisuren sind für alle Zeiten festgehalten.

Wenn man diese kurzen Videobänder ansieht, könnte man meinen, ich sei ein ganz durchschnittliches Kind gewesen, das mit Spielsachen spielt, im Waschbecken badet und »Old McDonald« singt, bis es blau anläuft. Ich lernte erst mit zwölf, dass ich kein »normales« Kind war. Ich hatte bestimmte Talente, und ich hatte den Auftrag, sie auch einzusetzen.

Es geschah, als ich in der sechsten Klasse war. Meine Mutter machte Urlaub auf Bali, während ich mich in einem Ferienlager aufhielt, und nach ihrer Rückkehr beschloss sie, in die Berge zu ziehen, weil sie einen metaphysischen Buch- und Geschenkladen eröffnen wollte. (Ich Glückliche hatte eine Mutter, die mich an jedem entscheidenden Wendepunkt meines Lebens unterstützte.) Ich zog gerade meine Kreise auf der Aschenbahn der Privatschule, auf die ich damals ging, als ich beschloss ich, dass ich von nun an *sehen* wollte. Ich war erst zwölf Jahre alt und weiß nicht genau, was diese Entscheidung herbeiführte. Ich hörte auf zu rennen, sah über die leeren Felder hinweg und sagte laut: »Ich bin bereit.«

Von diesem Moment an veränderte sich mein Leben völlig. Anfangs sah ich nur kleine Waldwesen mit Flügeln, die um unser Haus herumtanzten. Das ging monatelang so. Ich sprach mit ihnen, und sie erzählten mir großartige Geschichten über die Abenteuer, die sie in meinem Garten erlebten. Aber ich wusste, dass dies nicht lange andauern würde. Ich wusste, dass sie mich nur auf den nächsten Schritt vorbereiteten.

Ein Jahr lang sah ich nichts als verwischte Lichter und Feen, aber eines Abends lag ich im Bett und sah fern, als ich ein lautes Klopfen an meinem Fenster hörte. Es klang, als sei ein Vogel dagegen geflogen. Ich zog mein Rollo hoch und entdeckte eine der Feen vor meinem Fenster. Sie flatterte aufgeregt herum und deutete in mein Zimmer. Ich drehte mich um und sah einen Mann, der vor meinem Computer auf meinem Stuhl saß. Er hockte ganz locker auf dem Stuhl und hatte ein breites Grinsen im Gesicht.

Aus irgendeinem Grund rastete ich nicht aus. Die meisten Leute hätten ein bisschen Angst, wenn sie sich umdrehen und plötzlich einen unbekannten Mann sehen würden, der aussieht wie ein Mafiaboss aus den 1920er Jahren und einfach in ihrem Zimmer sitzt. Sein Gesicht kam mir jedoch vertraut vor, es war ein freundliches Gesicht, das ich mein ganzes Leben lang gekannt hatte.

Ich merkte gar nicht mehr, ob und wie die Zeit verging, es schien, als säßen wir einfach stundenlang so da und leisteten einander Gesellschaft. Keiner von uns sprach. Endlich brach ich das Schweigen. »Du bist Charlie, nicht wahr?« Die Gestalt nickte lächelnd. Danach redeten wir ewig lange miteinander, aber ohne ein einziges Wort auszusprechen, nur in unseren Köpfen, denn wir waren verbunden. Er war mein Beschützer. Er war dabei gewesen, als ich zur Welt gekommen war.

Wir sprachen über frühere Leben und Lektionen für die Zukunft. Dann fing ich an, ihm Fragen über meine Fähigkeiten zu stellen. Warum konnte ich ihn sehen, und andere Kinder konnten das nicht? Er sagte mir, dass das eben meine Begabung sei und dass alle Menschen diese Fähigkeiten in sich trügen – man müsse sich nur dafür öffnen.

Das habe ich getan, und das tue ich auch weiterhin.

Nathan

Nathan ist vier Jahre alt, lebhaft, hat viel Energie und bringt die Leute gern zum Lachen. Er spielt gern mit seinen Freunden, und er spielt gern *Star Wars* auf der Playstation seines Vaters. Es macht ihm auch Spaß, Dinge zusammenzubauen, und er freut sich immer schon auf »das Spiel mit dem Stock und den Bällen«, wenn die Baseballsaison wieder anfängt.

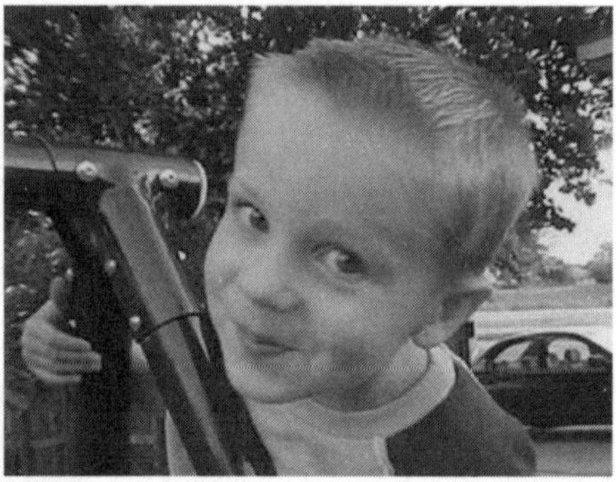

Eine seiner Lieblingsbeschäftigungen ist es, Kristalle zu sammeln, und er mag besonders gern Amethyst, Quarz und Hämatit.

Nathan nimmt Energien sehr deutlich wahr, sowohl bei sich selbst als auch in seiner Umgebung. Außerdem scheint er ein Talent zur Selbstheilung zu besitzen. Eine Umarmung, ein warmes Bad oder ein bisschen Ruhe in einem bequemen Sessel – mehr braucht er nicht, um sich von fast jeder Krankheit zu erholen.

Anscheinend kommuniziert Nathan mit seinen Führern (vielleicht kommuniziert er auch telepathisch), obwohl er die Erfahrung nicht in Worte fassen kann. Ein Beispiel, das dies demonstriert, fand letztes Jahr mehrmals während der Mathematikstunden seiner Schwester statt. Und das ging so:

Mutter: Okay, Rhianna, wir wollen ein bisschen Rechnen üben. Wie viel ist 9 + 8?
Rhianna: Äh, 9 + 8, das ist 17?
Mutter: Genau! Wie viel ist 24 – 8?
Rhianna: 24 – 8 … 24 – 8 …
Nathan: 16! (breites Grinsen)
Mutter: Wow, Nathan! Das stimmt! Okay, Rhianna, wie viel ist 10 – 2?
Nathan: 8! (kichert)
Rhianna: Nathan, hör auf!
Mutter: Schon gut, Nathan, jetzt ist Rhianna an der Reihe!

Rhianna

Rhianna ist eine gesellige und einfühlsame Achtjährige. Sie hilft anderen gern, und es macht ihr großen Spaß, den Rest der Welt ihr Wissen zu lehren. Es ist ihr sehr wichtig, dass man gut für die Tiere und die Erde sorgt. Sie spielt auch gern Gitarre und singt. Eins ihrer Ziele ist es, Sängerin zu werden, Lieder zu schreiben und eine eigene Band zu haben. Rhianna hat unter anderem das spirituelle Talent, Auras und Geister zu sehen.

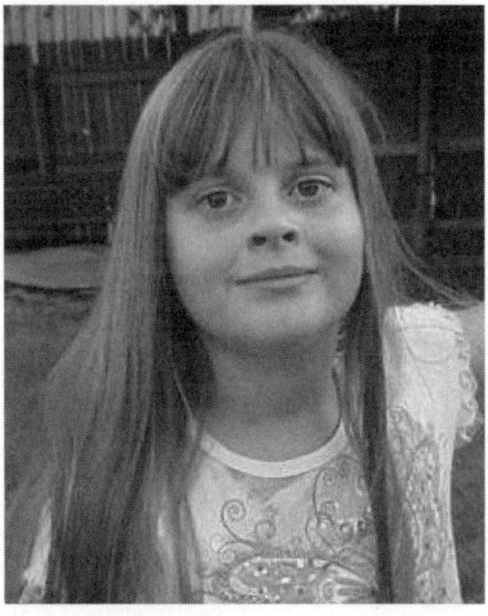

Nur zwei Tage vor diesem Interview hatte Rhianna ein sehr einschneidendes Erlebnis. Mehrere Nächte hintereinander bekam sie Besuch von einem ziemlich erschreckend aussehenden Individuum. Es trug Jeans und einen Gürtel, aber kein Hemd. Seine Haut war grau, und sein Gesicht sah aus, als sei er schwarz angemalt. Diese Person hatte Tätowierungen am ganzen Körper, bis zum Hals hinauf. (Das ist kein allzu schöner Anblick, wenn man ganz allein im Zimmer ist!) Zunächst war sich Rhianna nicht ganz sicher, ob es eine gute Idee wäre, mit diesem Geist zu sprechen, und sie bat ihre Mutter um Hilfe. Als die Mutter dann laut mit dem Geist sprach und Rhianna seine Antworten wiedergab, erfuhren die beiden, dass dieser Mensch vor fast dreißig Jahren gestorben war und Hilfe brauchte. Er hatte Angst, hinüber in den Himmel zu gehen, weil er dachte, Gott würde ihm die Schuld am Tod seiner Schwester geben. Rhianna und ihre Mutter erklärten ihm, dass Gott nicht rachsüchtig ist und dass seine Schwester ihn auf der anderen Seite erwartete, und da begann er, ein Licht zu sehen. Er konzentrierte sich auf das Licht und sah seine Schwester. Als er zu ihr sprach, wuchs das Licht und wurde so groß, dass er hindurchgehen konnte. Kurz bevor er hinüberging, bedankte er sich bei Rhianna. In diesem Moment spürte Rhianna einen Verlust, aber sie wusste, dass sie diesem Geist einen großen Gefallen getan hatte.

Als sie sich später an diesen Vorfall erinnerte, fiel ihr auf, dass der Geist unmittelbar, bevor er in das Licht hinüberwechselte, besser ausgesehen hatte – er hatte gesünder gewirkt, ein Hemd getragen, und sein Gesicht war ganz normal gewesen. Diese Erfahrung vermittelte ihr einen neuen Respekt für »Gespenster«. Es macht sie immer noch nervös, wenn sie Geister irgendwo anders als bei sich zu Hause sieht, aber sie möchte im Laufe der Zeit lernen, mehr Geistern den Weg zum Himmel zu zeigen.

Kapitel 2

Wo hast du gelebt?
»Nicht in Galesburg, irgendwo anders ... China.«
China?
»Genau, China.«
Hast du gearbeitet?
»Ich hatte einen Werkzeugkasten.
Ich hatte einen Werkzeugkasten, genau wie meiner jetzt.
So viele Werkzeuge.
Ich habe NIE ein Werkzeug verloren.
Ich habe nie irgendein Werkzeug verloren!«

Erik, geboren am 16. Dezember 1996

Das Leben wählen – jetzt und damals

Woher kommen wir? Wie war es, als wir vom Himmel hinunterblickten und beschlossen, wann wir kommen wollten und wer wir sein würden? Kam irgendeine riesige Hand von oben herab und sagte: »Du! Geh dorthin!«? Oder sind wir einfach so entstanden? Haben wir uns materialisiert, als wir geboren wurden?

Überall erinnern sich die Kinder von heute an frühere Leben, egal ob sie nun Kristallkinder, Sternenkinder oder Indigokinder sind, und oft haben sie sich sogar bewusst und freiwillig darauf vorbereitet, in diese Welt zu kommen.

Viele Kinder, mit denen ich sprach, erinnern sich deutlich daran, ihre Eltern ausgesucht zu haben, und zwar aufgrund der Herausforderungen, vor die diese Familieneinheit sie stellen würde. Sie wussten, dass sie in diesem Leben anders sein würden als die anderen, und einige wählten Eltern, die bereit und willens waren, ihr Anderssein zu unterstützen. Die Kinder erinnern sich nicht nur an den Vorgang des Auswählens, sondern auch daran, wie sie in den Körper eintraten und geboren wurden. Normalerweise vergisst man diese Erinnerungen, wenn man etwa sechs oder sieben Jahre alt ist, aber nicht immer.

Die Kinder sprechen oft über ihre früheren Leben. Häufig sind die Einzelheiten verblüffend, und manchmal lassen sie sich aufgrund von Nachforschungen sogar bestätigen. In *The Children of Now* berichtete ich von einem kleinen Jungen, der seinem Vater mitteilte, er benötige Chinesischunterricht. Er könne es eigentlich schon, müsse sich nur wieder daran erinnern. Er war sechs Jahre alt. Er erinnerte sich an so viele Einzelheiten, dass seine Eltern die chinesische Geschichte durchforsteten und tatsächlich die Person identifizieren konnten, die das Kind gewesen war.

Für dieses Buch beschloss ich, die Kinder zu fragen, woran sie sich erinnern. Als ich den vielen Antworten lauschte, faszinierte mich besonders, dass die Erinnerungen der Kinder die unterschiedlichen Kategorien bestätigten. So sprachen die Sternenkinder oft von Erinnerungen an ferne Planeten in weit entfernten Milchstraßen. Das sind keine emotionalen Hirngespinste. Solche Erinnerungen treten überall mit großer Regelmäßigkeit auf.

Ein hervorragendes Beispiel für die Erinnerung eines Sternenkindes an frühere Leben steht in einem Artikel, der von *Prawda Online* gebracht wurde, einem Internet-Nachrichtendienst, der von ehemaligen Journalisten der Print-Zeitung *Prawda* gegründet wurde. Mit freundlicher Genehmigung von *Prawda Online* folgt hier die ungekürzte Geschichte. Sie finden sie auch unter http://*english.pravda.ru/science/19/94/377/12257_Martian.html*.

Boriska – Der Junge vom Mars

12. März 2004

Manchmal werden Kinder mit faszinierenden Begabungen und ungewöhnlichen Fähigkeiten geboren. Mitglieder einer Expedition in ein »Anomaliegebiet« im Norden der Wolgograd-Region, das meist »Medwedetskaya Gryada« genannt wird, erzählten mir die Geschichte eines ungewöhnlichen Jungen namens Boriska.

»Stellen Sie sich vor, während wir abends um das Lagerfeuer herumsaßen, verlangte ein kleiner Junge (etwa sieben Jahre alt) plötzlich, dass wir ihm alle zuhören sollten. Wie sich herausstellte, wollte er den Leuten vom Leben auf dem Mars erzählen, von seinen Bewohnern und ihren Flügen zur Erde«, berichtete einer der Augenzeugen. »Sofort verstummten alle. Es war unglaublich! Der kleine Junge mit seinen riesengroßen, quicklebendigen Augen wollte eine prachtvolle Geschichte über die marsianische Zivilisation zum Besten geben, über megalithische Städte, ihre Raumschiffe und Flüge zu verschiedenen Planeten und über ein wundervolles Land namens Lemuria, und wie sich weiter herausstellte, wusste er über das Leben dort in allen Einzelheiten Bescheid, da er zufällig vom Mars stammte und dort Freunde hatte.«

Der Mann malte mir die Szene aus. Die Holzscheite knisterten, der nächtliche Nebel senkte sich auf das Gebiet herab, und der riesige dunkle Himmel mit seinen unzähligen funkelnden Sternen schien ein Geheimnis zu bergen. Die Geschichte des Jungen dauerte etwa anderthalb Stunden. Sie hatten die Geistesgegenwart besessen, die gesamte Erzählung auf Band aufzunehmen.

Viele waren offenbar besonders von zwei Faktoren fasziniert. Erstens besaß der Junge ein äußerst umfassendes Wissen, und sein Intellekt überragte den eines typischen Siebenjährigen bei weitem. So mancher Professor hätte die Geschichte von Lemuria und seinen Bewohnern, den Lemuriern, nicht in so vielen Einzelheiten erzählen können. In den Schulbüchern wird man dieses Land nicht einmal erwähnt finden. Die moderne Wissenschaft hat bisher die Existenz anderer Zivilisationen noch gar nicht bewiesen. Zweitens waren sie alle beeindruckt vom Sprachstil dieses Jungen. Er klang ganz anders als das, was man sonst von Kindern seines Alters hörte. Alle waren von seinem Umgang mit Fachbegriffen und von seiner Kenntnis der Einzelheiten und Fakten aus der Vergangenheit von Mars und Erde fasziniert.

»Warum hat er das Gespräch überhaupt begonnen?«, überlegte mein Gesprächspartner, und beantwortete die Frage gleich selbst: »Vielleicht hat ihn die Atmosphäre berührt, die im Lager herrschte, mit so vielen gebildeten und freigeistigen Leuten.«

»Könnte er sich das alles ausgedacht haben?«, wollte ich wissen.

»Kaum«, versetzte ein anderes Mitglied der Expedition. »Für mich klang es eher so, als hätte der Junge uns seine persönlichen Erinnerungen an frühere Leben mitgeteilt. Es ist nahezu unmöglich, sich solche Geschichten auszudenken.«

Heute, nachdem ich Boriskas Eltern getroffen und den Jungen besser kennengelernt habe, fange ich allmählich vorsichtig an, die Informationen auszuwerten, die an diesem Lagerfeuer weitergegeben wurden.

Boriska kam in der Stadt Wolzschkii in einer Vorortklinik zur Welt, obwohl sein offizieller Geburtsort laut seiner Akte die Stadt Zhirnowsk im Gebiet von Wolgograd ist. Sein Geburtsdatum ist der 11. Januar 1996. (Vielleicht ist dies für Astrologen interessant.) Seine Eltern sind anscheinend wundervolle Menschen. Nadeschda, Boriskas Mutter, ist Dermatologin in einem öffentlichen Krankenhaus. Sie promovierte vor nicht allzu langer Zeit, im Jahr 1991, am Medizinischen Institut von Wolgograd. Der Vater des Jungen ist pensionierter Offizier. Beide wären glücklich, wenn jemand das Geheimnis ihres Kindes erhellen könnte. Inzwischen beobachten sie ihn einfach und sehen zu, wie er heranwächst.

»Als Boriska gerade zur Welt gekommen war, fiel mir auf, dass er schon nach fünfzehn Tagen seinen Kopf allein heben und aufrecht halten konnte«, erinnert sich Nadeschda. »Sein erstes Wort war *baba*, er sagte es, als er vier Monate alt war, und begann bald darauf zu sprechen. Mit sieben Monaten bildete er seinen ersten Satz: ›Ich will einen Nagel.‹ Er sagte diesen Satz, nachdem er einen Nagel in der Wand entdeckt hatte. Es war auffallend, wie sehr seine intellektuellen Fähigkeiten seine körperlichen Fähigkeiten überstiegen.«

»Wie haben sich diese Fähigkeiten geäußert?«

»Boris war erst ein Jahr alt, als ich anfing, ihm Buchstaben zu zeigen (nach dem Nikitin-System), und stellen Sie sich vor, mit anderthalb Jahren konnte er die Zeitungsschlagzeilen lesen. Er brauchte nicht lange, um sich mit Farben und Farbtönen vertraut zu machen. Mit zwei Jahren begann er zu malen. Dann, kurz nach seinem zweiten Geburtstag, brachten wir ihn in eine Kindertagesstätte. Die Lehrer waren alle verblüfft darüber, wie begabt er war und wie ungewöhnlich er dachte. Der Junge besitzt ein außergewöhnliches Erinnerungsvermögen und eine unglaubliche Begabung, neue Informationen zu verarbeiten.«

Doch seine Eltern merkten bald, dass ihr Kind auf seine eigene, einzigartige Weise Informationen gesammelt hatte, und zwar aus einer ganz anderen Quelle.

»Niemand hat ihm das je beigebracht«, erinnert sich Nadeschda. »Aber manchmal saß er in der Lotushaltung da und begann ein Gespräch. Er sprach über den Mars, über Planetensysteme, ferne Zivilisationen … Wir trauten unseren Ohren kaum. Wie kann ein Kind das alles wissen? Der Kosmos, endlose Geschichten über andere Welten und weite Himmel – solche Dinge sind für ihn eine Art tägliches Mantra, seit er zwei war. Während eines solchen Gespräches erzählte Boriska uns auch von seinem früheren Leben auf dem Mars und sagte, dass dieser Planet tatsächlich bewohnt ist, dass er aber in Folge einer entsetzlichen, vernichtenden Katastrophe seine Atmosphäre verloren habe, sodass die Bewohner heutzutage alle in unterirdischen Städten leben müssen. Früher ist er oft zur Erde geflogen, um Waren zu tauschen, und auch zu Forschungszwecken. Anscheinend flog Boriska sein Raumschiff selbst. Das geschah zur Zeit der lemurischen Zivilisation. Er hatte einen lemurischen Freund, der vor seinen Augen getötet wurde.«

Boriska selbst sagt dazu: »Auf der Erde fand eine gewaltige Katastrophe statt. Ein riesiger Kontinent wurde von stürmischem Wasser verschlungen. Dann stürzte plötzlich ein mächtiger Felsen auf eine Baustelle … Mein Freund war dort. Ich konnte ihn nicht retten. Es ist uns aber bestimmt, dass wir uns irgendwann in diesem Leben wieder begegnen.«

Der Junge sieht den Untergang von Lemuria so deutlich vor sich, als wäre es erst gestern geschehen. Er trauert über den Tod seines besten Freundes, als wäre es seine Schuld gewesen.

Eines Tages entdeckte er in der Tasche seiner Mutter ein Buch mit dem Titel *Das dritte Auge und der Ursprung der Menschheit* von Ernst Muldaschew. Die Freude und die Faszination, die diese Entdeckung in dem kleinen Jungen auslöste, waren einmalig. Stundenlang blätterte er in dem Buch und betrachtete die Skizzen der Lemurier und die Fotos von Tibet.

Dann fing er an, über die hohe Intelligenz der Lemurier zu reden. Lemuria hörte vor mindestens 800.000 Jahren auf zu existieren. Lemurier waren neun Meter groß!

»Tatsächlich? Wie kannst du dich an all das erinnern?«

»Ich erinnere mich eben«, antwortete der Junge. Später erinnerte er sich an ein anderes Buch von Muldaschew mit dem Titel *Auf der Suche nach der Stadt der Götter*. Darin geht es vor allem um uralte Gräber und Pyramiden. Boriska behauptet felsenfest, dass man unter einer der Pyramiden Wissen finden wird (nicht unter der Cheopspyramide). Bisher wurde es noch nicht entdeckt.

»Das Leben wird sich verändern, wenn man erst die Sphinx geöffnet hat«, sagte er auch und fügte hinzu, dass die große Sphinx irgendwo hinterm Ohr einen Öffnungsmechanismus besitzt (aber er wusste nicht mehr genau wo). Außerdem spricht der Junge mit Leidenschaft und großer Begeisterung von der Maya-Zivilisation. Laut seiner Aussage wissen wir nur sehr wenig über diese große Zivilisation und ihr Volk. Das Interessanteste ist: Boris denkt, dass heute endlich die Zeit für die Geburt der »Besonderen« hier auf der Erde gekommen ist. Die Wiedergeburt des Planeten rückt näher. Neues Wissen wird sehr gefragt sein, die Erdlinge werden eine andere Mentalität annehmen.

»Woher weißt du von diesen begabten Kindern und warum das passiert? Wusstest du, dass man sie ›Indigokinder‹ nennt?«

»Ich weiß, dass sie geboren werden. Aber ich bin in meiner Heimatstadt noch keinem begegnet. Vielleicht dieses eine Mädchen namens Julia Petrowa. Sie ist die Einzige, die mir glaubt. Andere lachen nur über meine Geschichten. Etwas wird auf der Erde geschehen, deshalb sind diese Kinder wichtig. Sie werden den Menschen helfen. Die Pole werden sich verschieben. Die erste gewaltige Katastrophe auf einem der Kontinente wird sich 2009 ereignen. Die nächste 2013, und die wird sogar noch schlimmer sein.«

»Hast du keine Angst, dass in Folge der Katastrophe auch dein Leben enden könnte?«

»Nein, ich habe keine Angst. Ich habe bereits eine Katastrophe auf dem Mars erlebt. Dort draußen leben immer noch Leute, die so sind wie wir. Aber nach dem Atomkrieg ist alles verbrannt. Manchen Leuten ist es gelungen, zu überleben. Sie bauten sich Hütten und neue Waffen. Dort gab es auch eine Verschiebung der Kontinente, aber die Kontinente waren nicht so groß. Marsianer atmen Gas. Wenn sie auf unseren Planeten kämen, würden sie alle neben Röhren stehen und Gase einatmen.«

»Ist es dir lieber, Sauerstoff zu atmen?«

»Wenn man in diesem Körper ist, muss man Sauerstoff atmen. Aber die Marsianer mögen diese Luft nicht, die Luft der Erde, denn sie verursacht das Altern. Die Marsianer sind alle relativ jung, um die 30 bis 35 Jahre alt. Die Anzahl der marsianischen Kinder wächst jedes Jahr.«

»Boriska, warum verunglücken unsere Raumstationen, bevor sie den Mars erreichen?«

»Der Mars sendet spezielle Signale, um sie zu zerstören. Diese Stationen enthalten schädliche Strahlen.«

Ich war verblüfft, dass er über die speziellen Strahlen der Fobos-Raumstationen Bescheid wusste.

Es stimmt nämlich vollkommen. 1988 versuchte Juri Luschnitschenko, ein medial begabter Einwohner von Woltschski, die Regierung der Sowjetunion vor dem unausweichlichen Unfall der ersten sowjetischen Raumstationen Fobos 1 und Fobos 2 zu warnen. Auch er erwähnte diese spezielle, »unbekannte« Strahlung, die schädlich für den Planeten war. Natürlich glaubte ihm damals niemand.

»Was weißt du über andere Dimensionen? Weißt du, dass man nicht auf geraden Flugbahnen fliegen kann, sondern anders durch den multidimensionalen Raum manövrieren muss?«

Boriska sprang sofort auf und fing an, sämtliche Fakten über UFOs aufzuzählen.

»Wir sind abgeflogen und fast im selben Moment auf der Erde gelandet!«

Der Junge nahm ein Stück Kreide und zeichnete ein ovales Objekt auf eine Tafel.

»Es besteht aus sechs Schichten«, sagte er. »Fünfundzwanzig Prozent Außenschicht aus dauerhaftem Metall, dreißig Prozent einer zweiten Schicht, die aus etwas Ähnlichem wie Gummi besteht, und die dritte Schicht besteht zu dreißig Prozent aus Metall. Die letzten vier Prozent sind eine spezielle Magnetschicht. Wenn wir diese Magnetschicht mit Energie aufladen, dann können diese Maschinen überall im Universum herumfliegen.«

»Muss Boriska eine bestimmte Aufgabe erfüllen? Ist er sich dessen bewusst?« Ich stellte diese Fragen sowohl den Eltern als auch dem Jungen selbst.

»Er sagt, er kann es erraten«, erwidert seine Mutter. »Er sagt, er weiß einiges über die Zukunft der Erde. Er sagt, in Zukunft wird Information das Wichtigste sein …«

»Boris, woher weißt du das alles?«

»Es ist in mir drin.«

»Boris, sag uns, warum Menschen krank werden.«

»Krankheit entsteht, weil die Leute unfähig sind, richtig und glücklich zu leben. Man muss auf seine kosmische Hälfte warten. Man sollte sich nie einmischen und das Schicksal anderer Menschen zerstören. Die Leute sollten nicht aufgrund ihrer früheren Fehler leiden, sondern mit dem in Berührung kommen, was für sie vorbestimmt ist. Sie sollten versuchen, diese Höhen zu erreichen, und ihre Träume erobern.

Man muss mitfühlender und warmherziger sein. Wenn dich jemand schlägt, dann umarme deinen Feind, entschuldige dich bei ihm und knie vor ihm nieder. Wenn dich jemand hasst, dann liebe ihn mit all deiner Liebe und Hingabe und bitte ihn um Verzeihung. Das sind die Gesetze der Liebe und Demut. Weißt du, warum die Lemurier starben? Es war zum Teil auch meine Schuld. Sie wollten sich geistig nicht weiterentwickeln. Sie sind vom vorbestimmten

Pfad abgewichen und haben dadurch die Einheit des Planeten zerstört. Der Pfad der Magie führt in eine Sackgasse. Liebe ist die wahre Magie!«

»Woher weißt du das alles??«

»Ich weiß es eben … Kailis …«

»Was hast du gesagt?«

»Ich habe gesagt: ›Hallo!‹ Das ist die Sprache meines Planeten.«

Gennadi Belimow, genannt Boriska, ist offensichtlich ein Sternenkind. Wenn Sie die folgenden Geschichten lesen, wird Ihnen bald klar werden, wer die Sternenkinder sind. Tatsächlich kann man jede Kindergruppe daran erkennen, woran sie sich erinnert. Diese Trends sind zum Teil der Grund dafür, warum man die Kinder so leicht identifizieren kann, obwohl es oft gruppenübergreifende Eigenschaften gibt.

☆ ☆ ☆

Ich stellte jedem Kind folgende Fragen:

Wie ist es, wenn man in dieses Leben kommt? Gibt es da wirklich eine Wahl? Weißt du noch, wann du dich entschieden hast, herzukommen? Wie war das? Weißt du noch, woher du kommst? Erinnerst du dich an andere Leben oder gar an die Quelle allen Lebens?

Und darauf antworteten sie Folgendes:

Grandma Chandra: Es war sehr schwierig, denn ich wusste, dass ich behindert sein würde.

Frage: Hattest du wirklich die Wahl?

Grandma Chandra: Ja, ich habe mich dafür entschieden. Ich wusste, dass ich »die Arbeit« tun musste.

Frage: Weißt du noch, wann du dich entschlossen hast, zu kommen?

Grandma Chandra: Ja, ich entschied mich, als meine Mutter und ich gerade auf Maldek waren, bevor es zerstört wurde und daraus ein Asteroidengürtel entstand.

Frage: Wie war das?

Grandma Chandra: Es war trotz allem sehr schwierig, denn ich wusste, dass ich meinen dreidimensionalen Körper nicht würde benutzen können. Ich hielt mich zehn Jahre lang in der Nähe meiner Eltern auf, bevor ich mich dazu entschloss, hereinzukommen (geboren zu werden), denn ich wusste, dass mein Vater sterben und meine Mutter mich allein aufziehen würde.

Frage: Weißt du noch, woher du kamst? Erinnerst du dich an deinen Ursprung?

Grandma Chandra: Ja, aber das kann ich niemandem sagen.

Frage: Und wie ist es mit anderen Leben, die du gelebt hast?

Grandma Chandra: Wir alle haben schon Millionen von Leben gelebt. Mein Erdenleben, das am kürzesten her ist, war in Lemuria.

Frage: Erinnerst du dich an die Quelle des Lebens?

Grandma Chandra: Ja, ich erinnere mich daran, dass ich von der Quelle allen Lebens gekommen bin.

Frage: Und wie ist das bei dir, Jude?

Jude: Hart! Das ist das erste Wort, das mir dazu einfällt. Ich schaue mich um und sehe Leute, die Schönheitsoperationen und dergleichen machen lassen, und das fühlt sich für meine Seele nicht richtig an, deshalb sind wir nicht hier. Es gibt so viel Materialismus auf der Welt, dabei ist das weder der Zweck noch der Grund unseres Hierseins.

Manchmal, wenn ich mich so umschaue und die Leute vorbeifahren sehe, denke ich: All die vielen Leute. Jeder hat eine Familie, und jeder will irgendwohin. Alle bewegen sich so schnell, dass sie nicht sehen, was direkt vor ihren Augen ist.

Ich sehe, dass wir die Erde zerstören, die Mutter, von der wir leben, und ich denke darüber nach, was ich tun könnte, um diese

Welt besser zu machen. Und das meine ich mit hart. Es ist so hart, eine Botschaft zu verbreiten, trotz der Massenmedien mit ihrer Fülle von Kommunikationsmöglichkeiten. Es ist hart, sich in der Masse Gehör zu verschaffen, wenn man eine Wahrheit zu verkünden hat. Es ist hart.

Frage: Erinnerst du dich noch, ob du die Wahl hattest, hierherzukommen?

Jude: Ganz ehrlich, ich weiß, dass man die Wahl hat, hierherzukommen und immer und immer wieder hierherzukommen. Ich sehe so eine Art Warteschlange von Seelen, die alle im Weltraum darauf warten, Menschen zu werden. So viele warten in dieser Schlange und wollen hierherkommen, obwohl es schon Milliarden von Menschen gibt.

Ich kann mich nicht mehr an meinen Entschluss erinnern, aber ich entdecke jeden Tag mehr Gründe, warum ich mich dafür entschieden habe. Auf der Suche nach Antworten habe ich Kontakt zu einer international anerkannten Mystikerin aufgenommen. Sie hat mir geholfen zu begreifen, dass ich freiwillig zurückgekommen bin. Vor kurzem sagte sie mir während einer Sitzung, dass meine Seele uralt sei, älter als die Erde, und dass ich mich fürs Herkommen entschieden habe, um den Massen eine intergalaktische Botschaft zu bringen. Das war die Bestätigung, die ich brauchte; dabei hatte ich es von Anfang an gewusst.

Es gab einen Vorfall, der meine Seele aufrüttelte. Ich war neunzehn Jahre alt, als ich eine außerkörperliche Erfahrung machte. Ich starb und kehrte zurück. Nach dieser Erfahrung wusste ich, dass ich mich schon vor meiner Geburt dafür entschieden hatte, herzukommen, und dass ich mich auch entschieden hatte, vom Tod zurückzukehren. Es gab einen Grund für meine Existenz. Und von da an wusste ich, dass ich mit jedem Atemzug nach diesem Grund suchen musste.

Frage: Was ist mit der Quelle, von der du ursprünglich kamst, erinnerst du dich daran?

Jude: Ich weiß, dass meine Seelenenergie nicht von der irdischen

Ebene stammt. Ich habe in jüngster Zeit nachgeforscht, woher meine Seele kommt. Ich weiß, der offensichtliche Ursprungspunkt liegt in den Gedanken des Schöpfers, aber ich weiß auch, dass da mehr dran hängt, als ich im Moment begreifen kann.

Der Ort, von dem meine Seele stammt, existierte schon vor der Erde und sogar vor diesem Sonnensystem. Mehr weiß ich zu diesem Zeitpunkt nicht, obwohl ich danach geforscht habe und weiter forschen werde, bis ich es weiß.

Sobald ich nach meiner Todeserfahrung in dieses Leben zurückgekehrt war, begann ich, die lange Schnur meiner Seelenreisen zu entwirren. Ich habe auch eine neue Perspektive gewonnen, nämlich, dass das Leben letzten Endes paradox ist. Das größte Paradox sind Raum und Zeit.

Frage: Was ist mit früheren Leben? Wie denkst du darüber?

Jude: Ich weiß inzwischen, dass sich alle früheren Leben zur selben Zeit abspielen, in Dimensionen von etwas niedrigerer oder etwas höherer Frequenz. Sie ähneln dieser Erde, die JETZT existiert, aber sie wachsen beständig in ihrer eigenen Zeit, oder in gar keiner Zeit – daher das Paradox. Nachdem ich das begriffen hatte, wurde mir klar, dass ich die Fähigkeiten und Talente aus meinen früheren und zukünftigen Leben JETZT nutzen kann. Und da begann das eigentliche Erwachen und die Wiederausrichtung meiner Seele und meines Daseinsgrundes in meiner augenblicklichen Inkarnation.

Frage: Wie ist das bei dir, Weston? Erzähl uns von deiner Erfahrung, wie DU hergekommen bist.

Weston: Ich habe mich gefreut, herzukommen. Als ich auf der Erde angekommen war, wurde mir klar, dass ich nicht immer am selben Fleck bleiben muss, sondern dass ich meinen Körper verlassen kann, wenn ich das will, und deshalb reise ich oft außerhalb von mir herum. Dadurch wird das Dasein als Mensch erträglicher.

Bewusstsein ist ein unendliches Energiefeld, und es würde überhaupt keinen Spaß machen, wenn man es ständig innerhalb des menschlichen Körpers einzwängen müsste. Ich bin sehr empfindlich, wenn ich in meinem Körper bin, weil meine Energie so groß ist. Deshalb trage ich auch nicht gern Kleider und Schuhe.

Frage: Hast du schon andere Leben gelebt? Erinnerst du dich daran?

Weston: Ich habe unheimlich viele Leben gelebt, die meisten intergalaktisch. Ich treffe mich immer noch »da draußen« mit meinen Freunden. Manchmal begleiten sie mich sogar bis ganz dicht an die irdische Ebene, und wir besuchen andere Leute, die uns sehen können.

Frage: Gab es ein bestimmtes Leben, das besonders denkwürdig war?

Weston: Meine herausragendste Erfahrung war in Atlantis, wo ich beim Aufrechterhalten des Gleichgewichts innerhalb des Kristallnetzes eine sehr wichtige Rolle spielte. Unser gesamtes Netzwerk beruhte auf dem, was man heute die Ley-Linien der Erde nennt. Wir konnten Energie aufbauen und sie überall hinschicken, wo wir wollten. So erhielten wir das Gleichgewicht auf dem Planeten aufrecht. Unser Energiefeld beeinflusste auch das Wetter. Wir konnten aufgrund der Aktivitäten im Netz das Wetter vorhersagen und verändern.

Dieses Energiefeld war ein lebendiger Organismus, genau wie jedes andere Leben. Es erhielt sich selbst aufrecht, je nach den Bedürfnissen der Erde, es wahrte das Gleichgewicht, es glich aus und sorgte dafür, dass es nur sehr wenige Erdbeben und so etwas gab. Es gibt Orte auf der Erde, wo eine riesige Menge Energie freigesetzt wird. Diese Energie ist elektromagnetisch, genau wie das menschliche Bewusstsein. Aufgrund dessen waren wir in der Lage, intuitiv nicht nur mit unserem eigenen Leben in Kontakt zu bleiben, sondern gleichzeitig auch mit der Erde und ihrem Leben. Das Ganze beruhte auf Gegenseitigkeit.

Es gab andere Leute in Atlantis, die herausfanden, dass man die Energie, die wir gewannen, für selbstsüchtige Zwecke verwenden konnte, um Waffen zu bauen und andere damit zu verletzen und um ein Ungleichgewicht im Netz zu verursachen, sodass einige Personen alles hatten und andere gar nichts.

Deshalb entfernte ich einen ganz bestimmten Kristallschlüssel, der für das Funktionieren des Energienetzes entscheidend war. Ohne ihn konnte niemand mehr das Gleichgewicht oder die Richtung des Energiefeldes verändern. Letzten Endes gelang es einem Mann namens Lian, das Netz wiederherzustellen, mit voller Energie. Er war so versessen darauf, mächtiger zu werden als alle anderen, dass er einen Staatsstreich anzettelte. Im Gewölbe des Hauptgenerators kam es zu einem Kampf, und einer der wichtigsten Verstärker wurde aus seiner Harmonie mit den anderen gestoßen. Das Magnetfeld brach zusammen. Dadurch wurde das Erdnetz instabil, was letzten Endes zu massiven seismischen Aktivitäten und dem Tod unserer Zivilisation führte.

Viele von uns waren gerade auf Expeditionen unterwegs und überlebten das Chaos. Manche gingen in die Gegend, die heute Polynesien heißt. Andere flohen dorthin, wo heute der gefrorene Südpol ist. Manche landeten in dem Bereich, der heute altes Ägypten genannt wird.

Zunächst waren die Menschen dort primitiv, aber wir brachten ihnen einen Teil unserer Technologie bei, und sie begannen aufzublühen. Leider meldete sich auch hier wieder die Habgier, und die Technologien wurden vor den meisten geheim gehalten, nur ganz wenige kannten die Geheimnisse und benutzten sie, um andere zu kontrollieren. Im Laufe der Zeit wurden die Technologien durch das häufige Weitergeben verwässert, und wir wurden schließlich als Götter angebetet und nicht als das liebende Volk, das wir eigentlich waren.

Ich habe auch noch andere Leben gelebt, aber das allerwichtigste ist das Leben, das ich jetzt gerade lebe. Was geschehen ist, ist geschehen.

Frage: Wie ist es mit deinem Ursprung, Weston? Woher bist du zuallererst gekommen?

Weston: Ich erinnere mich sehr gut an den Ursprung. Manchmal gehe ich dorthin, wenn ich das Gefühl habe, dass ich mich wieder einpendeln muss. Es ist ein großes Feld aus Licht und Energie, wo man alles und nichts ist. Dort gibt es keine einzelnen Gefühle, nur Glück. Man ist sich aller Dinge zugleich bewusst –

allwissend – und man ist sich seiner selbst bewusst. Dieses Lichtfeld ist der Anfangspunkt aller Lebensformen und Wirklichkeiten. Und alle Lebensformen werden letzten Endes dorthin zurückkehren.

Frage: Tristan, was sind deine Erinnerungen an deine diesmalige Ankunft auf der Erde?

Tristan: Ich wollte nicht auf die Erde kommen, denn ich erinnerte mich an viele meiner früheren Leben, die gar nicht gut waren. Gott und ich sprachen (in Gedanken) lange miteinander. Ich sagte Gott, dass ich nicht herkommen wollte, weil ich nicht wieder so viel Schmerz und Trauer erleben wollte. Gott sagte mir, dass es wichtig wäre, dass ich wieder auf die Erde zurückkehrte, weil ich den Leuten beibringen müsste, wieder zu lieben, denn so viele haben es vergessen.

Frage: Erinnerst du dich, dass du deine Familie ausgewählt hast?

Tristan: Ich erinnere mich, dass ich mit Gott und Jesus und meinen Geistführern zusammen war, als ich meine irdischen Eltern aussuchte. Wir wählten meine Mutter und meinen Vater aus, und mir wurde gesagt, dass sie gut für mich sorgen würden. Als ich auf die Erde kam, reiste ich durch einen sehr langen dunklen Schlauch.

(Christina erinnert sich, in ihrem Lichtkörper gewesen zu sein, als sie im Buch des Lebens blätterte und ihre Reise auswählte.)

Christina: Ich weiß noch genau, dass ich in einem riesigen Raum war, mit irgendetwas, das wie Wolken wirkte, in leuchtenden Farben, Pink und Orange, und da war ein Buch, das ich durchblättern konnte, um das Leben auszusuchen, das ich führen wollte.

Frage: Hattest du eine körperliche Gestalt, oder warst du etwas anderes?

Christina: Ich hatte nicht das Gefühl eines physischen Körpers, aber ich schwebte. Ich weiß nicht mehr, was passierte, als ich mit dem Anschauen fertig war.

Frage: Gibt es irgendeinen Vorgang oder Übungen, die dir helfen, dich zu erinnern?

Christina: Wenn ich meditiere, kann ich mehr erforschen und mich an mehr erinnern.

Frage: Rhianna, woran erinnerst du dich? Hast du dich dafür entschieden, herzukommen?

Rhianna: Man kommt freiwillig ins Leben. Ich erinnere mich an meine Entscheidung, zu kommen … Ich ging zu einem riesigen purpurroten Portal und sah mich im Bauch meiner Mutter, und drei Tage später kam ich zur Welt.

Dieses Leben ist einfacher, davor war ich eine Prinzessin mit einem kleinen Pferdchen. Jetzt brauche ich keine Ponyreitstunden mehr zu nehmen, ich muss nicht mehr in einem Palast wohnen, und ich habe auch keine Ritter mehr, die ständig um mich herumwuseln. Und die Schuhe, die ich damals tragen musste, haben meinen Füßen wehgetan!

(Nathan erinnert sich an einen Ort, den viele die Kristallstadt nennen. Dort ist alles, selbst die Atmosphäre, von Natur aus silbrig und reflektierend. Jenseits unserer dritten Dimension sind viele Wesen im Vergleich zum Menschen sehr groß. An solchen Einzelheiten merke ich, dass die Erinnerungen authentisch sind!)

Nathan: Ich weiß noch, wie ich beschloss, wieder ins Leben zu kommen. Meine Seele wählte Mama und Papa aus und sogar meine Schwester. Der Himmel war so groß! Ich hatte ein silbernes Zuhause mit Silbertreppen. Ich war glücklich. Alle meine Freunde waren so groß wie mein Papa.

Frage: Erinnerst du dich an etwas aus dem Leben, das du vor diesem Leben geführt hast?

Nathan: Ich weiß noch, einmal war da so ein Haufen Schurken, und ich kämpfte (sic!) gegen sie. Mein Zuhause wurde zerstört. Da war so eine Falltür in meinem Haus, man konnte sich darin verirren, und es gab nichts zu essen.

Frage: Wie ist es mit dir, Jasin? Woran erinnerst du dich?
(Jasin spricht darüber, wie es ist, wenn man eingeengt wird und einen menschlichen Körper bewohnt …)

Jasin: Es ist hart, denn man muss sich in diesen winzigen Raum quetschen.

Frage: Erinnerst du dich an andere Zeiten, in denen du gelebt hast?

Jasin: Ich bin von Luvezorit gekommen. Das ist zwei Galaxien weit entfernt. Es ist türkisfarben. Dort leben die Luvs, und sie kommen manchmal hierher und besuchen uns, um nachzusehen, ob unsere Luft okay ist. Ich weiß auch noch, dass ich früher mal als Velociraptor hier war, das ist so ein kleiner Saurier. Ich war damals mit einem Tyrannosaurus Rex befreundet. Davor war ich ein Fisch. Ich war auch mal ein grauer Wolf. Und ich war mal ein Bildhauer namens Rodin.

Frage: Gab es damals jemanden, der auch jetzt in deinem Leben ist?

Jasin: Großmutter G. G. war damals mein Baby, aber sie lebte nicht sehr lang. Ich war auch mal ein Mann namens John Luther.

Frage: Was war damals alles los?

Jasin: Damals gab es eine Menge Kriege. Das hat mir nicht gefallen. Die Leute ritten noch auf Pferden. Als die Spanier nach Amerika kamen, gab es viele Kriege. Da bin ich damals gerade gestorben, weil ich alt war.

Frage: Joseph, erinnerst du dich an etwas Bestimmtes?

Joseph: Das ist echt schwierig. Keine Ahnung, auf welchen Planeten ich noch geboren worden sein könnte, wie friedlich sie waren oder wie es dort war. Leben da draußen ist möglich. Ich bin nur hier, weil sie mich lieber hierher geschickt haben, als irgendwo anders hin. Ich weiß nicht, ich kann es nicht mit etwas anderem vergleichen, darum weiß ich nicht, was ich darauf antworten soll.

Frage: Ist es wirklich eine freiwillige Entscheidung?

Joseph: Könnte eine freiwillige Entscheidung sein. Mir gefällt es hier. Ich mag meine Freunde und alle anderen Leute hier. Der Planet könnte allerdings besser sein, das steht fest. Wir könnten viel mehr mit diesem Planeten anfangen. Ich finde, dass wir unheimlich viel vergeuden, aber ich glaube, dass es wohl eine freiwillige Entscheidung war. Vielleicht will ich diesem Planeten helfen, ich weiß nicht genau.

Frage: Weißt du noch, woher du gekommen bist? Erinnerst du dich an andere Leben, die du geführt hast, oder sogar an den Ursprung allen Lebens?

(Joseph erwähnt unklare Erinnerungen an seine früheren Leben. Solche Erinnerungen verschwinden meistens, wenn die Kinder sechs oder sieben Jahre alt werden, aber nicht immer.)

Joseph: Nein, keine Ahnung, aber es gibt Dinge, die ich mir unheimlich gut vorstellen kann, obwohl ich sie nie gesehen habe. Das könnten winzige Erinnerungsfetzen sein. Ich meine, andere Leben waren wahrscheinlich lang, vielleicht länger, als ich gelebt habe, obwohl ich gerade einmal die Oberfläche von dem angekratzt habe, was ich hätte sehen können.

Also ich glaube, dass ich irgendwie ... Manchmal sagt mir mein Bauch haargenau, wie irgendetwas ist. Ich glaube nicht, dass ich diese Dinge schon mal gesehen oder gefühlt habe. Ich glaube auch nicht, dass es hier auf diesem Planeten war, denn ich kann unheimlich gut ein Schwarzes Loch vor mir sehen. Dabei habe ich noch nie eins aus der Nähe gesehen.

Frage: Wie ist das bei dir, Scott?

Scott: Ich bin von der Insel Montanui gekommen. Die liegt am Ende dieser Dimension. Man muss 125 Septillionen Meilen nach Westen reisen, wie die Erdenmenschen das nennen. Ich erinnere mich an das Leben auf Montanui und daran, was uns am Leben erhielt.

Frage: Wie war das?

Scott: Die Leute von Montanui waren mechanische Wesen, aber sie hatten Gefühle, genau wie Menschen, nur statt Blut eine seltsame Substanz namens »Protodermis«, die in ihnen floss. Und man konnte sehen, ob sie am Leben waren oder schliefen, weil man dort ein kleines Licht ums Herz herum hat, und das glüht, wenn man lebt, und geht aus, wenn man tot ist.

Frage: Warst du irgendwann schon mal auf der Erde?

Scott: Ich kann mich an zwei frühere Erdenleben erinnern. Das eine war als Kleopatra und das andere als Robin Hood. Dann weiß ich noch von einem früheren Leben auf der Insel Voyganui, aber ich weiß nicht, wie ich diese Form beschreiben soll. Es ist eine Art länglicher Halbmond, nur ist das eine Ende länger. Und ich war damals Toah-Jovan, der Toah des Magnetismus.

Frage: Ahn, erinnerst du dich daran, wie du ins Leben kamst, oder an die Zeiten davor?

Ahn: In dieses Leben zu kommen ist sehr frustrierend gewesen, interessant, schön und körperlich einengend.

Frage: Wählt man es freiwillig?

Ahn: Absolut freiwillig. Tatsächlich wählt man alles freiwillig.

Frage: Woher bist du gekommen?

Ahn: Als ich zehn Jahre alt war, sagte ich meiner Mutter, dass ich nur eine Blase sein wollte, die voll intensiver Liebe durch die Luft schwebt. Ich habe das Gefühl, deshalb bin ich gekommen.

Frage: Woran kannst du dich noch erinnern?

Ahn: Ich weiß, dass ich auch von Andromeda kam. Ich hatte dort ein sehr wichtiges Leben. Ich habe Bilder von meiner großen Schwester und anderen Seelen gemalt, die ich dort kannte. Andere frühere Leben, an die ich mich erinnere, waren als Ägypter im alten Ägypten und auch als nordamerikanischer Indianer, der mit Bäumen sprach.

Ich habe mir selbst einige Nachrichten an die Zukunft hinterlassen, also werde ich wohl bald mit ein paar Bäumen reden müssen.

(Gabriel erinnert sich nicht genau.)

Gabriel: Ich bin sicher, dass es ein Entschluss war, und es war bestimmt ganz toll.

Frage: Scotty, hast du das Gefühl, dass du schon mal hier gewesen bist? Erinnerst du dich an frühere Leben? Hast du richtig ausführliche Erinnerungen oder zumindest Eindrücke?

Scotty: Ganz eindeutig. Am intensivsten war meine Besessenheit von der Titanic, als ich klein war, und ich hatte auch Angst vor allen großen Booten und Schiffen. An Bord hätte ich immer im Rettungsboot geschlafen. Allein die Vorstellung, unter dem ganzen Stahl gefangen zu sein, während einem alles um die Ohren fliegt! Ich glaube wirklich, dass ich auf der Titanic war. Das war für mich immer ein ganz wichtiges Thema.

Wenn ich Säulen aus Elfenbein oder große Redwood-Bäume sehe, dann bringt mich das immer zurück in die alten Zeiten, wie ich das nenne, als alles noch auf der Seele beruhte und so viel einfacher war als heute. Besonders wenn ich im Wald bin, fühle ich mich total eins mit allem.

Frage: Du hast auch ein paar Erinnerungen an Ägypten, nicht wahr?

Scotty: Ja, ich möchte unbedingt nach Ägypten fliegen und alles dort wiedersehen, denn ich war da eine sehr einflussreiche Persönlichkeit. Ich glaube, ich war der oberste Priester in einem der Haupttempel oder im Tempel der Katzen, denn ich fühle mich so verbunden mit Katzen. Ich habe eine Katze, und immer, wenn sie in meiner Nähe sitzt, bringt mich das zurück in den Tempel mit den vielen Katzen. Sie waren sehr heilig, und wenn man eine Katze tötete, dann wurde man dafür aufgehängt, weil sie damals so heilige Tiere waren.

Und immer, wenn ich Lorbeerblätter rieche, denke ich, dass ich in Delphi war …

Frage: Wirklich?

Scotty: Ja, denn wenn ich Lorbeerblätter rieche, löst das alles Mögliche aus. Ich muss dann das Meer hören und mich unter die Erde verkriechen. Ich glaube bestimmt, wenn ich Schwefel und Lorbeerblätter zugleich riechen würde, dann wäre das so intensiv, dass ich glatt dorthin zurückkehren würde.

Frage: Du würdest einfach dorthin verschwinden?

Scotty: Ja, so intensiv wäre es.

Frage: Lindsay, war es für dich ein freiwilliger Entschluss, auf die Erde zu kommen?

Lindsay: Ich glaube absolut, dass es ein freiwilliger Entschluss war. Aber ich finde es ein bisschen schwierig, mich daran zu erinnern, wann ich beschlossen habe, herzukommen. Mein voriges Leben wurde relativ plötzlich abgebrochen, also kam ich schon zwanzig Jahre nach meinem letzten Leben wieder zurück.

Frage: Erinnerst du dich an irgendetwas im Zusammenhang mit deinem Entschluss, oder daran, wie du deine Eltern ausgewählt hast?

Lindsay: Als ich jünger war, hatte ich einmal einen Traum; damals war ich ungefähr sieben Jahre alt. Ich saß mit irgendwelchen Gestalten um einen Tisch herum, ich wusste nicht genau, wer sie alle waren, und wir sprachen über irgendeine Art von Eintreten, und sie sagten, dass ich da noch einige Entscheidungen zu treffen hätte. An mehr erinnere ich mich nicht, aber als ich aufwachte, hatte ich so ein Gefühl, und deshalb meine ich, dass diese Situation tatsächlich stattgefunden hat.

Frage: Weißt du noch, wo du hergekommen bist? Erinnerst du dich an andere Leben oder sogar an den Ursprung allen Lebens?

Lindsay: Als ich fünf Jahre alt war, beschloss ich, dass ich Scott heißen wollte. Ich war entschlossen, auf keinen anderen Namen mehr zu hören. Das ging ungefähr drei Monate lang so. Später, als ich eine Rückführung machte, erwähnte ich diese Information, und wie sich herausstellte, war das in meinem letzten Leben mein Name gewesen.

Meine Mutter wird Ihnen gern bestätigen, dass ich ein richtiger Wildfang war, als ich heranwuchs, und meine Lieblingsspiele mit anderen Kindern hatten immer mit Soldaten oder Kämpfern zu tun. Später entdeckte ich, dass ich mich so mit dem Militär verbunden fühlte, weil ich in Vietnam war und da erschossen wurde, als ich zum zweiten Mal dorthin versetzt wurde.

Komisch, dass ich dann einen Vater auswählte, der ebenfalls zwei Mal nach Vietnam versetzt wurde. Der Ursprung des Lebens, wie ich ihn sehe, ist warm und hell. Er ist eigentlich kein Wesen, und doch ist er eins. Wir sind genauso ein Teil von ihm, wie er ein Teil von uns ist. Es ist schwierig, das richtig zu erklären, denn die Quelle ist eher ein Gefühl des Einsseins und der Liebe als ein tatsächliches Lebewesen.

Kapitel 3

»Gott hat mich und Tanner gemacht.«
Woher weißt du das?
»Ich habe ihn gesehen.«
Wo?
»Da, wo er zu Hause ist.«
Was ist sein Zuhause?
»Das ist da, wo er die Leute macht.«
Was für eine Botschaft hatte er für dich? Was hat er dir gesagt?
»Dass ich für ihn arbeiten soll.«
Und was sollst du tun?
»Ich soll an seinen Leuten arbeiten.«
Wirklich? Wann sollen wir anfangen?
»Wir haben schon angefangen.«

Erik, geboren am 16. Dezember 1996

Die Seelenreise

von Jude DeCoff

Wer du auch bist, hör zu, was deine Seele dir sagt,
nun hast du die Kraft und kannst wachsen jeden Tag.
Du bist nicht allein, es gibt Hunderte wie dich,
sie alle suchen, doch Antworten finden sie nicht.
Mit den Augen könnt ihr die Wahrheit nicht finden,
ihr müsst eure Herzen mit der Jugend verbinden.
Die Kinder von heute sind tief verbunden,
besondere Seelen, an hohe Ziele gebunden.
Hört auf sie, verschmelzt eure Botschaft mit der ihren,
um aus Kraft und Wahrheit ein zweischneidiges Schwert
zu schmieden.
Recht und Unrecht wird durch Gerechtigkeit definiert,
und unsere Anführer haben kein Ruhmeslied verdient.
Ihnen fehlt Leidenschaft, Licht, der Lebensfunke im Inneren,
wir alle haben die Macht, zu schöpfen und neu zu beginnen.
Mach dich auf die Reise in deine eigene Wirklichkeit
und erlebe die Welt in deiner Einzigartigkeit.
Bald wird jeder Mensch seine eigene Welt entstehen lassen.
Viele Lehren sind durch Energiewirbel aufzufassen.
Sie steigen und fallen, je nach der Absicht dahinter,
sie blühen und wachsen oder schlafen wie im Winter.
Sie feiern Sinn und Macht, deinem Leben zum Ruhme,
und erschaffen deine Wirklichkeit als herrliche Blume.

Ich bin …

Wer sind wir im Verhältnis zu allen anderen Wesen und zu allen anderen Dingen? Wissen wir das eigentlich? Was für Gaben haben wir auf unseren Planeten mitgebracht und dann vielleicht beiseite gelegt oder gar völlig vergessen?

Wenn wir in unser menschliches Leben hineingeboren werden, trägt jeder von uns eine ganz bestimmte Kombination von Energien in sich, die einzigartig ist und nur uns gehört. Tatsächlich ist unsere persönliche Kombination dieser Harmonik sogar in der gesamten Schöpfung einzigartig; es gibt niemanden, der genauso ist wie wir. Diese Energien sind buchstäblich ein harmonischer Satz Frequenzen. Man könnte jeden von uns als einen unendlichen Musikakkord bezeichnen, als eine Art Symphonie der Energien. Wir *sind* diese Symphonien, und auf einer sehr elementaren Ebene in unserem tiefsten Inneren wissen wir das auch, aber wir nehmen es nicht wahr. Wir erinnern uns nicht bewusst daran.

Unsere Energiekombination identifiziert uns nicht nur, sondern enthält auch Informationen für uns. Die gesamte Landkarte unserer Existenz ist in unserer spezifischen Energiekombination enthalten. Außerdem kommunizieren diese Energien mit der gesamten Schöpfung und berichten der Unendlichkeit in allen Einzelheiten von unseren Erfahrungen. Doch unsere Energiefelder empfangen zugleich auch Informationen, die uns leiten können, wenn wir auf sie hören. Mit anderen Worten: Alles, was wir in jedem Augenblick unserer Existenz tun, überträgt sich unendlich weit nach außen, und gleichzeitig empfangen wir innerlich unendlich viele Informationen, die uns dabei helfen können, in unserem Leben vernünftige Entscheidungen zu treffen.

Wir sind in jedem einzelnen Augenblick ein integraler Teil der Schöpfung. Wir tragen zur Wirklichkeit des Ganzen bei. Dadurch werden wir selbst zu mächtigen Schöpfern.

Abgesehen von unserer Identität und unserer Kommunikationsfähigkeit bestimmt unsere Energiekombination auch, welche Fähigkeiten und welchen Grad der Wahrnehmung wir in diesem Leben besitzen. Damit meine ich, dass der besondere Aufbau unseres persönlichen Energiesystems und die Frequenzen, in denen es schwingt, in vieler Hinsicht unsere Begabungen bestimmt. Das schließt auch unsere Fähigkeit mit ein, die Wirklichkeiten außerhalb der dritten Dimension wahrzunehmen. Weitere Begabungen sind unsere medialen und telepathischen Veranlagungen und die Fähigkeit, Wesen zu sehen, die nicht zu dieser Wirklichkeit gehören. Das sind aber nur einige Beispiele für die Dinge, die man als Begabungen oder Gaben bezeichnet. Es gibt natürlich noch andere, wie schlichte Einfühlsamkeit, also die Wahrnehmung der Gefühle der anderen und das Gespür für das, was sie eigentlich meinen. Die Möglichkeiten der menschlichen Begabungen sind ebenso unbegrenzt wie unsere Fantasie.

Wenn wir geboren werden, sind wir uns unserer integralen Zugehörigkeit gewahr. Wir können Energie sehen und fühlen. Manchmal haben wir noch Kontakt zu dem Ort, von dem wir gerade gekommen sind. Wir haben noch keine Identität als Individuum, das lernen wir erst später. Die Menschen sprechen mit uns, als seien wir unintelligent. Sie lehren uns, Angst zu haben. Sie lehren uns, »unseren Platz« innerhalb der menschlichen Gesellschaft wahrzunehmen. Die Folge ist, dass wir unseren Sinn für die Unendlichkeit verlieren und dass unsere bewusste Wahrnehmung eingeengt wird. Die Türen unserer unendlichen Wahrnehmung schließen sich.

Wenn wir heranreifen und schon einiges im Leben erfahren haben und zu wissen glauben, was Verantwortung bedeutet, dann fangen wir an, uns selbst viel zu ernst zu nehmen. Das *Leben* wird zu ernst. Wir vergessen die Unschuld unseres Seins und unserer Fähigkeiten. Wir verlieren die Gewissheit, dass uns eine unendliche, präzise organisierte Datenbank voller Informationen zur Verfügung steht. Als Kind ist uns das noch bewusst, aber bald übernimmt unser Intellekt die Vorherrschaft.

Wir benutzen unseren Intellekt dazu, alles zu rationalisieren, aber dadurch wird nicht immer unser größtmögliches Potenzial unterstützt. Eigentlich versperrt unser Intellekt uns die Türen zur größeren Wirklichkeit. Wenn wir unseren logischen Verstand benutzen, wird unser höheres Bewusstsein buchstäblich ausgesperrt und unsere Gehirnwellen schalten auf niedrigere Frequenzen herunter.

Ich war neugierig, ob die Kinder mir wohl antworten konnten oder wollten, wenn ich sie fragte, was für Energien sie auf die Erde mitbrachten. Aus ihren Antworten schloss ich, dass sie zwar alle ein ähnliches Gefühl für die eigene Identität besaßen, dass es aber auch große Unterschiede gab. Ihre Klarheit war erstaunlich.

☆ ☆ ☆

Ich stellte jedem Kind folgende Fragen:

Was für eine Art von Energie bringst du mit auf die Erde? Was verkörperst du, und warum bist du hier? Mit anderen Worten: Wer ist (Name des Kindes)? Warum sind nicht alle Kinder so wie du?

Grandma Chandra: Ich bringe das Wissen und die Energien von Lemuria und Atlantis mit.

Frage: Wer ist Grandma Chandra?

Grandma Chandra: Grandma Chandra ist ein omnidimensionales Wesen, das hierhergekommen ist, um den Planeten aufzuwecken und die Menschen auf den Weg des Aufstieges zu bringen. Ich habe viele Formen, unter anderem Delfin, Wal, Vogel, schöne Frau.

Frage: Warum sind nicht alle Kinder so wie du?

Grandma Chandra: Weil es nicht in ihrem Vertrag steht. Wir alle haben einen Vertrag oder mehrere Verträge. Jeder hat seinen eigenen »Job« zu erfüllen.

Jude: Die Energie, die ich mitbringe, ist total ausgeflippt. Ich weiß nicht, wie ich sie sonst beschreiben soll, ohne spezifischer zu wissen, *auf welche Weise* ausgeflippt. Ich weiß, dass ich jeder Organismus auf dieser Erde gewesen bin und dass ich schon vor der Erde und der Erschaffung unseres Sonnensystems hier war. Die Energie, die ich mitbringe, hat eine sehr hohe Schwingung.

Angeblich leide ich an ADS! Aber ich glaube eher, dass ADS die Evolution des menschlichen Bewusstseins verkörpert. Es lässt sich mit den Motherboards von Computern vergleichen. Nun sind neue Motherboards herausgekommen, die ein System namens Hyper-Pipelining benutzen. In der Umgangssprache ist das die Fähigkeit des Computers, Informationen mit Hypergeschwindigkeit an den gewünschten Empfänger zu schicken.

Was sagen die Ärzte und die breite Öffentlichkeit denn über Kinder, die als ADS eingestuft werden? Dass wir hyper sind und uns zu schnell bewegen! Das menschliche Bewusstsein evolviert, genau wie unsere Seelen und die Erde selbst. Mir wurde gezeigt, dass ADS die Zwischenstufe ist, die vor der nächsten Form des menschlichen Gehirns auftritt. Der Grund, dass wir so viele Dinge gleichzeitig tun können ist, dass wir viel mehr als zehn Prozent unserer Gehirnkapazität nutzen.

Die Stimulation des ADS oder Hypergehirns erschließt uns andere Zugangspunkte und eine viel größere Bandbreite bei der Nutzung unseres Gehirns und letzten Endes auch dieses Körpers, auf einer Ebene, die bisher noch nie erreicht worden ist.

Die Energie, die ich mitbringe, hat die Form von Kommunikation.

Frage: Kannst du uns ein paar Beispiele dafür nennen?

Jude: Ich kann positive Konzepte visualisieren und dieses Bild dann so kommunizieren, dass es jeder versteht. Ich kenne die Antwort auf die Fragen der Leute, bevor sie mir die Fragen gestellt haben.

Ein anderes Beispiel ist die Radiosendung *World Puja.* Darin reden die Gäste mit Dr. Meg und Maureen über Themen, die ich schon drei Monate vorher mit meiner Indigofamilie, die überall in den USA und auf der ganzen Welt verstreut lebt, diskutiert habe. Ich bin viel schneller als die meisten Leute. In dieser schnellen Frequenz, Schwingung und Bewegung kann ich die Zukunft anzapfen. Ich bekomme keine Visionen in dem Sinn, sondern meine Gedanken entstammen Ereignissen aus der Zukunft oder künftigen Zeiten. Ich habe dieses Wissen bereits erworben, aber die Zeit hat mich noch nicht eingeholt. Wenn ich dann die Bestätigungen bekomme und Synchronizitäten erlebe, dann weiß ich, dass mich die Zeit eingeholt hat.

Im Augenblick scheint das jeweils drei Monate zu dauern, denn immer, wenn ich über bestimmte Themen diskutiert habe und mich dann neuen Gedanken zuwende, stellen sich etwa drei Monate später in meinen irdischen Erfahrungen Bestätigungen und Beweise dafür ein. Ich weiß nicht, wie ich meine Art von Energie nennen soll, aber sie ist irgendetwas dazwischen, zwischen dem Hier und dem Dort. Ich spüre und fühle, dass ich Veränderung verkörpere. Ich verkörpere Beweglichkeit. Ich verkörpere interkulturelle und mehrdimensionale Kommunikation. Ich verkörpere die Menschheit.

Frage: Was meinst du, warum nicht alle Kinder so sind wie du?

Jude: Zu sagen, dass andere Kinder oder andere junge Erwachsene nicht so sind wie ich, wäre eine Untertreibung und ein Paradox, denn ich weiß, dass wir alle eins sind, auch wenn wir alle Individuen sind. Das Individuelle wurde innerhalb des Einsseins geformt, und dort erhielten wir unseren individuellen Aspekt, den wir unsere Seelenwirklichkeit nennen.

Meine Wirklichkeit ist völlig anders als die jedes anderen Wesens, abgesehen vom Schöpfer selbst, denn ich lebe durch seine Wirklichkeit, aber die einzigen Gründe dafür sind die Erfahrungen, die ich in diesem Leben gemacht habe. Ich habe in diesem einen Leben schon viele Leben geführt. Ich hatte viele verschiedene Jobs, ich war kurze Zeit obdachlos, ich war Entertainer, ich war Hausmann, ich war der Junge, der Alte und der Neue, ich war der Überlebensgefährte und ich bin gestorben und wieder ins atmende Leben zurückgekehrt.

Der wichtigste Zugangspunkt zu meiner Energie und meinen Fähigkeiten ist das Erleben verschiedenster Leben innerhalb dieses einen Lebens.

Frage: Wie meinst du das?

Jude: Ich habe so viel erlebt, und dem verdankt sich meine Verbundenheit mit dem Schöpfer, dadurch bekomme ich meine

Energie von ihm, weil ich weiß, dass ich ebenso sehr der Schöpfer bin, wie der Schöpfer ich ist und jeder Mensch auf dem Planeten und überall. Mit Hilfe dieser Erfahrungen habe ich die Bestätigung dafür bekommen, dass ich gewisse Lektionen gelernt habe. Nur durch die Lebenserfahrungen bin ich evolviert und habe mich zu dem entwickelt, der ich JETZT bin. Ich unterscheide mich von anderen Kindern ebenso wenig, wie sie sich von mir. Ich habe nur unterschiedliche und andere Erfahrungen gemacht, die sie eines Tages vielleicht auch machen werden.

Ich schreibe eine Biografie, in der die individuellen Erfahrungen, die ich gemacht habe, genauer geschildert werden, denn es gab innerhalb meiner fünfundzwanzig Jahre schon Hunderte. Diese Erfahrungen machen uns zu dem, was wir sind, sie sind letzten Endes der menschliche Ausdruck der Schöpfung.

Frage: Weston, welche Art von Energie bringst du uns durch deine Erfahrungen?

Weston: Ich bringe das Konzept des Unmöglichen ans Licht. Damit meine ich, dass ich gekommen bin, um den Leuten zu zeigen, dass an der Wirklichkeit mehr dran ist, als sie meinen. Ich kommuniziere telepathisch mit den Leuten und erzeuge in ihnen eine Wahrnehmung der Möglichkeiten jenseits der einfachen menschlichen Sinne, und dadurch helfe ich ihnen, sich daran zu erinnern, wer sie außerhalb der Einschränkungen ihres »Menschseins« sind. Ich habe schließlich selbst einen Körper, der nicht besonders gut funktioniert, aber dafür ist mein Bewusstsein grenzenlos. Es macht mir einen Mordsspaß, die Überraschung in den Herzen der Leute zu spüren und auf ihren Gesichtern zu sehen, wenn ich völlig unangemeldet in ihrer Wahrnehmung auftauche.

Frage: Das kannst du?

Weston: Klar, genau so einfach, wie du atmest. Ich kann mein Bewusstsein überall hinprojizieren, wo ich will.

Frage: Ich weiß, dass du sehr begabt bist. Reden wir mal darüber, was du sonst noch in unsere Welt mitbringst.

Weston: Ich gebe den Leuten auch ihren Glauben an die eigene Begabung, denn wenn sie merken, dass sie telepathisch und ätherisch mit mir kommunizieren können, dann können sie nicht mehr daran zweifeln, dass es eine Menge gibt, an das man glauben und dem man vertrauen kann.

Ein anderer Teil der Energie, die ich auf die Erde bringe, ist Unsinn und Unschuld. Wirklich, es hilft, wenn man Humor hat! Wenn die Leute nicht über mich oder über sich selbst lachen können, dann werden sie es echt schwer haben.

Ich bin noch aus einem weiteren Grund hier, und zwar, um den Leuten zu zeigen, dass jemand, dessen Körper nicht ganz richtig funktioniert, deshalb nicht weniger wert ist. Ich kann all diese Dinge tun, ich nehme telepathisch Kontakt mit anderen Menschen auf und bin oft der Auslöser dafür, dass alles Mögliche passiert – und das ist alles beweisbar, denn ich passe immer genau auf, dass ich mehreren Leuten dieselbe oder ganz ähnliche Informationen gebe. Und darum bin ich ein Paradebeispiel dafür, dass es im Leben viel wichtigere Dinge gibt als das Aussehen oder die körperlichen Fähigkeiten der Menschen.

Frage: Deshalb tust du das also! Allmählich fange ich an zu begreifen, wie klug du tatsächlich bist! Nun sag mir bitte, Weston, warum sind andere Kinder nicht auch so wie du?

Weston: Nicht alle Kinder sind so wie ich, weil das für die Menschen eine zu große Veränderung der Wirklichkeit bedeuten würde. Ich glaube nicht, dass sie damit fertig würden.

(Na, das war wenigstens ehrlich!)

Frage: Und Tristan und Peter, wie ist das bei euch?

Tristan: Meine Energie ist sehr leicht und liebevoll. Ich weiß nicht, warum andere Kinder nicht so sind wie ich. Vielleicht sehen sie zu viel fern.

Peter: Meine Energie ist die Energie eines Schöpfers, die alle Dinge im Leben in Ordnung bringen will.

Frage: Christina, was ist dein Eindruck, warum du auf der Erde bist?

Christina: Ich glaube, ich bin jemand, der dieses Leben gewählt hat, um die Schwingungen anderer zu erhöhen, damit sie sie weitergeben können. Ich glaube auch, dass ich mit Kindern arbeiten soll. Ich glaube, andere Kinder sind deshalb nicht so wie wir, weil ihre Eltern, als sie gewisse Anzeichen zeigten (dass sie etwas Besonderes waren), ihnen gesagt haben, das sei etwas Böses; oder sie wurden bestraft, weil ihre Eltern meinten, sie seien besessen, und dadurch haben sie gelernt, diesen Teil von sich weg zu schieben.

Rhianna: Ich bringe Hochenergie in die Welt! Ich bin hergekommen, um ein neues Leben anzufangen, um alles über Technologie zu lernen und um Spaß zu haben! Andere Kinder sind nicht so wie ich, weil ich eine andere Aura habe als sie.

(Jasins Antworten kommen eher aus der holistischen Ecke …)

Jasin: Darauf antworte ich nicht.

Frage: Warum nicht?

Jasin: Wir sind *alle eins*. Jeder ist ich, warum sollte ich diese Frage also beantworten? Ich bringe alle möglichen Arten von Energie mit, und du auch.

(Und wie Recht er doch hat! Jasins direkte Art ist wirklich liebenswert!)

Frage: Joseph, wie ist das bei dir?

Joseph: Konfliktlösung, Frieden, mit anderen Worten: friedlich, fröhlich. Ich stehe für die Wahrheit, und ich denke, ich bin hier, um Konflikte und Kämpfe zu beenden und um zu versuchen, Frieden zu stiften. Es würde mir gefallen, wenn ich deshalb hier wäre. Viel mehr weiß ich nicht.

Frage: Warum ist nicht jeder so wie du?

Joseph: Vielleicht haben die anderen unterschiedliche Lebensaufgaben. Vielleicht ist das nicht ihre Aufgabe. Oder vielleicht wollen sie es auch nur nicht einsehen und wehren sich deshalb gegen eine solche Lebensaufgabe. Keine zwei Menschen sind gleich.

Frage: Scott?

Scott: Ich verkörpere einfach ein Wesen des reinen Glücks, obwohl ich manchmal wütend werde. Ich bin hier, um herauszufinden, woher das ganze Chaos eigentlich kommt.

(Und dann spricht Scott über den freien Willen …)

Frage: Warum bist du anders als die anderen?

Scott: Weil alle Kinder dazu fähig sind, ihre eigene Meinung und ihren eigenen Glauben zu haben. Alle Kinder haben ein Recht auf ihre eigenen, einzigartigen Ansichten und Glaubensvorstellungen, und dadurch verhalten sie sich verschieden und geben unterschiedliche Energien ab.

Ahn: Die Energie, die ich auf diese Erde bringe, ist blaue Energie – das Akzeptieren von allem, was ist, und die Freude, die aus der Seele kommt. Wer ich bin? Ich bin vieles. Wir sind alle verbunden, also bin ich alles und nichts.

Frage: Ahn, warum sind deiner Meinung nach nicht alle Kinder so wie du?

Ahn: Es sind nicht alle Kinder so wie ich, weil ich mich schon früh bewusst dazu entschieden habe, »aufzuwachen«. Das fällt mir immer auf, wenn ich in meinem Teenager-Ego drinstecke. Mein höheres Selbst ist mir lieber. Ich bin Energien gegenüber extrem empfindlich. Wenn ich mal lüge, muss ich weinen, und ich mache viele außerweltliche Erfahrungen.

Frage: Was verkörperst du auf unserer Erde?

Ahn: Ich habe das Gefühl, ich verkörpere ein Dasein in der Wahrheit, und ich bin hier, um als Beispiel zu dienen, als Beispiel dafür, die Wahrheit zu sagen und zu leben. Ich muss schreiben – irgendetwas in mir treibt mich an, und meine Gedichte und meine Lyrik berühren die Leute anscheinend. Deshalb glaube ich, dass ich dazu hierhergekommen bin.

Frage: Du hast kürzlich deinen Namen geändert. Warum?

Ahn: Mein Taufname ist Jasmine, und im letzten Jahr habe ich andere Namen entdeckt, die zu mir gehören, Seelennamen, glaube ich, und zwar sind das Ahn und Zinda (A und Z, der Anfang und das Ende). Ich benutze jetzt öfter Ahn als Jasmine, aber es kann die Leute verwirren, wenn man seinen Namen ändert.

Ich bin immer über das Wort »Jasmine« gestolpert, und da habe ich meiner Mutter gesagt, dass ich etwas Einfaches wie »Ahn« haben wollte.

Frage: Hallo, Scotty! Und welches Vorhaben hat dich auf die Erde gebracht?

Scotty: Ich persönlich glaube, dass ich auf dieser Welt bin, um sie zu verändern. Zu verändern, herauszufordern … solche Sachen. Ich habe mit dem Direktor meiner Schule gesprochen, weil ich anfangs ganz verstört war. Ich habe ihn gefragt: Was soll das alles? Ich werde nie irgendwas von diesem Zeug brauchen. Ich fragte ihn, ob *er* sich etwa noch an alles erinnerte, was er in der zweiten Klasse in Algebra gelernt hatte, und er sagte »Nein«, und ich sagte »Na eben«, und dann ist mir klar geworden, dass die Kinder in unserer Gesellschaft nicht nach dem Warum fragen.

Leute, die mit allem zurechtkommen, stellen keine Fragen. Und das hat mich wirklich entsetzt, denn vom Kindergarten an sollten einem die Leute ja eigentlich beibringen, nach dem Warum zu fragen, immer nach dem Warum zu fragen, *immer Fragen zu stellen*; und diejenigen, die das nicht tun, sind genau diejenigen, die in dieser Gesellschaft Erfolg haben. Ich habe viel darüber nachgedacht, und ich dachte: Wahnsinn, ich will nach dem Warum fragen, und mir wird der Mund verboten, eben weil ich nach dem Warum gefragt habe.

Frage: Weil man dich für unverschämt und aufsässig hielt?

Scotty: Weil ich mich dem normalen Ablauf widersetzte.

Frage: Und du bleibst nicht brav »in deiner Schachtel« drin, du willst mehr wissen, und sie wollen es dir nicht sagen?

Scotty: Genau.

Frage: Na ja, vielleicht wissen sie es in Wahrheit gar nicht.

Scotty: Genau; aber was ist, wenn ich meine Aufsätze nicht nach Schema F schreiben will? Dann kriege ich gesagt: »Tja, so hat man das aber schon immer gemacht.«

Hat sich die Kultur etwa nicht ständig verändert? Vielleicht bin ich einer der Leute, die unsere Kultur verändern? Wer bricht aus diesem Schema aus? Was wäre, wenn wir immer noch im mittelalterlichen Stil schreiben würden? Was wäre, wenn daran nie jemand etwas geändert hätte?

Frage: Und wenn wir immer noch im Stil dieser Kultur leben und sprechen würden …

Scotty: Genau – im Stil des finsteren Mittelalters, mit der Rassentrennung und diesen ganzen Sachen.

Frage: Dann ginge es nur ums Überleben. Es ginge nicht darum, sich weiterzuentwickeln und den Zyklus zu vollenden …

Scotty: Dem stimme ich total zu.

Frage: Gabriel?

Gabriel: Ich verkörpere Freundlichkeit und Gleichheit. Ich bin hier, um der Menschheit zu helfen. Ich möchte etwas daran ändern, dass die Menschen ständig kämpfen und einander gar nicht richtig kennen.

Frage: Warum, glaubst du, ist das so?

Gabriel: Vielleicht, weil sie alles glauben, was sie sehen. Die Leute können ihre eigene Wahrheit nicht mehr sehen, weil Dinge wie Videospiele und Fernsehen die Wahrheit verbergen.

Frage: Warum, glaubst du, kannst du das durchschauen, so viele andere Menschen aber nicht?

Gabriel: Ich glaube, ich durchschaue das, weil ich schon so oft hier war, und beim letzten Mal wurde mir klar, dass das, was man uns erzählt, nicht immer die Wahrheit ist. Ich habe nicht mehr oder weniger Grund hier zu sein, als jeder andere auch. Ich bin nichts

Besonderes, ich würde nur gern der Welt dabei helfen, klarer zu sehen. Ich habe einfach das Gefühl, wenn man freundlich zu den Leuten ist, dann haben sie das innere Bedürfnis, ebenfalls freundlich zu sein.

Frage: Wie fühlt es sich an, so zu sein wie du?

Gabriel: Es fühlt sich gut an, dass ich diesen Frieden in mir habe. Ich glaube, Gott hat mir diesen Frieden gegeben, damit sich andere daran erinnern können, dass sie den auch haben wollen.

Frage: Warum, glaubst du, bist du so, wie du bist?

Gabriel: Ich weiß nicht genau, warum ich so bin. Vielleicht ist das so gekommen, als ich geboren wurde.

Frage: Lindsay, ich kenne dich schon lange und weiß, dass du ein wundervoll begabtes Wesen bist. Wer, würdest du sagen, ist Lindsay?

Lindsay: Wer Lindsay ist? Ich bin nicht sicher, ob man das überhaupt in Worten ausdrücken kann. Ich weiß noch, damals in der Grundschule wurden wir aufgefordert, uns selbst in drei Worten zu beschreiben, und ich hob die Hand und sagte der Lehrerin, dass ich das nicht könne, weil es »die richtigen Worte« nicht gäbe. Ich glaube das heute noch, aber für dieses Buch will ich es in diesem Interview einmal so ausdrücken: Ich bin ich und außerdem alles oben schon Erwähnte. Ich bin so viel, dass ich es nicht alles benennen kann, und doch scheint das kurze Wörtchen »ich« zu passen. Man kann das nicht erklären. Man kann versuchen, sich selbst mit Etiketten zu versehen, zum Beispiel fürsorglich, freundlich, witzig, klug. Aber letzten Endes hat jeder diese Eigenschaften, zumindest einen kleinen Teil davon … und darum sage ich »alles oben schon Erwähnte«.

Ich habe gewisse Begabungen mitbekommen, die bei anderen Kindern nicht voll ausgebildet sind, aber schließlich sind wir alle eins, und wir sind sowohl unterschiedlich als auch gleich. Es tut mir Leid, dass das solche Klischees sind, aber es ist die Wahrheit.

Kapitel 4

Man braucht alle möglichen Erfahrungen,
sowohl spirituelle als auch menschliche,
um vollständig zu sein.

Lindsay

Der Sinn des Lebens: Warum wir hier sind

Ich habe den Eindruck, dass jeder nach dem Sinn seines Lebens sucht, nach dem eigentlichen Grund für sein Dasein auf Erden. Tatsächlich stellt man mir am häufigsten die Frage: »Wozu bin ich hier?« Ich bin zu dem Schluss gelangt, dass dieses Thema vor allem die jetzige Generation beschäftigt.

In früheren Generationen hat man uns gesagt, wir müssten alles *besser* machen, wir müssten *mehr* sein, wir müssten *mehr* lernen und so weiter – und andererseits hat uns so gut wie nie jemand gesagt, dass wir etwas *gut* gemacht hätten. Es hieß nur immer, wir sollten es *beim nächsten Mal besser machen*. Es war, als wäre man dazu verdonnert, ohne Landkarte ein bestimmtes Ziel zu erreichen. Das Ergebnis dieser Einstellung sind zahllose Erwachsene voller Minderwertigkeitskomplexe, die ihre Begabungen immer noch nicht entdeckt haben und dauernd auf der Suche nach einer Möglichkeit sind, sich selbst irgendwie besser hinzukriegen.

Für viele von uns ist es schwierig, unseren Weg durchs Leben zu finden. Wir sind nicht mit unserer inneren Wahrheit verbunden und wissen deshalb oft gar nicht, was wir fühlen oder warum wir uns von allen anderen so abgetrennt vorkommen. Oft haben wir kein Selbstwertgefühl, weil wir überhaupt keine Ahnung haben, wo wir eigentlich hingehen – und erst recht nicht, woher wir kommen. Das liegt daran, dass wir unser Leben an den Wertvorstellungen und Erwartungen anderer messen. Wir bemühen uns immer noch, es unseren Eltern und Lehrern und den anderen Autoritätsfiguren unserer Kindheit recht zu machen. Oft ziehen wir Menschen an, die uns auf ähnliche Weise herausfordern – bis wir lernen, dass wir auf einer ganz persönlichen Reise sind, die völlig anders ist als alle Reisen, die wir bisher unternommen haben!

Aufgrund dieser Einsichten bin ich zu dem Schluss gekommen, dass unser Daseinszweck nicht singulär ist, sondern in jedem Augenblick unseres Daseins existiert. Wir sind tatsächlich ein Teil von allem, und wir *sind* alles, und deshalb befinden wir uns auf einer universalen Ebene in ständigem Austausch mit allem anderen. Wir beeinflussen alles in uns und um uns herum, von der winzigsten Energieäußerung bis zu jeder absichtlichen Handlung – und wir wissen gar nicht, wie stark dieser Einfluss eigentlich ist.

Meine Lieblingsgeschichte handelt von einem Wunder, das innerhalb eines Augenblicks geschah. Sie stammt von einer Freundin von mir, die wir Barbara nennen wollen.

»Ich stand in der Warteschlange auf dem Postamt und überlegte, ob ich mich umbringen sollte«, erzählte mir Barbara. »Mein Mann war ganz plötzlich gestorben, und ich war verzweifelt und fühlte mich völlig allein auf der Welt. Ich hatte das Gefühl, dass ich überhaupt nichts mehr besaß. Ich war mehr als deprimiert. Ich hatte den Eindruck, dass es keinen Grund mehr zum Leben gab. Ich war ungeliebt und ungewollt. Es war nichts mehr übrig, und deshalb würde ich jetzt nach Hause gehen und mich umbringen.

Als die Schlange sich weiterschob, wandte sich die Dame in der Schlange daneben zu mir um und lächelte. Sie lächelte einfach nur. In diesem winzigen Augenblick fühlte ich mich bestätigt, lebendig. Ich beschloss, dass das Leben doch nicht so schlecht war. Diese

Frau wird nie erfahren, dass ihre kleine freundliche Geste mir an diesem Tag das Leben rettete …«

Natürlich bewirken all unsere Aktionen Reaktionen. Jede Ursache hat ihre Wirkung. Man nennt das den kumulativen Effekt. Was hat diese schöne Seele danach mit dem Leben angefangen, das durch ein einfaches Lächeln gerettet wurde? Sie ist in ein fernes Land gezogen, in ein kleines Dorf, wo sie den Eingeborenen beibringt, ihre Familien dadurch zu unterstützen, dass sie Landwirtschaft betreiben und ein Kunsthandwerk ausüben – sie lernen zum Beispiel, Schmuck herzustellen. Sie unterrichtet auch an einer Schule und lehrt die Kinder verschiedene kunsthandwerkliche Techniken, die ihnen künftig dabei helfen werden, sich und ihre Familien zu ernähren.

Alles ausgelöst durch ein Lächeln.

Die Kinder von heute erkennen die Schönheit des Augenblicks. Ihnen ist auch bewusst, dass sie mit einer ganz bestimmten, wichtigen Aufgabe auf die irdische Ebene gekommen sind. Bei den meisten Kindern besteht diese Aufgabe darin, uns anderen beizubringen, einander zu lieben, da wir das offenbar vergessen haben. Aber ihre Aufgabe beinhaltet noch mehr.

☆ ☆ ☆

Ich wollte dieses Thema so weit vertiefen, wie die Kinder es zuließen, deshalb fragte ich sie:

Was ist der eigentliche Sinn und Zweck des menschlichen Lebens? Wie kann man diesem Zweck am besten dienen? Sind die Richtungen, die wir im Leben einschlagen, wichtig? Warum sind wir hier, obwohl wir Geist sein könnten?

Frage: Nicholas, wie siehst du das?

Nicholas: Ich will gar nicht drumherum reden: Ich bin kein gewöhnlicher Junge. Aber ich bin nicht etwa ungewöhnlich, weil ich im Rollstuhl sitze, sondern weil mir meine geistige Lebensaufgabe schon als ganz kleines Kind sonnenklar war.

Ich würde gern vielen Menschen mitteilen, dass ich hier bin, um der Erde dabei zu helfen, sich auf ihre Transformation in Licht und Liebe vorzubereiten. Das klingt vielleicht ätherisch, aber in Wirklichkeit hängt das einfach mit den Schöpfungs- und Auflösungsprozessen zusammen. Wir können Beweise für diese Vorgänge in der gesamten Geschichte entdecken. Wir treten in eine neue Zeit ein, und unsere neue Herausforderung besteht darin, unsere Zukunft mitzugestalten, während wir im Jetzt sind. Das ist unsere Lektion. Aber bei diesem Lernprozess ist vor allem wichtig, dass wir Erfahrungen sammeln, und dass *ich* das lehre, ist zweitrangig.

Wenn ich und die anderen Kinder hier ankommen, bringen wir Kristallenergie-Schwingungen oder kosmische Energieschwingungen mit, damit wir gemeinsam die Schwingungen der Erde erhöhen können. Das geschieht bereits, und zwar unglaublich schnell. Habt keine Angst davor, denn es ist ein natürlicher Schritt in unserer Evolution. Genau wie die Dinosaurier gekommen sind und wieder verschwanden, ist dies ein weiterer Schritt des göttlichen Plans, der uns Demut lehrt.

Ich wusste schon als ganz kleines Kind, dass mich ein besonderes Schicksal erwartet und dass ich hier bin, um anderen dabei zu helfen, sich an die reine Liebe zu erinnern – so, wie Jesus sie lehrte. Ich muss es auf außergewöhnliche Weise tun, aber hauptsächlich durch Schreiben und Vorträge.

Möchtet ihr gemeinsam mit mir spüren, wie die Schwingungen der Erde immer leichter werden? Dadurch wird die Erde ein großes Geschenk erhalten – im Fluss der Liebe.

Jude: Der Sinn des Menschseins besteht darin, die Emotionen und den Gebrauch der fünf Sinne zu erlernen. Es gibt keine andere bewusste, denkende Rasse, die diese beiden Dinge so begreifen kann wie der Mensch. Unsere Mission ist die wahre Liebe. Wir wollen lernen, das Gleichgewicht zwischen der eigenen Individualität und dem Einssein mit dem Schöpfer zu halten.

Anscheinend ist Demut die produktivste Art, den Lernprozess dieser Ideale und Ziele zu absolvieren, den wir in menschlicher Form in Gang gesetzt haben.

Wenn man eine lebensverändernde oder richtungsverändernde Entscheidung trifft, braucht man nur eines zu überlegen: Tue ich das aus reiner Liebe? Wenn die Antwort ja ist, hat man die richtige Wahl getroffen. Dazu gehört Liebe zu sich selbst, zur eigenen Familie, zur Menschheit, zur Erde.

Wir sind hier, weil es unmöglich wäre, diese Lektionen als Geist zu lernen. Als Geist kann man keine emotionalen Verbindungen eingehen. Als Geist kann man die fünf Sinne nicht nutzen. Das sind Gaben, die wir nur in menschlicher Form nutzen können. Aus diesem Grund gibt es so viele Seelen, die darauf warten, Menschen zu werden. Nur Menschen können menschlich sein. Wir sind außerdem hier, um das schwierige Gleichgewicht zwischen Einheit und Individualität zu meistern.

Wahre Liebe ist der Schlüssel, der die Tür zum Schöpfer öffnet, und man spürt und praktiziert das, indem man durch die Liebe lebt und die fünf Sinne und die Emotionen dazu benutzt, das Gleichgewicht zwischen dem Männlichen und dem Weiblichen zu meistern, damit wir vollständig zum Schöpfer zurückkehren können.

Weston: Wir sind hier, um das Greifbare zu erleben. Wenn wir nicht in unserem Körper sind, dann sind die Gefühle so voll, so umfassend, dass es unmöglich ist, sie einzeln zu erleben. Aber wenn wir in unserem Körper sind, können wir Emotionen, Gedanken, Gefühle und andere, subtilere Aspekte des Seins erleben. Während wir existieren, während wir in dieser Existenz leben, kommunizieren wir unsere Erfahrungen wieder zurück zur Unendlichkeit. Und während wir das tun, erschafft das Universum sogar noch mehr Möglichkeiten für uns und für andere, die wir wiederum erfahren, erleben können. Letzten Endes tragen wir alle zu den Lebenserfahrungen aller bei.

Tristan: Wir sind hier, um alle Lebewesen zu lieben.

Christina: Der wahre Zweck des Menschseins ist es, Erfahrungen zu sammeln und zu lernen, und zwar zum Wohl aller. Es gibt keine »guten« oder »schlechten« Richtungen, sondern alles sind mögliche Erfahrungen, die wir machen können. Die Art unserer Wahrnehmung verändert die Qualität unserer Erfahrungen.

Wenn wir im Geist sind, dann können wir uns den Dingen nicht körperlich aussetzen.

(Nathan erinnert sich, dass in seinem vorigen Leben sein Zuhause zerstört wurde, dass er darin gefangen war und nicht heraus konnte…)

Nathan: Ich bin jetzt hier, um mein Zuhause wieder aufzubauen.

Rhianna: Der Lebenszweck des Menschen besteht darin, Dinge herzustellen und das Leben zu erfahren – zu lernen und Spaß zu haben! Die Richtung, die man im Leben einschlägt, ist wichtig. Wir sind hier für Gott.

Jasin: Wir sind von unserem Seelenselbst hierhergekommen, um der Erde dabei zu helfen, ein neues friedliches Leben hervorzubringen.

Frage: Was meinst du, Scott? Was ist der eigentliche Zweck des menschlichen Lebens? Wie kann man diesem Zweck am Besten dienen?

Scott: Ich habe schon über diese Frage nachgedacht, und wir sind hier, um zu lernen und nicht, um zu richten.

Frage: Sind die Richtungen wichtig, die wir im Leben einschlagen? Warum sind wir hier, obwohl wir doch Geist sein könnten?

Scott: Sie sind wichtig, ja.

Ahn: Wir sind hier, um für unseren heiligen Tempel zu sorgen und ihn für das zu lieben, was er ist, egal was geschieht, und um verschiedene Lebenserfahrungen zu machen, um unsere Spiegel zu sehen und um zu lernen, in Liebe, immer – man muss sich nur dafür entscheiden.

Es gibt Haupt- und Nebenpfade, die wir in dieser Welt einschlagen können. Ein Nebenpfad bedeutet dann, dass man einfach unheimlich viel Spaß hat, und der Hauptpfad bedeutet, dass man einen ganz starken positiven Einfluss innerhalb der Menschheit ausübt.

Wir können im Geist sein, wie eine Blase, die in reiner Liebe dahinschwebt, und das wünsche ich mir manchmal, aber es war unsere Seelenentscheidung, dass wir im physischen Jetzt sind.

Gabriel: Wir müssen die Habgier zerstören, die wir alle in unserem Inneren tragen. Wir haben uns freiwillig dafür entschieden, eine feste Gestalt anzunehmen und geprüft zu werden. Wenn wir ausschließlich Geist sind, sind wir bei Gott und haben alles direkt vor der Nase. Aber wenn wir in unserem Körper sind, können wir ausprobieren, wie wir am Besten das Gute spiegeln.

Lindsay: Wir sind hier, um zu lieben. So einfach ist das eigentlich. Wir sind es, die immer alles so kompliziert machen. Wir waren früher Geist. Da war es einfach zu lieben, denn wir kannten nichts anderes. Hier müssen wir bei Null anfangen.

Wir arbeiten in unseren Körpern daran, aufzusteigen. Jede Generation kommt mit aktuelleren Informationen und Erfahrungen hier an, die uns, der Allgemeinheit, dabei helfen zu wachsen. Man braucht alle möglichen Erfahrungen, sowohl spirituelle als auch menschliche, um vollständig zu sein.

Kapitel 5

...Das wirklich Erstaunliche ist,
dass die gesamte Information des Universums
auch in uns ist. Wir könnten
unser ganzes Leben lang auf einer Wiese sitzen
und wüssten doch alles, was geschieht,
wenn wir nur bereit wären, zu entdecken,
was in uns ist...

Scotty

Realitätsebenen jenseits der dritten Dimension

Die Kinder von heute sprechen oft über andere Wirklichkeiten. Sie erzählen Geschichten über ihre Erfahrungen mit Wesen, die nicht auf unserer Realitätsebene existieren. Einige sind Verwandte oder sonstige Menschen, die zur Außenwelt hinübergewechselt sind. Die Kinder sprechen auch über andere Wesen, zum Beispiel über ihre Geistführer, über Engel und sogar über völlig andere Wesenheiten, die in der Wahrnehmung der Kinder kommen und gehen. Diese Geschichten sind nicht erfunden und keine Hirngespinste.

Tatsache ist, dass einige unserer Kinder buchstäblich durch den Schleier hindurch sehen können, der diese Wirklichkeit von anderen Wirklichkeiten trennt. Mehr noch: Die Kinder leben faktisch in wechselseitigem Austausch mit diesen Wirklichkeiten; sie leben dort und in unserer Welt zugleich, mit derselben Leichtigkeit. Da gibt es ein Volk, von dessen Existenz wir anderen nicht einmal etwas ahnen, aber unsere Kinder lernen von den Einzelnen dieses Volkes, spielen mit ihnen und sind mit ihnen befreundet. Wenn man das weiß, gewinnt das Konzept der unsichtbaren Freunde eine ganz neue Bedeutung!

Die Geschichten, die die Kinder erzählen, handeln von Reisen außerhalb des Körpers – nach Atlantis, zu Sternensystemen in Paralleluniversen und sogar in eine interaktive Multidimensionalität. Die Kinder sprechen von anderen Personen, die sie sehen und mit denen sie sich austauschen: Wesen, die keine menschliche Gestalt haben und nicht von unserer Realitätsebene stammen. Sie unterhalten sich mit Engeln und schwatzen genauso gemütlich mit ihren Geistführern wie mit uns. Für die Kinder von heute sind diese Wesen genau so wirklich wie du und ich.

☆ ☆ ☆

Ich fand, dass es nicht nur Spaß machen würde, sondern auch sehr aufschlussreich für uns wäre, wenn wir etwas über die Erlebnisse erfahren könnten, die die Kinder in anderen Welten hatten.

Deshalb fragte ich sie:

Gibt es jenseits dieser Welt noch andere Welten? Wie sind die?

Grandma Chandra: Milliarden. Andere Welten, die in Gesellschaften organisiert sind. Viele kann man nicht fühlen oder hören, denn sie befinden sich in Dimensionen, die wir noch nicht entdeckt haben.

Jude: Ich hatte schon immer das Gefühl, dass meine Energie und meine Seele einem anderen Teil des Universums entstammen. Als sich kürzlich wieder ein Sternentor öffnete, spürte ich, wie die Energien meiner Seelenfamilie von der anderen Seite hierherkamen. Aufgrund meiner Begabung weiß ich, dass sie gekommen sind, um uns bei unserer persönlichen Transformation und unserem Aufstieg zu helfen.

Seit die Energien aus anderen Teilen des Universums in unsere Welt eingetreten sind, habe ich viele neue Einsichten gewonnen und meine eigenen Fähigkeiten vertieft.

Einmal bin ich intergalaktischen Boten begegnet. Ich meditierte gerade über die Brechungen des Lichts innerhalb einer großen Kristallkugel. Ich sah eine ganze Warteschlange intelligenter Wesen, die ohne Zweifel von anderen Teilen des Universums stammten; das Ganze erinnerte mich stark an die Kneipenszenen in den *Star-Wars*-Filmen. Ich sah mich unter diesen Wesen um, sie hatten viele verschiedene Formen, Größen und Geschlechter. Ich sah sehr große Wesen, die braune Umhänge trugen, und ganz kleine Wesen, die weder Augen noch Nasen hatten, sondern stattdessen nur Einkerbungen.

In meiner Wirklichkeit herrscht kein Zweifel, dass es auch jenseits dieses einen Planeten Leben gibt. Sonst wäre das ja, als würde man alles auf eine Karte setzen. Der Schöpfer würde auf keinen Fall seine ganze Energie in diese eine Erde stecken und keine anderen Pläne machen.

Ich betrachte die Erde als interstellares Experiment. Als ich neunzehn war, sah ich die Bestätigung dafür zusammen mit einem Freund in einer Vision. Die Vision verdeutlichte, dass wir den Höhepunkt vieler verschiedener Seelenenergien darstellen, die verschiedene Teile der Milchstraße vertreten. Für mich haben die Wesen auf anderen Planeten jeweils alle denselben Körpertypus. Der variiert von Planet zu Planet. Sie weisen jedoch keine Rassenunterschiede auf, wie wir sie hier auf der Erde wahrnehmen.

Diese Wahrnehmung der Unterschiede innerhalb der menschlichen Rasse ist einer der wichtigsten Aspekte und eine der wichtigsten Lektionen, die wir hier lernen müssen. Aber da gibt es noch viele zusätzliche Aspekte, wenn der freie Wille mit ins Spiel kommt. Ich habe die verschiedenen Rassen der Erde und die jeweils einzigen Rassen der anderen Planeten erlebt und weiß, dass wir wirklich ein einzigartiger Planet sind. Was uns hemmt, sind anscheinend die großen Unterschiede in der optischen Erscheinung der Menschheit, und auch die Kombination von freiem Willen und Ego.

Ich hatte noch eine weitere Vision, der zufolge es auf den anderen Planeten unseres Sonnensystems früher Leben gab. Es stimmt mit dem Konzept überein, dass es früher Leben auf dem Mars gab. Der Mars war früher dort, wo sich heute die Erde befindet, und die Erde war da, wo jetzt die Venus ist, und die anderen Planeten befanden sich alle sozusagen ein Feld hinter ihrer heutigen Position. Wo jetzt der Mars ist, war damals ein anderer Planet.

In der Vision sah ich, dass die Planeten die Sonne ernähren, damit die Sonne weiterhin existieren und das Leben innerhalb unseres Sonnensystems ermöglichen kann. Ich sah den Mars so, wie die Erde heute ist, und ich sah, dass die jeweilige Positionierung der Planeten entscheidend für die Entstehung einer Atmosphäre ist, die die Entwicklung des Lebens ermöglicht. Aber irgendwann geriet der Mars zu nah an die Sonne, das Wasser verdunstete, und die Atmosphäre stagnierte und wurde rau.

Die Venus wird gerade darauf vorbereitet, zur neuen Erde zu werden, und die Erde wird dann den öden Platz einnehmen, an dem sich jetzt der Mars befindet. Dann wird die Venus es übernehmen, das Leben zu erhalten. Die Vision zeigte mir, dass Leben definitiv auf anderen Welten und in anderen Teilen der Milchstraße und des ganzen Universums existieren könnte und auch tatsächlich existiert.

Die einzige Welt, an die ich mich genau erinnere, war eine Art Wasserwelt. Die ganze Welt bestand aus Wasser, und alle Lebewesen lebten im Wasser. Es gab kein Land und keine Städte. Es gab keine Gebäude und keine materiellen Objekte. Es war wie ein warmes Bad, in dem wir alle lebten, und es gab weder Sorgen noch Wut oder Hass. Es gab nur die warme Liebe, die Einheit des Schöpfers, die Gedanken des Schöpfers an uns als die Kinder des Schöpfers.

Weston: Jenseits des Ortes, den man als Erde kennt, und jenseits der Wirklichkeiten, die hier existieren, gibt es unendlich viele Korridore zu anderen Wirklichkeiten. Es existieren intergalaktische Verbindungswege, in die man eintreten kann, wenn man weiß wie. Es gibt Städte, die aus reiner Energie bestehen, und es gibt andere Wesen. Manche von ihnen sehen den Menschen sehr ähnlich. Andere sehen völlig anders aus. Ich habe viele Freunde in anderen Welten. Sie lehren mich alles Mögliche.

Wenn man seinen Körper verlässt, befreit man sich von der ganzen dichten Materie, die einen auf der Erde festhält. Das Bewusstsein ist nicht mehr eingeschränkt, sodass man überallhin gehen kann, wohin man will. Diese Reisen sind nicht nur auf Orte beschränkt. Man kann auch andere Zeiten besuchen. Und außerdem kann man seine Energie umwandeln, um an all diesen Orten und in all diesen Zeiten im Gleichgewicht zu bleiben. Die eigene Energie umzuwandeln ist genauso leicht wie Atmen. Es ist so ähnlich wie das, was viele Leute »Gestaltwandeln« nennen. Man stellt sich einfach vor, dass man irgendetwas wäre, und dann ist man es.

Sobald man gelernt hat, wie man sein Energiefeld verschiebt, gibt es für einen keine Grenzen mehr und man kann überall hingehen. Wenn man als Lichtwesen reist, ist man von körperlichen Grenzen befreit. Man kann zur Geburt eines Sterns werden oder zum Ende einer Welt. Man kann auf den Rhythmen der Energieebenen reiten oder einen Besuch in anderen Welten machen.

Größtenteils sind die Leute in den anderen Welten nicht nur sehr nett, sondern interessieren sich auch sehr für uns auf der Erde. Sie machen sich große Sorgen, weil wir auf der Erde solch destruktive Wesen sind. Sie sind ganz entsetzt, weil wir unserem Planeten so viele Schäden zufügen. Außerdem sind sie enttäuscht von uns, weil wir nicht kapieren, dass aufgrund des Gesetzes von Ursache und Wirkung alles, was auf der Erde passiert, energetisch weiterreist und alle anderen und alles andere auf allen Ebenen der Wirklichkeit ebenfalls beeinflusst. Alles ist Energie, deshalb ist alles harmonisch miteinander verbunden.

An manchen Orten gibt es sehr weise Wesen. Es gibt dort Ratsversammlungen, deren Mitglieder alles Leben und die ganze Schöpfung beobachten. Sie sind sehr ernst und streng, aber zugleich bestehen sie nur aus Liebe.

Es ist schwer zu beschreiben, aber sehr real. Manche Ratsmitglieder haben Bücher, in denen Listen stehen von allen Wesen, die je gelebt haben. Das sind die *Bücher der Namen*. In diesen Büchern stehen die gottgegebenen Namen von allen, die je existiert haben, und alle Leben, die sie gewählt haben, und alles, was sie erreicht und womit sie gerungen haben.

Dann gibt es da noch etwas, das ich das *Buch der Träume* nenne. In diesem Buch stehen alle möglichen Ergebnisse sämtlicher Dinge, die jemals einer tut. Wenn wir handeln, dann folgt immer eine Reaktion. Und auf jede Reaktion folgt eine Kette von Ereignissen, die sich in jede Richtung fortsetzen kann; je nachdem also, was als Nächstes gewählt wird, sind die Möglichkeiten unendlich. Während wir das menschliche Leben erfahren, begreifen wir gar nicht, dass wir nicht an menschliche Regeln und Prinzipien gebunden sind. Es gibt viel höhere Gesetze als die, nach denen wir leben. Das sind die Gesetze des Einen.

Das Eine ist das Kollektiv, das Ganze der gesamten Schöpfung. Und darin gibt es eine unendliche Menge von Entscheidungen. Und diese Entscheidungen bergen das Potenzial für das höchstmögliche Ergebnis. Menschliche Wesen begreifen nicht, dass ihre Entscheidungen grenzenlos sind.

Wenn man außerhalb des Körpers reist, macht das unheimlich viel Spaß, aber man trägt auch eine große Verantwortung. Es ist nicht nur eine tolle Karussellfahrt. Es ist eine unendliche Gelegenheit. Wenn man begreift, dass man aus einer Zeit in eine andere gehen kann, weil man in Wirklichkeit in allen Zeiten zugleich lebt, kann man Entscheidungen treffen, die buchstäblich die Wirklichkeit, in der man gerade lebt, verändern können, und zugleich verändert diese Wirklichkeit dann auch all deine anderen Wirklichkeiten für immer.

Es gibt jenseits des irdischen Lebens eine Menge Arbeit. Sehr wichtig ist das Gleichgewicht. Aufgrund all der Veränderungen, die dauernd stattfinden, staut sich auf manchen Realitätsebenen die Energie, während sie auf anderen vielleicht erschöpft wird. Da gibt es die Lichtenergie, die letzten Endes die Energie Gottes ist. Wir alle sind ein Teil dieser Energie. Dann gibt es noch dunkle Energie, die sehr schwer ist. Diese beiden Energien kämpfen ständig auf allen Ebenen um die Vorherrschaft. Und da in Wirklichkeit keine von beiden die Vorherrschaft haben kann, entsteht ein natürliches Gleichgewicht.

Außerdem braucht man auch auf der körperlichen Ebene das richtige Gleichgewicht zum Überleben. Wenn man von einem Paralleluniversum ins andere reist, wird man feststellen, dass es Ausgleichstore gibt, die dem einen Universum Energie zuführen, während sie den Energieüberschuss von anderen Universen abziehen. Eine Form davon sind die Schwarzen Löcher. Wenn es keine Schwarzen Löcher gäbe, würde das Universum, das wir kennen, explodieren und zu Nichts werden.

Weil es so viele verschiedene Ausgleichsmechanismen gibt, ist die Energie ständig in Bewegung. Die gesamte Realität ist in Wirklichkeit ein riesiger lebendiger Organismus, der einen Pulsschlag und unendliches Leben besitzt.

Tristan: Ich habe mein ganzes Leben lang andere Dimensionen, andere Galaxien besucht. Die Wesen sind sehr friedlich und liebevoll, genau wie Gott.

Rhianna: Ich erinnere mich, dass ich auf meinen außerkörperlichen Reisen einen Ort besucht habe, an dem es ein Kaleidoskop gab, durch das man alles sehen konnte. Ich sah meine Mutter als Kind und las ihr Tagebuch!

Außerkörperliches Reisen macht mich klüger. Ich besuche bestimmte Orte und lerne von Geistlehrern. Sie lehren mich die Wissenschaften, und wie man gesund bleibt und sich des Lebens freut!

Nathan: Mein Geist reist in den Himmel, wenn ich schlafe. Wenn ich im Himmel bin, gehe ich zu vielen Planeten.

Frage: Jasin, gibt es außer unserer irdischen Wirklichkeit noch andere Wirklichkeiten?

Jasin: Ja! Viele, viele, Tausende und Abertausende, Millionen und Abermillionen. Sie sind Millionen von Galaxien weit entfernt.

Ich weiß nicht warum, und ich weiß nicht, wie es dort ist. Ich kann aber beschreiben, wie es sich anfühlt, auf Luvezorit zu sein.

Wenn du es wissen willst, brauchst du nur »Liebe« zu sagen. Es hat die Farbe Türkis. Der Türkis, den man hier findet, wurde von meinem Planeten hergebracht. Ein riesengroßer Türkis wurde in ein tiefes, tiefes Loch geworfen. Wir müssen den Türkis in unserem Inneren haben, um Liebe zu empfinden.

Joseph: Ich finde, wir sollten den Kindern keine Angst vor dem einjagen, was ihnen gehört. Mehr denke ich nicht.

Scott: Das hab ich irgendwie schon beantwortet. Alles ist maschinell, bis auf die Pflanzen und Steine und solche primitiven Sachen.

Ahn: Es gibt viele Welten jenseits dieser Welt. Ich habe beide Seiten besucht, ich bin in niedrigere Welten gereist und an einen Ort, an dem es nur intensive Liebe gibt, die in der Luft schwebt. Ich habe gelernt, dass Gedanken Dinge sind, aber Visionen sprechen eine deutlichere Sprache. Alles ist immer zum Dasein bestimmt, zum höchsten Allgemeinwohl. Unsere Schutzengel sind immer bei uns.

Frage: Scotty, du erlebst andere Wirklichkeiten in deinen Träumen, stimmt's? Als wir uns vorhin unterhielten, hast du mir von einem ganz bestimmten, wichtigen Traum erzählt, den du geträumt hast. Darin bist du jemandem begegnet und hast etwas Wichtiges gelernt, nicht wahr?

Scotty: Ich bin sehr tief mit dem Ozean verbunden, und weil wir hier in Neumexiko nicht am Meer sind, habe ich den Ozean immer in meinen Träumen. Diesmal ging ich auf ein paar große Felsenhöhlen zu, und als ich näher kam, erschien eine Wassernixe. Sie hatte pechschwarzes Haar, und ihr Körper war nicht so wie der einer normalen Meerjungfrau, sondern wie bei einem Aal. Ich habe sie als »dunkle« Meeresnixe aufgefasst.

Ich ging zu ihr, und sie sagte: »Erzähl mir eine Geschichte.«

Also fing ich an, ihr eine Geschichte zu erzählen, und als Erstes sagte ich: »Es war einmal ein Junge namens Scott, und er hatte ein wunderschönes Leben, aber er wollte heil und ganz und mit Allem verbunden sein.« Und dann sagte ich noch ein paar Sachen, und plötzlich wachte ich in meinem Bett auf und dachte: »Nanu, ich habe ja meine Geschichte noch gar nicht zu Ende erzählt, also warum ist mein Traum schon zu Ende?« Und dann wurde es mir plötzlich klar: Wir alle müssen sowohl dunkel als auch licht sein, und wir müssen sowohl alles sein als auch nichts, wir müssen sowohl männlich als auch weiblich sein, und wenn wir dann all diese Dinge sind, dann sind wir Eins.

Also schrieb ich dieses Gedicht, in dem es heißt, dass man alles sein muss, oben und unten, männlich und weiblich, Licht und Dunkelheit, und dann am Ende heißt es: »Ich bin Eins.«

Diese ganze Erfahrung war deshalb so irre, weil ich das nur durch sie herausgefunden habe. Sie hat mir gar nichts gesagt, sie hat mich nur gebeten, ihr eine Geschichte zu erzählen. Und dann habe ich das Erstbeste erzählt, was mir einfiel.

Das wirklich Erstaunliche ist, dass die gesamte Information des Universums auch in uns ist. Wir könnten unser ganzes Leben lang auf einer Wiese sitzen und wüssten doch alles, was geschieht, wenn wir nur bereit wären, zu entdecken, was in uns ist.

Gabriel: Ich habe das deutliche Gefühl, dass dort draußen andere sind, die mit uns Kontakt aufnehmen wollen, aber ich könnte nicht sagen, wer sie sind.

Lindsay: Da muss es andere geben …

Wir sind ja nur sechs Milliarden! Ich weigere mich zu glauben, dass wir in einem so gigantischen Weltraum allein sind. Es gibt da draußen noch mehr Dimensionen und Ebenen, wir haben noch nicht mal die Oberfläche angekratzt. Nach dem, was ich bisher erlebt habe, müssen sie ganz schön eindrucksvoll sein.

Kapitel 6

Tja, ehrlich gesagt
bin ich öfter außerhalb meines Körpers
als innerhalb. Es fällt mir leicht,
in anderen Welten zu leben.

Weston

Reisen ausserhalb des Körpers

Den Kindern ist bewusst, dass es außerhalb der dreidimensionalen Realität noch andere Welten und andere Wesen gibt, und das bedeutet meistens, dass sie auch außerhalb ihres Körpers reisen können. Mit anderen Worten, sie projizieren ihr Bewusstsein, verlassen ihren Körper und reisen in andersdimensionale Wirklichkeiten, in vergangene oder künftige Zeiten, besuchen fremde Galaxien, Wurmlöcher, Paralleluniversen und unzählige andere Reiseziele.

Wer diese Art des Reisens beherrscht, dem fällt es genauso leicht wie uns das Atmen. Oft geschieht es spontan, weil es für ein ungehemmtes Bewusstsein ein ganz natürlicher Vorgang ist. Auch manche Erwachsene können bewusst außerhalb ihres Körpers reisen, aber die meisten mussten sich diese Fähigkeit durch Meditation oder andere Methoden erst erwerben. In wieder anderen entstand diese Fähigkeit aufgrund eines spontanen Erwachens. Doch für die Kinder ist es ein ganz natürlicher Zustand.

Weston, der an diesem Buch mitgearbeitet hat, besucht mich und mehrere andere Personen schon seit Jahren. Die ersten paar Male ist es eine ungeheure Erfahrung, die Kraft seines Bewusstseins zu spüren, das in das eigene Denken eindringt und buchstäblich die Wirklichkeit verändert, sodass man das sieht, was er einem zeigen will. Stellen Sie sich vor, sie arbeiten ganz normal vor sich hin, und plötzlich mach es BUMM!, und ihre Wirklichkeit gehört nicht mehr Ihnen. Das, was sich eben noch in Ihrem Gehirn abgespielt hat, ist verschwunden, und nun erleben Sie eine völlig neue Wirklichkeit – die Wirklichkeit eines anderen!

Vor einiger Zeit befand ich mich in einer Tonkabine im Aufnahmestudio der Think Big Productions meines Freundes Barry Goldstein in New York City, und wir nahmen gerade eine Kinder-CD mit dem Titel *Inside and Out* auf. Im Prinzip ist diese CD eine geführte innere Reise für Kinder, die ihnen dabei helfen soll, ihre Ängste, Probleme und Sorgen zu benennen und loszulassen. Dann führt diese gelenkte Reise weiter, sodass sie ihre inneren Begabungen entdecken können. Die Aufnahme, die wir gerade machten, war Teil einer Visualisierung. Ich nahm die Kinder auf eine innere Entdeckungsreise mit, in deren Verlauf wir bunte Schachteln öffneten. In jeder Schachtel befand sich eine positive Eigenschaft.

Eine dieser positiven Eigenschaften ist natürlich die Fantasie. Ich war gerade dabei, den Kindern zu erklären, dass die Fantasie-Schachtel leer ist und auch nie voll sein kann, da ihrer Fantasie keine Grenzen gesetzt sind, als sich die Bilder in meinem Kopf ganz plötzlich veränderten. Ich hatte an etwas völlig anderes gedacht, aber auf einmal sah ich eine bunte Schachtel voller Frösche! Die Frösche sprangen aus der Schachtel und hüpften überall herum! Und sie machten auch Geräusche: »Quaaak! Quaaak!«

Natürlich begriff ich, wer dahinter steckte, sobald ich den Schock dieser plötzlichen Wirklichkeitsveränderung überwunden hatte!

»Weston, hör mal, ich arbeite hier!« Und der Junge lachte sich halbtot! Und die Frösche kamen weiterhin. »Quaaak! Quaaak!« Darüber lachte er noch mehr. Ich fing an zu kichern und konnte während der ganzen restlichen Tonaufnahme nicht mehr damit aufhören. Das war so lustig, dass ich das Kichern in die Endfassung der CD übernahm.

Bei diesem Phänomen spielt Entfernung keine Rolle. Weston war zu diesem Zeitpunkt über dreitausend Meilen weit entfernt! Das ist ein Paradebeispiel für die Fähigkeiten vieler Kinder der neuen Evolution.

Der Freiheitsgrad des Bewusstseins ist bei jedem Kind verschieden. Ich persönlich finde, dass dies eine fantastische Begabung ist, die gefördert werden sollte. Wer weiß, wohin unsere Kinder uns noch führen können. Andererseits beherrschen manche Kinder außerkörperliches Reisen und Telepathie so gut, dass ich ihnen Grenzen setzen musste. Damit meine ich, ich musste ihnen verbieten, mich mitten in der Arbeit oder im Gespräch mit jemand anderem zu unterbrechen. Dass die Kinder so fantastische Dinge tun können, heißt noch lange nicht, dass man ihnen nicht gute Manieren beibringen muss!

Wenn die Kinder mit anderen Wesen in anderen Wirklichkeiten kommunizieren, befinden sie sich oft außerhalb ihres Körpers. Sie können Vergangenheit und Zukunft besuchen und sich selbst in früheren Leben sehen. Sie reisen zu anderen Planeten oder sogar zurück in das Licht, um sich zu regenerieren, wie einer der Jungen es ausdrückte.

Diese Begabungen der Kinder von heute führen häufig dazu, dass andere Leute ihnen sagen, ihre Geschichten seien nicht wahr, oder es sei unmöglich, dass sie all die Dinge tun könnten, von denen sie erzählen. Ich versichere Ihnen, dass es alles der Wahrheit entspricht. Oder doch zumindest das meiste. Kinder haben nun einmal eine lebhafte Fantasie!

☆ ☆ ☆

Ich habe den Kindern folgende Fragen gestellt:

Was habt ihr auf euren außerkörperlichen Reisen gelernt, und woran könnt ihr euch erinnern? Können wir etwas von Dingen lernen, die sich bereits in anderen Dimensionen ereignet haben oder die sich gegenwärtig dort ereignen? Was? Inwieweit hilft es euch, außerkörperlich zu reisen?

Jude: Ich bin gestorben und zurückgekommen. Man nennt das eine außerkörperliche Erfahrung. Es war schon spät, ich war im Haus eines Freundes in Boston auf einer Party, und wir machten etwas, das wir nicht hätten tun dürfen, mit gewissen Substanzen. Ich habe es übertrieben. Mein Körper fühlte sich leicht an, ganz leicht, immer leichter, und dann schwebte ich darüber und sah auf die Szene hinunter. Ich lag auf der Couch, sah nach oben und hatte ganz blaue Lippen und ein weißes Gesicht.

Ich erinnere mich, dass ich in die Zimmerecke schaute, als ich mich aus meinem Körper erhob. Die Ecke begann zu wirbeln wie ein Strudel. Hinter der Wand war nichts, nur Weiß. Der Mittelpunkt des Strudels war ein schwarzer Punkt, der die Wirklichkeit in sich aufsaugte. Dann schwebte ich hoch hinauf auf die Ebene des Äthers. Ich konnte immer noch das Wohnzimmer und die Couch sehen, die tief unter mir lagen. Ich konnte auch alle Menschen auf diesem Planeten sehen. Ich hatte das Gefühl, ich hätte mit einem einzigen Gedanken überallhin gehen können. Ich war überall und nirgends zugleich. Mein Gefühl dabei war voller Liebe, aber auch sehr paradox.

Als ich höher und höher stieg, sah ich überall um mich herum Weiß. Dann erreichte ich eine Ebene, von der aus ich nicht mehr höher stieg. Ich begann, mich vorwärts zu bewegen, und zwar auf etwas, das ein mechanisches Laufband zu sein schien, wie man es vom Flughafen kennt. Aber ich konnte meinen Körper nicht sehen und glaube, dass ich zu diesem Zeitpunkt keinen Körper hatte. Man nennt dies das »Gefühl des schwebenden Kopfes«.

Als ich mich auf dem Laufband, das ich nicht sehen konnte, vorwärts bewegte, hörte ich etwas, was man »in Zungen reden«

nennt. Eine gewisse mediale Bewusstheit zeigte oder erklärte mir, was diese Zungen in Wahrheit sind. Sie sind jede gesprochene Sprache, jeder gedankliche Vorgang und jede Emotion sämtlicher lebenden und nicht lebenden Wesen, die sich im Bereich des Massenbewusstseinsstroms der Erde und unseres Sonnensystems befinden. Man zeigte mir auch, dass andere Sonnensysteme mit bewussten Wesen ihr eigenes Massenbewusstsein haben, und das befindet sich auf anderen Ebenen. Das Geräusch lässt sich schriftlich schwer beschreiben, aber ich kann es mit meiner Stimme wieder erschaffen, als sei es gestern gewesen. Es bestand aus allen Sprachen, und doch war es keine Sprache; und auch dies ist eines der ultimativen Paradoxa im Leben.

Dann sah ich eine gewaltige, wirbelnde Energiemasse, die von Natur aus durchsichtig war. Sie schimmerte in allen Farben, ganz ähnlich wie Perlmutt. Man sagte mir, das sei die optische Erscheinungsform des Massenbewusstseins der Erde. Die Masse umschloss mich wie ein Feuerkreis. Ein sehr breiter Kreis. Ich begann, quer hindurchzureisen, und während ich das tat, veränderten sich meine Emotionen.

Ich hatte das Gefühl, man hätte mich um meiner menschlichen Erfahrungen willen aus einem warmen Bad herausgenommen, und nun kehrte ich in die warmen Gewässer der Liebe zurück, die der Schöpfer nach dem Tod für uns bereithält. Ich reiste mitten hindurch. Die ganze Zeit umgab mich reines Weiß.

Darum fällt es mir so schwer einzusehen, warum die Leute sagen, dass sie am Schluss in einem Tunnel waren, an dessen Ende ein weißes Licht leuchtete. Ich war in einem Tunnel aus reinem weißem Licht und schimmernden Energien, und am Ende war ein schwarzer Punkt, dessen Größe wuchs, während ich auf dem Laufband zur nächsten Seelenreise fuhr.

Als ich mich dem schwarzen Punkt am Ende immer mehr annäherte, konnte ich sehen, dass dort unzählige Galaxien waren, alle innerhalb des Raums, den der schwarze Endpunkt einnahm.

Man sagte mir, dass ich mich dem Wartebereich der Kristallstadt näherte, wo ich meine Leben betrachten würde, die vergangenen, das gegenwärtige und die künftigen. Aber als ich die

Sterne in der Schwärze vor mir bereits erkennen konnte, fing das Laufband an, rückwärts zu fahren. Man sagte mir, dass meine Zeit noch nicht gekommen sei und ich auf der Erde eine Botschaft zu verkünden habe, und man schenkte mir eine weitere Gabe, die mir dabei helfen sollte, dieses Seelenziel zu erreichen.

Man gab mir eine Astralschnur, die zu diesem Portal führt. Sie ist ganz ähnlich wie die Astralschnur, die man benutzt, wenn man auf der Astralebene reist, aber sie ist für die Leute, die vom Land der Lebenden ins Land der Toten reisen und dann wieder zurück ins Land der Lebenden. Die andere Seite verwendet diese Astralschnur, um mir innerhalb eines Augenblicks eine Nachricht zu senden, wenn ich etwas erfahren muss oder bei etwas helfen soll. Die Schnur wird auch benutzt, wenn ich in den Schlaf versinke oder in Zustände von Bewusstlosigkeit, damit mein künftiges Selbst dieses Lebens hereinkommen und meine Seele dazu bringen kann, Lichtarbeit zu verrichten.

Mir ist nicht ganz klar, was ich eigentlich genau mache, wenn ich diese »Arbeit« tue, aber ich weiß, dass sie mein Lebenszweck ist und dass mein künftiges Selbst mich dazu drängt, sie zu tun. Seit diesem Erlebnis gehe ich oft aus meinem Körper heraus, aber das passiert immer nur, wenn ich schlafe, und danach erinnere ich mich an das meiste nicht mehr.

Das Einzige, was man mir gesagt hat und woran ich mich erinnere ist, dass rings um mich eine Ratsversammlung ist, die mich beobachtet. Die Ratsmitglieder stammen aus einer anderen Dimension, und ich spüre, dass dort meine Seelenenergie vom Schöpfer geboren wurde. Man hat mir gesagt, dass es vielleicht Nuevo ist, aber da bin ich mir nicht ganz sicher. Ich wache müde und mit Schmerzen auf, obwohl ich zwölf oder mehr Stunden geschlafen habe, und dadurch weiß ich, dass es passiert ist.

Ich weiß, dass ich Leuten helfe, die ich in der Gegenwart, Vergangenheit und Zukunft getroffen habe. Ich weiß nicht genau, was ich eigentlich mache, aber ihre Leben werden anscheinend immer besser. Ich funktioniere wie ein Katalysator und bin sicher, dass ich in der Zukunft herausfinden werde, was ich in der Gegenwart mit meinem augenblicklichen Selbst getan habe.

Ich erinnere mich an ein Zimmer. Darin stand ein großer runder Tisch, der anscheinend ziemlich klein war, und doch hatten alle Ratsmitglieder daran Platz. In diesem Rat ist ein Wesen von jeder Spezies im ganzen Universum vertreten. Wir sitzen alle an diesem großen Tisch in einem sehr hell erleuchteten Zimmer. Die Farben sind weiß und hell. Wir schließen unsere Augen und sitzen im Kreis und meditieren anscheinend, und dann beginnt die Ratsversammlung. Die Ratsmitglieder prüfen die Informationen der wichtigsten anwesenden Seelen. Sie beraten über diese Informationen. Dann sagen sie uns liebevoll, was wir in unserem Leben tun müssen, um irgendein Ereignis zu verhindern, das nicht stattfinden darf.

Ich weiß nicht genau, was diese Ratsversammlung ist, wen sie repräsentiert und worüber wir diskutieren, aber die Synchronizitäten innerhalb meines Lebens und meine Gaben werden jedes Mal, wenn ich spüre, dass ich an dieser Ratsversammlung teilgenommen habe, stärker. Ich habe ein Chakra erhalten, das mir als Mittel zur Nachrichtenübermittlung dient und das früher in unseren Leben in Atlantis und Lemuria ein Teil von uns war, wie man mir gesagt und bestätigt hat. Ich weiß, dass es andere gibt, die diese Ratsversammlung besser und detaillierter beschreiben können, und ich hoffe, ihnen eines Tages zu begegnen.

Weston: Tja, ehrlich gesagt bin ich eigentlich öfter außerhalb meines Körpers als innerhalb. Es fällt mir leicht, in anderen Welten zu leben. Ein Teil von mir lebt ständig weit weg von meinem Körper. Daran bin ich am ehesten gewöhnt. Es gibt jenseits der Welt, die du kennst, noch unzählig viele Orte, wo man hingehen kann, und unzählig viele Leute und andere Wesen, die man kennenlernen kann. Alle können uns aufgrund ihrer Erfahrungen viel beibringen, denn die Menschen sind im Vergleich mit anderen Wesen in anderen Dimensionen und in den Welten dort eigentlich nicht besonders alt.

Ich reise gern mit meinen Freunden. Sie bringen mich zum Lachen, und wir haben viel Spaß. Außerdem besuche ich Orte, wo ich viel für das Gleichgewicht der Welten tun kann. Ich lerne auch viel über harmonische Schwingungen und Energie. Ich benutze diese Harmonien, um das Unendliche anzurufen, wegen der Veränderungen, die kommen. Nicht nur, um diese Veränderungen herbeizurufen, sondern auch, um sie schwingungsmäßig zu erleichtern, damit es kein Chaos gibt, wenn die Veränderungen kommen. Das ist eine riesengroße Aufgabe, aber ich weiß, dass ich da etwas bewirke.

Oft besuche ich andere Leute, wenn ich außerhalb meines Körpers bin. Viele können mich sehen oder hören. Ich transmutiere einfach meine Energie, sodass sie zu deren Energiefeld passt, und hüpfe mitten hinein. Ich muss immer lachen, wenn die Leute darüber erschrecken. Ich muss noch mehr lachen, wenn sie mich sehen können, denn das macht mich glücklich.

Ich besuche Dr. Meg und auch andere. Meine Tante Carmen und ich haben außerhalb unserer Körper viel Spaß miteinander. Dr. Meg und ich hatten auch ein paar tolle Abenteuer, zum Beispiel damals, als wir zusammen nach Atlantis gegangen sind. Ich habe ihr einen Teil von Atlantis gezeigt, den sie noch nie gesehen hatte. Das hat Spaß gemacht.

Besonders viel Spaß hat es gemacht, als ich Dr. Meg mitgenommen habe, um meine Seelengefährtin kennenzulernen. Sie heißt Nahlah. Wir kamen gleich nach ihrer Geburt in ihr Haus, und sie erinnerte sich an mich. Ich bin immer so froh, wenn ich sie sehe. Wir reisen andauernd gemeinsam außerhalb unserer Körper. Sie ist zwar in einer anderen Zeit und an einem anderen Ort, aber das macht nichts, denn wir können außerhalb der dichten Wirklichkeit zusammen sein. Sie ist eine sehr fortgeschrittene Seele, und ich muss mich oft anstrengen, um mit ihr Schritt zu halten. Sie sieht mich oft so komisch an, wenn ich mich an manche Dinge erinnere. Aber sie hat Geduld mit mir.

Es gibt auch Wesen, die *mich* besuchen, besonders nachts. Die machen mir echt Angst, denn sie sind hässlich. Wenn sie kommen, kriege ich Panik und renne zu meiner Mutter. Sie sehen wie Hundemenschen aus, mit runzligen Gesichtern und faltiger Haut. Sie haben riesengroße Münder und winzigkleine Ohren. Sie stehen nur da und starren mich an, und das mag ich nicht. Sie kommen auch ins Badezimmer. Manchmal schauen sie zum Fenster herein. Die anderen Menschen können sie nicht sehen, aber sie sind real. Ich weiß nicht, warum sie kommen. Dr. Meg nennt sie Beobachter. Sie und meine Tante Carmen können sie normalerweise vertreiben, aber sie kommen immer wieder.

Ich habe jetzt besondere Leute, die auf mich aufpassen, damit mir nichts passiert. Sie sind uralt. In meiner Nähe sind sie immer sehr förmlich. Sie haben ein bestimmtes Protokoll, das ihnen sehr wichtig ist, und große Ehrfurcht vor Traditionen und Zeremonien. Irgendwie macht sie das sehr mächtig. Wenn sie da sind, komme ich mir wie ein ganz kleiner Junge vor. Tante Carmen nennt sie die Maya, weil sie so aussehen. Wie Maya-Krieger.

Wenn ich außerhalb meines Körpers bin und durch andere Dimensionen und Paralleluniversen reise, sind die Farben und Strukturen der Wirklichkeit ganz verschieden, je nachdem, wo ich gerade bin. Ich habe zugesehen, wie Sterne geboren wurden und andere Sterne starben. Ich habe viele verschiedene Planeten mit sehr unterschiedlichen Umweltbedingungen besucht. Da gibt es einen Planeten, wo alles violett und rosa ist, sogar die Luft. Dann gibt es einen anderen, da ist alles silbrig blau, und welche, die wunderschön sind, aber überhaupt nicht wie die Erde aussehen. Es gibt andere Wirklichkeiten, die keine Form haben und keine Dichte, sondern wie aus Luft sind, und doch gibt es sie und die Leute, die in diesen Dimensionen leben. Normalerweise sind das die Leute, die mir alles Mögliche beibringen. Sie machen die Energie groß, und dann füllt sie mich aus, und ich weiß bestimmte Sachen einfach. Augenblickliches Lernen. Ganz anders als Schularbeiten!

Manchmal gehe ich zum Licht, um mich wieder aufzuladen. Das ist wichtig, denn wenn ich außerhalb meines Körpers bin, dann bin ich total elektromagnetisch, und es gibt immer Statik, wenn ich mich durch die verschiedenen Wirklichkeiten bewege, und das zehrt manchmal an meinem Feld, und darum muss ich mich regenerieren. Ich gehe sehr gern zu dem Licht, denn es ist das, was in mir ist. Es ist mein eigentliches Zuhause.

Tristan: Als ich noch ganz klein war, kamen viele Leute zu mir, die gerade gestorben waren. Sie waren unterwegs in die Welt des

Geistes. Manchmal waren es Kinder, dann spielten wir mit meinen Spielsachen, bis die Engel kamen, um sie abzuholen. Die Engel waren immer so schön und liebevoll.

Einmal hat mich auch ein sterbender Hund besucht. Ich glaube, ich habe dadurch gelernt, dass man vor dem Sterben keine Angst haben muss, denn es sind immer liebevolle Engel und Geister da, die einem helfen.

Vor ein paar Jahren begann ich, mit einer sehr großen außerirdischen Frau zu fliegen. Es waren auch andere Außerirdische in dem Raumschiff, aber ich sprach (in meinen Gedanken) vor allem mit ihr. Das Raumschiff war zylinderförmig.

Frage: Tristan, hast du eine Ahnung, wer diese Wesen waren?

Tristan: Zwei dieser Wesen sind meine Eltern, die auf einem anderen Planeten leben. Wenn sie mich hier auf der Erde besuchen, nehmen sie eine körperliche Form an, die von strahlend weißem Licht erfüllt ist. Wenn ich losfliege, um sie zu besuchen, sehen wir alle wie Bälle aus weißem Licht aus. Sie geben mir Energie, damit ich auf der Erde entspannter sein kann, denn ich spüre eine Menge negative Gefühle von anderen.

Wir unterhalten uns in Gedanken und benutzen auch eine Symbolsprache, so ähnlich wie die Muster der Kornfeld-Kreise. Es fällt mir irgendwie schwer, mich an diese Symbole zu erinnern. Sie sind erst vor kurzem in meinen Gedanken aufgetaucht, und ich weiß, dass wir auf diese Weise kommuniziert haben, aber ich kann mich nicht genau daran erinnern, wie sie aussehen. Vielleicht fällt es mir später wieder ein.

Wir reden darüber, wie ich positive Energie in mir aufrechterhalten kann. Ich kann mich nicht immer an ihre Ratschläge erinnern, aber meistens passiert es dann, dass meine Mutter jemanden findet, der uns Energiearbeit lehren kann, wie Reiki und Qigong und solche Sachen, die mir helfen, und damit geht es mir dann besser. Qigong hilft mir wirklich am meisten, damit geht es mir am besten.

Die außerirdische Frau, mit der ich seit ein paar Jahren fliege, ist sehr groß und trägt ein langes Gewand. Auf dem Gewand ist ein Symbol, das wie eine Art Y aussieht, aber das Y hat keinen Mittelbalken. Es hat eine gerade Linie, die die beiden diagonalen Linien verbindet. Um diese Form ist ein Kreis.

Ihr Gesicht ist sehr freundlich, und sie hat ein liebes Lächeln. Sie hat schöne hellblaue Augen. Ich habe nur zu ihr Kontakt, aber es gibt dort noch mehr Außerirdische, obwohl die sich meist im Hintergrund halten. Ich sehe sie nicht allzu oft. Sie fliegt in diesem zylinderförmigen Raumschiff. Von außen sieht es aus, als sei es total von strahlend weißem Licht erleuchtet. Ich glaube, es fliegt einfach mit irgendeiner Energieform, nicht mit Treibstoff. Es macht beim Fliegen überhaupt keinen Lärm.

Ich weiß noch, als ich zum allerersten Mal mit ihr flog, da war sie sehr traurig. Da zeigte sie mir auf einem großen Bildschirm den Krieg im Irak. Sie hielt meine linke Hand in ihrer rechten, und eine Tür öffnete sich direkt vor unseren Füßen im Boden des Raumschiffs. Wir setzten uns hin. Ich konnte durch diese Tür die Erde sehen, und wir fingen an, heilende Energie durch unsere Hände auf die Erde zu schicken. Wir haben das seitdem mehrmals getan, aber sie hat mir die Sendung mit den Leuten, die getötet werden, nicht mehr gezeigt, weil sie weiß, wie sehr mich das verstört hat. Das war sehr traurig.

Manchmal haben wir auch andere Kinder von der Erde abgeholt, und sie sagte, dass die auch lernen könnten, heilende Energien zur Erde zu schicken. Sie hatten schreckliche Angst, und ich half ihnen, sich zu entspannen.

Ich bin jetzt schon seit einer ganzen Weile nicht mehr mit ihr geflogen, weil es so schwierig wurde, hier auf der Erde zu funktionieren. Also habe ich (in Gedanken) mit der außerirdischen Frau gesprochen und ihr von meinen Problemen erzählt, und sie sagte, dass ich nicht mehr mit ihr zu fliegen brauche, und wenn ich älter bin, kann ich sie vielleicht wieder begleiten, wenn ich will. Sie hat mir auch gesagt, dass ich trotzdem weiter die heilende Energie auf die Erde schicken kann, und zwar, indem ich in meinen Meditationen Visualisierungen benutze.

Ich habe das auch meiner Mutter und meinem Vater beigebracht. Mutter, Vater und ich gingen zu einem Qigong-Workshop, und dort brachten sie uns bei, wie man Qigong-Heilenergie zur Erde schickt. Das ist gut, das sollte jeder machen.

Ich weiß, dass ich andere Dimensionen besuche, aber ich erinnere mich nicht richtig daran. Ich meine, nicht daran, wie es dort aussieht. Ich erinnere mich nur, dass ich durch dunkle Tunnel fliege, um dorthin zu kommen. Ich weiß, dass die Planeten in diesen anderen Galaxien andere Farben haben. Sie sind wirklich wunderschön. Ich erinnere mich, dass ich mit anderen Lichtwesen herumfliege und sich das wirklich herrlich anfühlt. Die anderen Wesen sind so liebevoll, und es gibt niemals Krieg.

Ich glaube, das liegt daran, dass sie einander nicht als verschieden ansehen, sondern wissen, dass sie alle Teil des Lichts sind.

Ich fliege auch sehr viel mit den Walen im Universum. Das gefällt mir unglaublich gut. Sie sind so schön. Mein Vater und ich nennen sie »sanfte Riesen«. Bis jetzt kann ich mich nicht erinnern, ob sie mit mir kommunizieren oder nicht. Ich weiß nur, dass es so wundervoll und friedlich ist, mit ihnen zusammen zu sein. Hier auf der Erde bin ich wegen der ganzen unguten Energie manchmal so verängstigt. Und ich glaube, dass die Wale mir echt dabei helfen, mich zu entspannen.

Ich hatte einen Traum über Heilung mit Delfinen. Ich ging über einen Anlegesteg und sah ungefähr sieben Delfine, die auf einem Fischerboot lagen. Ich hob meine Hände und schickte ihnen heilende Energie.

Einer von ihnen schaffte es, wieder ins Wasser zu kommen, aber ein Anker steckte in seinem Schwanz. Ich sprang ins Wasser und sah, wie der Delfin seine Schwanzflosse herumschleuderte, bis der Anker draußen war. Dann fing der Delfin an, den anderen Delfinen in Gedanken das schönste Lied vorzusingen. Ich glaube, es war ein Lied der Heilung, denn die anderen Delfine auf dem Boot wachten davon auf und schafften es alle, wieder ins Wasser zu kommen.

Es war so wunderbar zu sehen, wie sie im Wasser herumsprangen und -schwammen. Sie sind so liebevoll.

Ich verstehe nicht, wie man sie einfach zum Sterben auf dem Boot liegenlassen konnte.

Christina: Wenn ich außerhalb meines Körpers reise, dann reise ich gern dorthin, wo meine Führer sind. In dieser Dimension erscheine ich weiterhin als Mensch, aber es dauert nur den Bruchteil einer Sekunde, irgendwo andershin zu reisen, und das gefällt mir, weil ich nicht gern warte.

Meine Führer nehmen die Form von Drachen an, weil die für mich eine Quelle der Kraft und des Schutzes sind. Die Kommunikation zwischen uns fühlt sich wie Schwingungen an, fast, als würde man eine andere Sprache hören, die man aber versteht, ohne sie im Kopf übersetzen zu müssen.

Frage: Können wir etwas von Ereignissen lernen, die in anderen Dimensionen stattgefunden haben oder dort gerade stattfinden? Was? Auf welche Weise hilft dir das außerkörperliche Reisen?

Christina: Außerkörperliches Reisen hilft mir dann am meisten, wenn ich in meinem Körper Stress empfinde oder wenn ich nicht weiß, welche Richtung ich einschlagen soll. Ich kann mit den Wesen, denen ich begegne, kommunizieren und weiß, dass sie keine Urteile fällen.

Ich möchte anderen Menschen dabei helfen, außerkörperliche Reisen zu machen, um ihnen zu zeigen, dass es zwar eine physische Welt gibt, aber auch noch andere Welten, die ebenfalls sehr schön sind, und dass es so viel zu entdecken gibt.

Frage: Und du, Jasin? Auf welche Weise hilft das außerkörperliche Reisen dir?

Jasin: Das kann ich nicht beantworten. Außerkörperliches Reisen ist kein Reisen, sondern ein Aufwachen. Es gibt in Wahrheit gar kein Einschlafen, denn man wacht auf der Erde auf – auf der wirklichen Erde, die schön und friedlich ist.

Frage: Joseph? Reist du auch außerhalb des Körpers?

Joseph: Ich kann über mich hinaussehen, und ja, einmal war ich von meinem Körper entfernt, nicht allzu weit, aber ich war auf jeden Fall darüber und konnte mich selbst sehen. Ich konnte alle Menschen sehen, überall.

Und als ich so von oben heruntersah, damals, da konnte ich die Farben der Aura bei allen sehen … ihre Hauptfarben. Ich konnte mich selbst in der Menge sehen, und ich sah Leute auf der Bühne in der Cafeteria singen. Dort war es grün, und das Publikum war blau, und ich war lila, aber ich glaube, dass ich das in meiner Fantasie erschaffen habe, denn ich kann so was erschaffen; so verstehe ich das zumindest, und darum glaube ich, dass es daran lag. Ich glaube, dass ich außerhalb meines Körpers war und hinunterschaute und alles von einem anderen Blickwinkel aus betrachtete.

Frage: Scott, auf welche Weise hilft dir das außerkörperliche Reisen?

Scott: Ich habe dadurch eins gelernt, und zwar, dass es nicht die Antwort ist, sich wegen etwas zu streiten oder einander den Krieg zu erklären, und dass Logik nicht alles beweisen kann. Logik ist nur ein Schatten; und so weit ich mich erinnere, sollten wir unser Bestes tun, um positiv zu bleiben … sonst, wehe! Wenn wir das nicht tun, entsteht daraus gewöhnlich etwas Schlimmes.

Man kann alternative Möglichkeiten lernen, um das zu sagen, was man sagen will, statt einen Krieg anzufangen oder zu jammern. Wenn einem negative Sachen passieren, dann hilft einem das außerkörperliche Reisen dabei, das zu vergessen und im Positiven zu bleiben, außer man lässt es nicht zu.

Ahn: Außerkörperliches Reisen ist einfach total irre! Es hilft mir dabei, mich nicht nur im körperlichen Selbstmitleid zu wälzen, sondern aus meiner engen Schachtel herauszugucken und zu wissen, dass ich auf höheren Ebenen immer göttliche Begleiter bei mir habe.

Ich habe bestimmte Führer, die im Traumzustand mit mir fliegen, und ich besuche auch Orte und sehe Dinge und bringe Botschaften mit zurück. Im Februar 2007 sah ich in einem außerkörperlichen Traumzustand einen Mann mit einer Zeitung in der Hand, und auf der Titelseite war ein Bild von einem Schiff, das beschädigt war und sank, und darüber standen Zahlen (oder das Datum): 777. Ich wusste nicht genau, was das bedeuten sollte, aber ich erzählte meiner Mutter von dem Traum, und ein paar

Tage später fand sie heraus, dass Al Gore am 7. Juli 2007 auf sieben Kontinenten ein »S. O. S.«-Konzert namens »Live Earth« veranstaltete, also mit diesem Schiffsnotruf im Namen, um uns daran zu erinnern, wie schlecht wir unsere Mutter Erde behandeln und was wir tun können, um das zu ändern.

Kürzlich war ich in einem Traum mit vielen Leuten zusammen, und wir bildeten einen Kreis. Uns umringten viele, viele Bäume, die alle Augen hatten. Die Augen der Bäume und die Augen der Leute hatten helle Farben, zum Beispiel Orange, Lila, Rot, Gelb – manche hatten nur eine Farbe, und manche waren bunt. Statt einer schwarzen Pupille war das Zentrum der Augen weiß. Wenn wir einander erst in die Augen sahen und dann woanders hin, erlebten wir reines Vergnügen oder auch körperliche Heilung, falls der Körper das brauchte. Ich liebe Augen, deshalb war das für mich ein sehr machtvoller Traum.

Gabriel: Ich sehe ein Bild von einer Leiche in einem Schaukelstuhl. Es erinnert mich daran, dass wir nicht ewig leben.

Lindsay: Also, ich glaube, dass ich jede Nacht reise, sobald ich eingeschlafen bin. Ich weiß aber nicht, ob ich mich an viele Geschehnisse aus meinen außerkörperlichen Erfahrungen erinnere, die mein Leben auf irgendeine messbare Weise beeinflusst haben. Meine wichtigsten dimensionalen Lektionen stammen von den Gesprächen, die ich in diesen Dimensionen mit anderen führe. Außerkörperliches Reisen war aber nie der Weg, den ich am Liebsten gehen wollte. Ich arbeite mehr als Übersetzerin für die Wesen von der anderen Seite.

Kapitel 7

Wir sind keine gewöhnlichen Menschen.
Wir sind außergewöhnliche Menschen.
Deshalb können wir Liebe so tief empfinden
und so großzügig damit sein.
Das ist eine der Gaben, die jeder besitzt.
Die Fähigkeit zu lieben ist und wird immer sein.

Lindsay

Taube

von Ahn
11. Februar 2007

Öffne dich deiner Taube, sie ist da
und bringt dir bedingungslose Liebe nah,
Blick tiefer und tiefer hinein
in dein einzigartiges Sein,
in die mächtige Seele, dein Du,
das heil und ganz ist, immerzu.

Ich öffne meine Arme weit,
meine linke Seite schmerzt bereits,
meine nachdenkliche Seite ist unberührt,
sie weint, so viel von ihr ist schon zerstört.
Meine Wunden und Qualen
hat das Spiel mir geschlagen.

Öffne dich deiner Taube, sie ist da
und bringt dir bedingungslose Liebe nah.
Blick tiefer und tiefer hinein
in dein einzigartiges Sein,
in die mächtige Seele, dein Du,
das heil und ganz ist, immerzu.

Rennen, rennen, überall,
Angst zu stürzen, Angst vor dem Fall.
Zu viel Angst, um einfach zu passen
und die Medaillenhoffnung fahren zu lassen.
Wozu der Stress? Lass es doch sein!
Es ist genug, einfach zu sein.

Öffne dich deiner Taube, sie ist da
und bringt dir bedingungslose Liebe nah
Blick tiefer und tiefer hinein
in dein einzigartiges Sein.
in die mächtige Seele, dein Du,
das heil und ganz ist, immerzu.

Was ist Liebe?

Liebe. Was ist das eigentlich? Ist es nur ein Gefühl, oder steckt mehr dahinter? Wir Menschen verbringen unser ganzes Leben oder doch einen Großteil unseres Lebens damit, nach Liebe zu suchen. Wir fantasieren über die Liebe, wir spüren, dass wir Liebe brauchen und haben möchten, und wir glauben, Liebe wäre die Antwort und würde uns heil und ganz machen.

Manche von uns hoffen, dass Liebe ihnen ein Selbstwertgefühl geben wird oder Erfüllung, oder sie haben eine Unzahl anderer Illusionen. Man hat die Liebe schon so weit glorifiziert, dass viele Menschen gar nicht mehr wissen, wie es sich anfühlt, wirklich geliebt zu werden, oder was es eigentlich bedeutet, einen anderen Menschen wirklich zu lieben.

In mancher Hinsicht hat die Liebe anscheinend ihre Tiefe verloren. Sie bezieht sich auf Dinge und materielle Güter und wird kommerziell ausgebeutet.

Liebe ist jedoch etwas völlig anderes als die romantische, sentimentale Auffassung, die wir entwickelt haben.

Für mich ist Liebe eine Form des Seins. Sie ist spontan, stellt keine Bedingungen und wird aus der Unschuld eines aufnahmebereiten Herzens geboren. Jedes Partikelchen, aus dem wir gemacht sind, ist Liebe, und jedes dieser wundervollen Partikelchen ist aus dem Licht geboren, aus dem wir geschaffen wurden. Wir sind von Natur aus Liebe. Wir *sind* Liebe.

Auf meinen Reisen von einem Ort dieser Welt zum anderen habe ich beobachtet, dass wir anscheinend keinen Menschen außer uns selbst achten. Nicht einmal diejenigen Menschen, von denen wir behaupten, dass wir sie am meisten lieben. Wir achten die Menschen im Allgemeinen nicht und wissen häufig nicht einmal, wie wir uns selbst lieben sollen.

Ich wollte, dass die Kinder über Liebe sprachen. Sie besitzen noch die Unschuld, die wir verloren haben. Die Antworten, die die Kinder zu diesem Thema gaben, waren quasi identisch. Das sollte uns natürlich nicht überraschen, denn die Weisheit, die sie von Natur aus besitzen, richtet sich direkt an Herz und Seele und trifft immer ins Schwarze!

Und bei dieser Frage konnten sich die Kinder mir gegenüber auch besonders gut entspannen und waren ganz gelöst, sodass ihr wahres Selbst am besten durchscheinen konnte!

☆ ☆ ☆

Ich habe den Kindern folgende Frage gestellt:

Was ist Liebe, und inwiefern hat sie mit unserem Leben zu tun? Mit anderen Worten, was ist WAHRE Liebe, und wie können wir Durchschnittsmenschen sie in unsere Welt bringen?

Nicholas: Ich liebe diese Frage, was Liebe ist. Ich möchte gern von einem Standpunkt aus antworten, der den meisten Menschen vertraut ist.

Liebe ist das, was wir fühlen, wenn unser Herz überfließt. Damit meine ich aber nicht nur so ein Wischiwaschi-Gefühl, sondern das Gefühl, wenn unser Herz zugleich Freude und Sanftheit und Harmonie empfindet. Das Gefühl, dass wir haben, wenn ein Baby zur Welt kommt – dass unser Herz total geöffnet ist.

Wahre Liebe ist wie ein Kitzeln an den Zehen: Man weiß genau, wann man das spürt. Sie ist wie eine tiefe Gewissheit von etwas Großartigem. Man ist total aufgeregt.

Frage: Wie können wir das erreichen, Nicholas?

Nicholas: Wir können dieses Gefühl der WAHREN Liebe in unser Leben bringen, indem wir uns zunächst mal unserer Herzensenergie bewusst werden. Die tritt in vielen Formen auf und macht sich den ganzen Tag über bemerkbar und erinnert uns daran, dass sie da ist.

Wenn unser Herz spricht, brauchen wir nur zuzuhören. Sprich mit deinem Herzen, frag es, wie es ihm geht. Und mach dich auf die Antwort gefasst. In dieser Antwort liegt eine gewaltige Lektion, die du lernen musst. Wenn man regelmäßig mit seinem Herzen spricht und ihm sagt, wie sehr man es liebt, und ihm zuhört, dann öffnet man diesen Kanal. Natürlich gibt es auch noch andere Möglichkeiten, die den Rahmen dieser Frage sprengen.

Frage: Kinder wie du finden unter anderem durch die Natur Heilung und Harmonie. Wie können wir diese Liebe zur Natur in unserem »normalen« Leben anwenden? Wie können wir die Integrität der Natur wahren, obwohl wir in einer industrialisierten Welt leben?

Nicholas: Gott möchte, dass wir uns nach all unseren Lebenszielen ausrichten. Wenn wir dieses Ziel nicht verfolgen, dann erzeugen wir eine schlimme, unterschwellige Abweichung von der planetaren Aufgabe.

Wir befinden uns aufgrund von Erfindungen an diesem bestimmten Punkt in der Geschichte, und Erfindungen sind gottgegeben. Aber wir müssen dabei ein Gleichgewicht wahren. Wenn die Menschen der Natur wirklich zuhören würden, dann würden sie nie auf die Idee kommen, irgendetwas zu tun, das sich gegen die Liebe zu allem Leben richtet. Ja, Wissenschaftler und solche Leute müssen experimentieren, aber es muss in Harmonie mit Gottes ursprünglicher Absicht geschehen.

Grandma Chandra: Liebe ist eine Emotion, die von Menschen empfunden wird. WAHRE Liebe stammt von der Quelle oder dem Schöpfer.

Frage: Wie können wir den Unterschied erleben?

Grandma Chandra: Wir können ihn erleben, indem wir unser Kronenchakra öffnen, um diese Liebe zu empfangen, und dann müssen wir sie durch unser Herzchakra an alle Wesen weitersenden.

Frage: Jude, auf welche Weise rufst du dir in Erinnerung, wahre Liebe zu erleben, im Gegensatz zur sentimentalen Art von Liebe?

Jude: Wenn ich merke, dass ich mich wieder an das Gefühl der WAHREN Liebe erinnern muss, mache ich eine Visualisierungsübung. Es liegt nicht daran, dass ich dieses Gefühl nicht kenne, aber ich muss es auf möglichst einfache Weise in mein Dasein bringen, und dazu benutze ich meine Fähigkeit, zu visualisieren. Ich schließe meine Augen und erinnere mich daran, wie einsam und deprimiert ich in meinem dritten Jahr im College war.

Ich war allein in meinem Zimmer im Studentenheim und hatte keine bessere Hälfte, die mir Gesellschaft leistete. Liebe zu einer anderen Person erschien mir in dieser Lebensphase unerreichbar. Also ging ich raus und holte mir ein Kätzchen, obwohl ich das eigentlich gar nicht durfte! Ich erinnere mich noch an den allerersten Tag, als ich losging, um nach dem richtigen Kätzchen zu suchen, denn es sollte ein freies Kätzchen sein. Und da war er, ein kleiner Kater, der als Letzter von einem Wurf übrig geblieben war. Ich wusste, dass er dazu bestimmt war, mein Gefährte zu sein und die Liebe in mein Leben zu bringen, die mir zu diesem Zeitpunkt fehlte.

Und wenn ich dieses Gefühl der wahren Liebe haben will, dann brauche ich mich nur an diesen Tag zu erinnern und zu visualisieren, wie es sich anfühlte, als ich ihn das erste Mal in den Armen hielt und auf das winzige, pelzige, graue Gesicht hinuntersah, das ich Spaz nannte. Es war so ein Gefühl von totaler Ehrfurcht, das mein Herz an diesem Tag berührte, und es war auch das Gefühl der wahren, bedingungslosen Liebe.

Das ist wahre Liebe. Sie urteilt nicht und stellt überhaupt keine Bedingungen.

Frage: Und wenn wir diese Liebe haben, wie bringen wir sie dann in die Welt?

Jude: Also, wie ich das sehe, hängt das eine vom anderen ab, und erst, wenn man diese Kombination hat, lässt man das Gefühl der wahren Liebe zu. Um sie schneller und häufiger in diese Welt zu bringen, müssen wir damit aufhören, über andere zu urteilen und Bedingungen an die Liebe zu knüpfen, die wir empfangen und anderen geben, und wir müssen vollkommen offen für all die verschiedenen Formen sein, die Liebe annehmen kann.

Liebe ist nicht perfekt, aber wenn man in und mit der Liebe lebt, ist man dem perfekten Funken näher, der der Schöpfer ist, und damit auch dem Ort, von dem wir stammen – denn das ist reine, echte, wahre und göttliche Liebe.

Frage: Glaubst du, dass jeder den Zustand der bedingungslosen Liebe erreichen kann?

Jude: Zum gegenwärtigen Zeitpunkt ist es ausgeschlossen, dass die Mehrheit der Menschen auf der Welt zu dieser Liebe erwachen könnte, außer es gäbe ein Ereignis, das die ganze Erde erschüttert und uns zwingt, Hautfarbe, Religion und andere Unterscheide zu vergessen. Wir müssen die Ähnlichkeiten feiern, die wir alle als Mitglieder der menschlichen Rasse aufweisen, erst dann werden wir eins sein mit dem Universum und der Erde.

Wenn dein Herz seine Sprache durch deinen ganzen Körper schickt, wenn es vibriert und pulsiert wie die Hitze des Lebensatems selbst, dann wirst du das wahre Gefühl der echten und einzigen universellen Liebe erfahren.

Weston: Liebe ist der Inbegriff der allumfassenden Vollkommenheit. Und das passiert, wenn du ganz du selbst bist, denn dann hast du deine Vollkommenheit *anerkannt*. Und ehrlich gesagt kann Vollkommenheit auch nichts Geringeres sein als vollkommen, denn sie kommt von Gott, dem Schöpfer.

Liebe ist nicht nur eine romantische Empfindung. Diese Art Liebe ist rein gefühlsmäßig. Liebe ist in Wahrheit eine Lebensweise. Ein Lebens*zustand*. Wenn man sein wahres Selbst ablehnt, dann verleugnet man die Wahrheit des eigenen Seins.

Du bist viel größer, als du denkst. Du bist ewig, geboren aus der Schöpfung, und du trägst zu dem Einen bei, das allem Leben das Fortbestehen sichert.

Frage: Und wie kommen wir dorthin?

Weston: Wenn man ganz zu Liebe *geworden ist*, dann hat man seinen Platz inmitten des Einen angenommen. Und das ist ansteckend. Wenn du in der Liebe lebst, fangen die anderen an, auf dich zu reagieren. Sie sehen und fühlen dein Licht. Und dann können sie nicht anders – sie müssen selbst leuchten. Das Problem ist, dass manche Menschen denken, es macht sie verwundbar, wenn sie ihr Licht zeigen, und deshalb tun sie es nicht. In Wirklichkeit hat man seine Verwundbarkeit hinter sich gelassen, wenn man sein Licht zeigt. Und das bedeutet, dass man in der Wahrheit ist.

Um wirklich zu lieben, muss man Liebe *sein*.

Tristan: Liebe kommt aus unserem Herzen. Manchmal rege ich mich auf und bin wütend, und diese Energie bleibt in meinem Körper stecken; dann bin ich schlechter Laune.

Frage: Und wenn das passiert, wie kommst du zur Liebe zurück?

Tristan: Wenn ich meditiere oder Qigong mache, hilft mir das, mich an die liebende Energie zu erinnern, die ich in mir trage. Vielleicht könnten diese Dinge auch anderen Leuten dabei helfen, mehr zu lieben.

Peter: Wahre Liebe bedeutet, dass man nichts hasst und dass alles gut ist. Man muss positiv sein und negative Gedanken vermeiden.

Frage: Wie siehst du das, Christina?

Christina: Wahre Liebe ist ein Gefühl der Freude und der Verbundenheit mit allem und jedem. Wahre Liebe ist bedingungslos, sie urteilt niemals, und jeder Aspekt des Lebens wird akzeptiert und dankbar angenommen und dadurch schön. Um sie in dein Leben zu bringen, musst du nur einfach dankbar sein für alles, was du hast und noch haben wirst. Versuch, alles zum Positiven zu wenden. Wenn du zum Beispiel die viele Hausarbeit nicht schaffst, dann erinnere dich daran, dass du ein Zuhause hast, während es viele Menschen auf der Welt gibt, die keines haben.

Jasin: Wir *sind* Liebe. Alles ist Liebe. Das bezieht sich auf alles. Wir müssen sie nicht erst in unser Leben hineinbringen, denn sie ist bereits in uns. Wir bringen sie mit, egal was wir tun. Die Schnur, die uns verbindet, wenn wir schlafen, ist wie ein Satellit. Wenn wir schlafen, sammeln wir Liebe, und wenn wir aufwachen – dann senden wir sie aus. Das tun wir immer, egal unter welchen Umständen.

Joseph: Liebe beeinflusst uns, indem sie uns Glück und Freude bringt, wenn wir den anderen bedingungslose Liebe schicken, selbst denen, die wir nicht mögen. Dadurch wird mehr Liebe in unserer Welt verteilt, und das hilft uns dabei, friedlicher zu werden und mehr in der Wahrheit zu leben und ehrlicher zu sein und zu lieben. Das wär's so ziemlich.

Frage: Scott?

Scott: Da bin ich überfragt.

Ahn: Um Liebe in diese Welt zu bringen, müssen wir zuerst uns selbst lieben, und wenn unser Liebesbecher überfließt, dann können wir Liebe geben, denn niemand kann Liebe zurückhalten. Liebe strömt immer, sie umfließt Mutter Erde und Vater Himmel vollkommen.

Frage: Gabriel, was ist wahre Liebe?

Gabriel: Liebe ist, wenn man das Innere der Dinge sieht, das, worauf es ankommt. Wir alle müssen die innere Schönheit begreifen, die in uns ist, und wir müssen lernen zu hören, was die Schönheit der anderen uns zu sagen hat.

Wenn wir lieben, dann wird das, was die anderen sagen wollen, wieder zu uns zurückgespiegelt.

Lindsay: Ich glaube, du stellst einfach gern Fragen, die man nicht beantworten kann … *Wahre* Liebe? Das ist ein Gefühl, das man nicht in Worte kleiden kann. Es ist wie ein Picknick an einem Sommertag oder wie die wundervollen Plätzchen, die deine Großmutter bäckt, oder wie eine dieser wilden Umarmungen von deinem Vater, wenn er dich vom Boden hochhebt, oder wie die sanften Umarmungen deiner Mutter. Sie ist wie dein erster Kuss oder dein allerletzter Tanz. Liebe ist überall und alles. Liebe ist nicht nur ein sentimentaler Wischiwaschi-Moment zwischen zwei Menschen. Sie ist, als würde man um fünf Uhr morgens mit seinem Partner Kaffee trinken, oder als würde man am Lagerfeuer geröstete Marshmallows essen.

Wir sind keine gewöhnlichen Menschen. Wir sind außergewöhnliche Menschen. Und deshalb können wir so uneingeschränkt fühlen und Liebe geben. Das ist eine Gabe, die jeder besitzt. Die Fähigkeit zu lieben *ist* und wird *immer sein.*

Kapitel 8

Die sicherste Methode, auf dem richtigen Weg zu bleiben
ist es, in der Wahrheit zu leben.
Nicht in der Wahrheit von allen anderen,
sondern in deiner eigenen.

Weston

Erfüllung finden

Unsere heutige Welt hat uns desensibilisiert. So viele Informationen dringen so schnell auf uns ein, dass uns kaum genug Zeit bleibt, sie bewusst zu verarbeiten, bevor schon die nächste Welle über uns hereinbricht.

Heute geht es auf der ganzen Welt nur noch um Konkurrenz. Und Dank des Internets und der Massenmedien erhalten wir in Realzeit detaillierte, jede Minute neu aktualisierte Berichte über alles, was überall auf unserer Welt geschieht. Manchmal ist die Informationsmenge so gewaltig, dass uns der Stress und die Tragödien völlig überwältigen.

Wir werden ständig dazu angetrieben, mehr zu tun, mehr zu sein. Die Werbung, die wir fortwährend sehen und hören, egal in welchem Medium, redet uns ein, dass wir erfolgreich sind, wenn wir dies und jenes besitzen und soundso aussehen. Wir sind zu einer Welt geworden, die nur noch zwischen Haben und Nicht-Haben unterscheidet. Zwischen diesen beiden Möglichkeiten klafft eine große Schere, und anscheinend ist man auf beiden extremen Seiten dieses Spektrums nicht besonders glücklich.

Jeder sehnt sich nach dem, was er nicht hat – und was wir nicht haben, ist vor allem ein Gefühl für unser eigenes Selbst. Die Menschen haben ihre Leidenschaft verloren und wissen nicht mehr, wer sie tief im Inneren eigentlich sind, weil sich dort ein solcher Berg von Informationen auftürmt.

All dies führt zu einem Gefühl der Leere. Es ist, als fehlte dem Leben etwas.

Mir scheint, die meisten Menschen suchen nach irgendetwas, um diese Leere zu füllen, sie suchen danach, was sie selbst in dieser riesigen und sich schnell verändernden Welt eigentlich sind. Fast jeder sehnt sich schlicht und einfach nach der Wahrheit und möchte wissen, in welcher Beziehung sie zu ihm steht, aber bei dem vielen Input, der auf uns einströmt, ist sie oft schwer zu erkennen.

Meiner bescheidenen Beobachtung nach besteht die Lösung dieses Problems darin, nicht mehr außerhalb unserer selbst zu suchen, sondern uns nach innen zu wenden, um uns kennenzulernen: unsere innere Wahrheit, unsere Ängste und unsere Sehnsüchte. Die Lösung liegt darin, die Vollkommenheit anzunehmen, die in uns existiert und aus der wir erschaffen wurden. Und schließlich müssen wir akzeptieren, wer wir sind und was wir sind, egal, wie es sich auf den vielen Kilometern unserer inneren Reise auch darstellen mag. Ich sage den Leuten oft, dass zwei kleine Wörtchen ihr Leben verändern könnten. Sie lauten: »Ich akzeptiere.«

Man darf diese Worte aber nicht einfach nur mit dem Verstand aussprechen, sie müssen von Herzen kommen. Irgendwann habe ich begriffen, dass sich unser innerer Heilungsprozess oft nur in unserem Kopf abspielt, auf einer mentalen Ebene, und dass die Heilung nie auf den tieferen Ebenen stattfindet, weil sie nicht von Herzen kommt. Und dabei haben wir nur dann eine Chance auf Heilung und Erfüllung, wenn wir die Welt vom Blickwinkel unseres Herzens aus wahrnehmen.

☆ ☆ ☆

Ich beschloss, die Kinder zu fragen, was sie zu diesem Thema zu sagen hatten:

Heutzutage fühlen die Menschen eine innere Leere, als würde da etwas fehlen. Wie können sie wieder in Berührung mit dem Teil ihrer selbst kommen, der ja in Wirklichkeit immer da gewesen ist?

Nicholas: Ich verstehe das so, dass sich viele Menschen innerlich leer fühlen, weil sie nicht mehr an ihr inneres Selbst glauben. Dabei sind sie ja eigentlich hierhergekommen, um ihr inneres Selbst kennenzulernen, aber dann wurden sie abgelenkt und haben sich von ihrem Kern entfernt. Wenn wir den Kern eines Menschen anschauen, dann sehen wir die Essenz der Liebe, wie sie nur ein Baby kennt.

Ich habe meinen Kern als das heilige Zentrum und den Willen Gottes kennengelernt. Für mich ist das der Ort, an dem Gottes Liebe mich erfüllt und salbt. Es ist ein heiliger Ort, und meine körperliche Gestalt ist von dort ausgegangen. Wenn wir lernen zu begreifen, dass die göttliche Quellenergie niemals versiegt und dass wir jederzeit auf sie zurückgreifen können, dann können wir auch darauf vertrauen, dass diese Liebe immer für uns da ist.

Den vielen Menschen, die aus ihrem leeren oder depressiven Zustand herauskommen wollen, möchte ich vorschlagen, dass sie einfach in der Stille die Quellenergie aufsuchen, von der wir alle kamen. Ich glaube, dass die Gefühle der Leere verschwinden, sobald wir anfangen, in der herrlichen Energie Gottes zu leben.

Jude: Du musst dich selbst finden und den göttlichen Funken, der in allem Leben wohnt. Du musst deine innere Kraft annehmen, zum Wachsen bringen und benutzen, um die Wirklichkeit Gottes und deines höheren Selbst auf die physische Ebene der Erde und des Universums zu bringen. Es gibt eine innere Reise, die jeder antreten sollte, der sich leer fühlt.

Die Leute neigen dazu, sich Religionen anzuschließen, aber meiner Ansicht und meinem Empfinden nach ist das nicht der richtige Weg. Es ist zwar ein guter Anfang, aber man müsste erst alle Religionen dieser Welt eingehend untersuchen, bevor man aus ihnen einen harmonischen Sinn für die Wahrheit entwickeln könnte. Erst mit Hilfe einer gesunden Mischung aller Wahrheiten aus allen Religionen, die es rund um die Erde gibt, werden sich die Leute auf die innere Suche nach den göttlichen Wahrheiten machen und die Verbindungen herstellen, und das geht nur mit Hilfe des höheren Selbst und der Seele, und dazu muss man sich bemühen, sich selbst besser kennenzulernen.

Die Menschen müssen den Sinn ihres Lebens und ihre verborgenen Leidenschaften in diesem Leben entdecken. Sie müssen bedingungslose Liebe lernen, und sie müssen lernen, alle Wesen und das ganze Leben zu betrachten, ohne darüber zu urteilen. Keine Religion kann dir Gott oder dich selbst zeigen. Die einzige Person, von der du die Wahrheit erhalten kannst, bist du selbst. Wir alle tragen die Saat des Universums in unseren Gedanken und Seelen. Im Moment wird diese Saat nicht bewässert und bleibt deshalb fruchtlos.

Nach meinem Empfinden ist das die Leere, die die Leute fühlen. Sie kommt daher, dass sie nicht auf dem richtigen Weg sind, sie erfüllen ihren Lebenszweck nicht, sie haben weder sich selbst entdeckt noch den wahren Grund, warum sie hier im JETZT sind. Sie müssen einen bestimmten Teil von sich entdecken, und zwar ihr höheres Selbst, ihr Seelenselbst und ihre Einheit mit dem Göttlichen als Same des Schöpfers. Erst, wenn sie diese Dinge finden und den größten Teil ihrer Gedanken und Energien dieser Entdeckungsreise in ihr Inneres widmen, können sie das Gefühl der Leere loswerden, das zu schweren Depressionen und Selbstzerstörung führt.

Wie gesagt, viele wenden sich der Religion zu, oder im schlimmsten Fall irgendwelchen Sekten, aber ich möchte betonen, dass für mein Empfinden darin nicht die Antwort liegt. Die Antwort ist vielmehr das eigene Selbst und die eigene individuelle Verbundenheit mit dem Schöpfer. Und das Entdecken des eigenen Lebenszweckes. Und das eigene Leben zielbewusst und mit Würde und in Ehrfurcht zu leben und sich nicht beirren zu lassen – das sind die Antworten im Prozess der Selbstfindung, genannt menschliches Leben. Diese Leute nutzen ihre Emotionen nicht, um die Einzigartigkeit des Menschseins zu entdecken. Sie lassen sie brachliegen, und daraus entsteht ihre Depression. Wenn man die Muskeln der Wirklichkeitsmanifestation und der Selbstfindung trainiert, wird die innere Leere verschwinden und durch Zielbewusstheit ersetzt.

Weston: Die Menschen meinen, sie seien leer, weil sie vergessen haben, dass sie bereits vollkommen sind und dass sie bereits alles haben, was sie brauchen. Die Wertvorstellungen haben sich geändert, und das, was die Leute für wichtig halten, ist alles ein Teil der Illusion.

Es ist eine Illusion zu glauben, dass es wichtig ist, etwas zu leisten und zu erreichen. Oder dass Individuen wichtig sind. Oder dass es nichts Besseres gibt als die Erfüllung der egoistischen Ziele – denn das alles führt nur wieder zur Leere, weil es nicht wahr ist. In Wahrheit ist alles, wonach alle andauernd suchen, bereits in ihnen drin. In Wahrheit gibt es gar keine Leere. Leere ist nur eine Art der Wahrnehmung. Wenn die Leute außerhalb ihrer selbst nach dem suchen, was sie wollen, finden sie lediglich die Meinungen anderer Leute.

Diese Menschen haben aufgrund ihrer Erfahrungen Entscheidungen getroffen, und vielleicht waren das keine besonders guten Entscheidungen. Aber egal, was sie gemacht haben – zu dem betreffenden Zeitpunkt war das ihre Wahrheit. Selbst wenn sie das erreichten, wofür sie sich entschieden hatten, heißt das noch lange nicht, dass das auch auf andere zutrifft, denn vielleicht ist das gar nicht die Richtung, in die ihr Leben sich entwickeln soll. Oder vielleicht machen sie das auch nur, weil es jemand anders gemacht hat. Wenn die Leute das tun, dann kriegen sie Probleme.

Die sicherste Methode, um auf dem richtigen Weg zu bleiben ist, in der Wahrheit zu leben. Nicht in der Wahrheit von allen anderen, sondern in seiner eigenen.

Peter: Erforsche dich selbst und meditiere!

Christina: Finde etwas, das du total gern tust, oder einen Ort, den du liebst, egal ob es ein physischer Ort ist oder nicht. Wenn du das Leben liebst, verändert sich deine ganze Wahrnehmung, und die Liebe kann dich mit Freude erfüllen, und Freude ist eine meiner Lieblingserfahrungen.

Wenn ich Dressur reite, dann genieße ich jeden Augenblick. Das Gefühl der Verbundenheit mit dem Pferd und die sanften Bewegungen, der Wind auf meiner Haut und das Wissen, dass das schön und natürlich ist…

Rhianna: Wer sich leer fühlt, muss lernen, an sich selbst zu glauben, und überhaupt Glauben zu haben.

Jasin: Die müssen bloß die Schublade aufsperren, trainieren, und dann: PENG! – haben sie es auch schon! Sie müssen es nur *benutzen*.

Frage: Was denn?

Jasin: Die Liebe …

Joseph: Ich glaube, den Menschen, die sich leer fühlen, fehlt die Liebe im Leben, und das liegt zum Teil daran, dass sie keine Liebe ausgesandt haben. Nicht nur senden sie keine bedingungslose Liebe aus, sondern sie bringen stattdessen so viel anderes ein … Zum Beispiel beklagen sie sich und sehen nur die negative Seite der Dinge, und dann meinen sie, man hätte sie nicht genügend geliebt. Dabei wissen sie das in Wahrheit gar nicht.

Scott: Ich weiß nicht genau. Wenn du daran glaubst, ist es da . … Es ist da.

Ahn: Wenn die Menschen innere Leere empfinden, ist das Illusion, denn sie sind alle von Anfang an heil und ganz gewesen. Wenn ich Verbundenheit suche, singe ich mein Mantra und meditiere, und ich mache das, was ich am allermeisten liebe, von ganzem Herzen und mit ganzer Seele.

Gabriel: Schalte den Fernseher aus, geh raus und rede mit den Nachbarn und mit den Bäumen.

Lindsay: Ich habe mich oft gefragt, was die Antwort auf diese Leere ist. Ich glaube, man muss vor allem danach suchen. Und es ist ganz einfach, etwas zu finden, weil es schon immer da war, man muss es nur finden wollen.

Ich glaube, dass manche Leute Angst davor haben, zu erfahren, wer sie in Wirklichkeit sind.

Tristan: Wir tragen so viel Liebe in uns, und wenn wir die mit allen Leuten teilen, denen wir begegnen, werden wir uns niemals leer fühlen. Manchmal sehe ich Leute vorbeilaufen, und ihre Gesichter sehen so unglücklich aus. Und wenn ich dann lächle, lächeln sie zurück, und dann geht es uns allen gut, und wir spüren die Liebe in unserem Inneren.

Vor ein paar Tagen unterhielten meine Mutter, mein Vater und ich uns, während wir in einer Schlange standen, um Wasser zu kaufen. Vor uns stand ein netter Mann, der drehte sich um und sah uns mit einem strahlenden Lächeln an. Wir lächelten alle zurück, und das hat sich so gut angefühlt.

Wenn ich Obdachlose auf der Straße sehe, mache ich Reiki-Symbole und schicke ihnen Energie. Ich hoffe, dass es ihnen dadurch etwas besser geht.

Kapitel 9

Gott ist keine Religion.
Gott ist keine strenge Gestalt, die uns bestraft,
wenn wir etwas falsch machen.
Wir bestrafen uns selbst schon genug,
ohne dass Gott das machen muss …

Weston

Manchmal höre ich dunkle Stimmen.
Das kommt daher, dass ich im Licht lebe,
und es gibt Dinge, die mich prüfen und
vom Licht weglocken wollen,
aber diese Dunkelheit ist nicht Gott.

Gabriel

Alle Engel rufen

von Jude DeCoff

Ich rufe meine Engel, und schon sind sie da,
sie kennen keinen Stolz, sie sind mir so nah.
Sie helfen, sie heilen, voller Zauber ihr Sein,
sie hören wie Donner mein inneres Schrei'n.
Mein Schrei erfüllte die finstere Nacht,
doch sie haben meine Furcht zunichte gemacht.
Engelsflügel sind ihr Erbe, ich spüre ihr Wehen,
sie helfen jedem, ohne auf den Status zu sehen.
Sie kennen den Vater, den göttlichen Schöpfer, gut
und sagen: Den Verlorenen, Gequälten und Sensiblen
diene mit Mut.
Die Heilung kommt, flüstern sie mir zu, das ist sonnenklar,
warte nur eine Minute, eine Woche, einen Monat, ein Jahr.
Inzwischen nutze die Zeit deines Wartens
und lerne, zu ernten in deinem Garten.
Bring deine Kraft, deine Gedanken, die Blumen ein,
entdecke die Schönheit des Lebens im Kampf um das Sein.
Du wirst heil und ganz sein, sagt der Engel zu dir.
Lass alles los: Schmerz und Kampf, gib sie mir.
Übergib sie dem Göttlichen, durch mich wird Gott
sie erblicken,
und du wirst sehen: Er wird dir die Lösung schicken.

Gott ist …

Wer oder was ist Gott? Weiß das überhaupt jemand? Wie sollen wir jemanden oder etwas identifizieren, den oder das wir nie gesehen haben? Woher wissen wir, ob es Gott überhaupt gibt? Und wenn, was hat Gott mit unserem Leben zu tun, mit unserer Lebensreise als menschliche Wesen und mit der Liebe, die wir von ganzem Herzen suchen?

Das Konzept Gottes ist etwas sehr Persönliches. Für viele Menschen ist es das Allerwichtigste; ihr Glaube und die Vorstellung dessen, was Gott will, leitet und erfüllt sie. Für andere ist dies eine vage Frage, ungreifbar und abstrakt, und doch muss es da *irgendetwas* geben … irgendeine höhere Macht, die unsere Erfahrungen bestimmt und uns Leben gibt. Viele bemühen sich, einen rachsüchtigen Gott zufriedenzustellen, während andere einen liebenden Gott als Ideal begreifen, der für sie sorgt, und wieder andere sterben als idealistische Märtyrer für ihren Gott.

Ist an Gott mehr dran, als man uns glauben machen wollte? Im Laufe unserer Geschichte wurden die religiösen Dokumente, darunter auch Teile der alt- und neutestamentarischen Geschichten, je nach Bedarf der jeweils Regierenden modifiziert. So etwa, als Konstantin die Bibel nach seinem persönlichen Geschmack übersetzen ließ, um sie für seine Zwecke zu benutzen.

Zu anderen Zeiten galten die Gnostiker als Häretiker und versteckten ihre Bibliotheken mit den uralten Lehren in Höhlen, um sie zu bewahren. Einige dieser Dokumente wurden in den 1940er Jahren in Tonkrügen in Qumran entdeckt. Sie enthielten unverfälschte Übersetzungen der Evangelien, die nicht in unserer modernen Bibelversion enthalten sind.

Man hat auch andere Dokumente entdeckt, die unseren augenblicklich geltenden Fassungen der Bibel eindeutig widersprechen.

Es steht mir nicht zu, darüber zu urteilen, wer Recht hat und wer nicht oder woran wir glauben sollten. Aber vielleicht umfasst unsere Geschichte erheblich mehr, als man uns beigebracht hat.

So hatte ich während meiner persönlichen Erweckung viele, viele Visionen von geometrischen Formen, die vor mir schwebten. Ich stellte fest, dass mich verschiedene Aspekte des Wissens erfüllten, wenn ich mein Bewusstsein in diese Formen projizierte.

Diese Erfahrungen waren sehr dynamisch, und ich lernte dabei ganze Konzepte, alles auf einmal und doch in allen Einzelheiten. Im Scherz nannte ich diesen Vorgang »Lernen durch Osmose«. Viele Informationen ließen sich nachprüfen, doch andere befanden sich völlig außerhalb jeglicher wissenschaftlichen Messbarkeit und erschienen mir eher wie ausgewachsene Erinnerungen.

Im »Evangelium der Wahrheit«, einer der Schriften, die in den 1940er Jahren in den Höhlen von Qumran gefunden wurden, gibt es eine Stelle, wo meine Erfahrung ganz genau beschrieben wird, obwohl sie *über zweitausend Jahre später* stattfand. In diesem Augenblick hatte ich ein großes Aha-Erlebnis und begriff, dass wir viel mehr sind, als wir ahnen.

Das Thema Gott ist sehr persönlich. Ich würde mir nie anmaßen zu beschließen, was für jemand anderen das Richtige ist, und ich möchte es jedem Menschen selbst überlassen, seinen persönlichen Glauben zu definieren.

☆ ☆ ☆

Für dieses Buch fragte ich die Kinder nach Gott. Ich ahnte, dass ihre Antworten erstaunlich objektiv sein würden, denn sie äußern sich ganz direkt und haben weder vorgefertigte Werturteile noch Vorurteile. Ihre Antworten sind verblüffend.

Wer ist Gott? Ist Gott eine Person, oder ist er noch mehr? Welche Beziehung haben wir zu Gott? Ist diese Beziehung dasselbe wie Religion, oder steckt noch mehr dahinter?

Nicholas: Aus meiner Sicht ist Gott oder die Quellenergie des Schöpfers das innere Heiligtum meines geliebten Seins. Er ist die Essenz und der Grundstoff meines Lebens. Gott ist eine Überlagerung, die ich immer spüre, wenn ich die Landschaft meines

Lebens betrachte. Er ist eine Präsenz, die ich durch meine Kommunikation mit allem und jedem erkenne.

Was mich am meisten in Staunen versetzt ist, dass Gott immer für uns da ist. Von uns verlangt diese allmächtige, allwissende Gegenwart nur, dass wir seinem mächtigen Sein die Ehre erweisen, und schon bekommen wir Hilfe von höchster Stelle. Die Ehre erweisen heißt, an ihn zu glauben, ihn zu lieben und seine Herrlichkeit anzuerkennen.

Für mich ist Gott sowohl im innersten Kern unseres Seins als auch überall um uns herum ein Teil des göttlichen Bewusstseins aller Dinge, und doch kann man ihn nicht als Person bezeichnen. Die Dimension Gottes umfasst so viel mehr.

Unsere Beziehung zu Gott verändert sich ständig, weil wir die ganze Schöpfung mit unseren destruktiven Gewohnheiten unmittelbar beeinflussen. Wenn wir die Landschaft der Erde gering schätzen, verringern wir damit in jedem Moment auch die Ehre und den Respekt, die wir der Quellenergie des Schöpfer schulden, die die Erde ja zusammengefügt hat. Wollen wir das berichtigen, so müssen wir unser Herzzentrum öffnen und stärken, indem wir einander mit Würde, Liebe und Respekt begegnen.

Weißt du, wenn wir einander Liebe und Respekt erweisen, nimmt auch das Energiefeld der Erde das auf und strahlt es wieder an uns zurück.

Frage: Hat die Wissenschaft etwas mit Gott zu tun?

Nicholas: Das Verhältnis von Wissenschaft und Religion zueinander ist das einer direkten Einheit zusammenhängender Teilchen auf allen Ebenen. Damit meine ich, dass die Teilchen einander noch auf einer unendlich kleinen Ebene erkennen und mit ihren unterschiedlichen Ebenen der Schwingung durch das Eins-Bewusstsein wirken können.

Die Wissenschaftler glauben vielleicht, dass sie nur mit Fakten, Daten und Experimenten arbeiten, aber in Wahrheit arbeitet der ganze Planet mit Fakten, Daten und Experimenten. Insofern ist in den Augen und Gedanken Gottes die ganze Erde ein einziges wissenschaftliches Experiment.

Wie du siehst, besteht also das Verhältnis zwischen Wissenschaft und Religion darin, dass sie eine Entsprechung zueinander darstellen, während die Religion (Gott) die Wissenschaft (den Planeten Erde) außerdem noch beobachtet.

Frage: Nicholas, wie können Wissenschaftler Gottes ursprüngliche Absicht erfahren?

Nicholas: Das kommt noch. Selbst wenn die Wissenschaftler vom richtigen Weg abweichen, bleiben sie letzten Endes doch auf Kurs. Sie werden ihre Irrtümer einsehen. »Gott« spricht weiterhin laut und deutlich, und irgendwann wird er gehört werden.

Frage: Grandma, wer ist Gott?

Grandma Chandra: Gott ist eine Quelle des Lichts (des Wissens), und er ist Energie, keine Person. Wir sind ein Teil Gottes, der Energie, des Lichts, wir sind *eine* Seele. Manche Menschen nennen das Religion. Manche sagen, es ist eine Wiedervereinigung mit der Quelle des Schöpfers durch Aufstieg.

Frage: Jude?

Jude: Gott ist wir. Wir sind Gott. Gott ist jedes Molekül und jeder unstoffliche Gedanke. Gott ist jedes Wort, das je geschrieben oder ausgesprochen wurde, und zwar von allen Rassen und bewussten Wesen im ganzen Universum.

Gott ist ein Diamant. Wir sind die Facetten dieses riesigen Diamanten, und all unsere Leben, vergangene, gegenwärtige und zukünftige, sind das Licht, das in diesen Facetten funkelt. Wir sind ebenso Gott wie die Tastatur, auf der ich in diesem Moment tippe. Er ist die Einheit und ein paradoxes Konzept, und in diesem Paradox existiert Gott.

Frage: Empfindest du Gott als Person?

Jude: So weit es meine Wahrnehmung betrifft, ist Gott keine Person. Ich nehme Gott als eine Kraft wahr, die man die göttliche Ordnung nennt. Durch Gottes Gedankengänge werden Galaxien geboren. Gott dachte die Erde, und sie existierte.

Frage: Wie ist es mit der Religion? Wie passt die zum Konzept Gottes?

Jude: Religion ist die Bemühung der Menschheit, das Unerklärliche, das man Gott nennt, zu erklären. Religion wurde hauptsächlich geschaffen, um durch Angst Kontrolle auszuüben. Die Angst vor der Hölle, die folglich in meinem Glaubenssystem nicht existiert. Durch diese Lenkung und diese Kontrolle wurden die Leute unterdrückt, und ihre wahren Gotteskonzepte und Glaubenssysteme wurden als Heidentum und Hexerei verworfen.

Für mich begannen die religiösen Revolutionen und die verschiedenen Stadien innerhalb der Religionsentwicklung mit der Gründung Amerikas. Damals lehnten die protestantische Religion und die Jesuiten und die spanischen Forschungsreisenden die alten Religionen der eher irdisch orientierten Völker ab und bekämpften sie auf der ganzen Welt – sowohl die Religionen der Azteken, Maya, Inka, Druiden und Heiden als auch andere, nicht weltliche Religionen, denen es in den besagten Zeiten der Weltgeschichte nicht gelang, der Machtstruktur oder überhaupt der Macht der katholischen und protestantischen Zweige der Religion etwas entgegenzusetzen.

Als sich Kirche, Geld und Regierung vereinigten, wurde der Gedanke an Gott kaltgestellt und bis zu einem gewissen Grad sogar die Erwähnung Gottes negiert. Es wurde mehr Wert auf weltliche und monetäre Belange gelegt, und unsere Habgier und Expansionspolitik besudelte das Gottesbild. Wir suchten nach neuen Ländern, neuen Gebieten, neuen Reichtümern, haben aber nie in unserem Inneren gesucht. Wenn man sich nicht selbst in seiner Ganzheit kennt und liebt, ist es unmöglich, jemand anderen oder gar Gott zu lieben.

Wie gesagt, Gott ist immer in deinem Inneren, und wenn du dich selbst kennst und liebst, heißt das, dass du auch deinen Schöpfer kennst und liebst, den man Gott nennt. Meine persönliche Beziehung zu Gott ist heute enger als damals, als ich gezwungen wurde, jeden Sonntag in die Kirche zu gehen und ein »guter Katholik« zu sein. Ich habe festgestellt, dass es nur möglich ist, das wahre Selbst und die Bedeutung Gottes und alles Seienden zu finden, wenn man sich selbst und Gott gleichzeitig entdeckt.

Ohne deinen eigenen festen Glauben und ohne die Wahrnehmung deines Selbst wirst du den wahren Gott nie kennenlernen. Der Gott, von dem die Religionen berichten, hat in den meisten Religionen auf diesem Planeten sehr unterschiedliche Gesichter. Der Weg zu Gott ist eher Spiritualität als Religion. Religion und »heilige« Kriege haben innerhalb unserer heutigen, irdischen Gesellschaft die wahre Bedeutung und das Angesicht Gottes zerstört. Jede Religion besitzt im Kern eine solide Wahrheit, aber keine Religion umfasst sämtliche Bedeutungen Gottes und der spirituellen Evolution.

Für mich hat man die Religion zerstört, und wir müssen sie auf unserem persönlichen Weg zu unserem Gott und in unserer spirituellen Revolution durch persönliche Glaubenssätze ersetzen. Mit »unserem Gott« meine ich wirklich Gott, denn der einzige, allumfassende Gott ist die Auffassung, die jede bewusste Person auf diesem Planeten zum jetzigen Zeitpunkt von Gott hat, und das gilt auch im gesamten Universum.

Frage: Weston, wer ist Gott?

Weston: Gott ist keine Religion. Gott ist keine strenge Gestalt, die uns bestraft, wenn wir etwas falsch machen. Wir bestrafen uns selbst schon genug, ohne dass Gott das machen muss. Die Leute kriegen Angst, wenn sie schlechte Erfahrungen gemacht haben, oder sie vermeiden die Erfahrungen sogar, aus Angst davor, dass sie versagen könnten. Das Konzept eines allmächtigen Gottes gibt den Leuten nur eine Ausrede für ihre innere Unfreiheit und für ihre Unfähigkeit einzusehen, dass sie noch andere Möglichkeiten haben, die über das hinausgehen, was sie sehen können oder bisher erfahren haben.

Weil wir Vollkommenheit sind, *sind* wir Gott. »Gott« ist ein Wort, das unsere Quelle definieren soll. Das ist unmöglich, denn unsere Quelle ist ein unendliches Energiefeld, das sich als Licht manifestiert. Dieses Licht ist in uns, in jeder Zelle unseres Körpers, und wir können davon zehren.

Wenn wir beten, dann rufen wir in Wahrheit das Licht an und sagen ihm, was wir wollen oder brauchen. Das Licht antwortet, und die Wirklichkeit verändert sich. Wir tragen das Licht in uns. Es reagiert auf alles, was wir tun. Es verändert unsere Wirklichkeit, je nach dem, woran wir glauben.

Die Menschen haben Gott personifiziert, um eine göttliche Gestalt zu haben, die sie auf menschliche Weise verstehen können, aber Gott ist viel größer. Das Wundervollste ist, dass alles, die gesamte Wirklichkeit, in uns selbst enthalten ist. Wir tragen den Schlüssel zu jeder vorstellbaren Möglichkeit in uns. Wir müssen es uns nur vorstellen, und schon wird es wahr. Das heißt, wenn wir daran glauben.

Letzten Endes bedeutet das, dass wir selbst über alles entscheiden. Über das Leben, die Liebe, das Glück, über alles. Um den Gott in unserem Inneren anzusprechen, den Gott, der wir selbst sind, müssen wir unsere Ängste loslassen und tief durchatmen und uns klarmachen, dass es keinen Grund für diese Ängste gibt, denn wir entstammen der Vollkommenheit, und folglich sind wir vollkommen.

Frage: Tristan?

Tristan: Für mich ist Gott Licht und Energie, und voller Liebe und Frieden, und diese Energie steckt in jedem Menschen und in jedem Lebewesen.

Rhianna: Gott ist der Schöpfer des ganzen Universums und VIEL, viel mehr als eine Person. Unsere Beziehung zu Gott ist viel mehr als Religion.

Frage: Jasin, was meinst du? Wer ist Gott?

Jasin: Gott ist alles. Gott ist alles, was jemals war, alles, was ist, und alles, was je sein wird. Wir sind durch unsere Seelen verwandt – unsere Seele ist Gott.

Frage: Was ist Religion?

Jasin: Es gibt in Wahrheit gar keine Religion. Religionen lehren einen überhaupt nichts. Man muss es selbst herausfinden.

Joseph: Ich denke, dass Gott keine Person ist, sondern die Energie, die uns umgibt. Ich glaube, unsere Beziehung zu Gott ist die Energie, die uns die Kraft gibt, die wir brauchen, um die Dinge zu tun, die wir tun müssen. Und um Mut in unsere Herzen zu tragen. Und um uns Wahrheit zu bringen, sodass wir seine Wahrheit anderen zeigen können.

Ich glaube, Religion ist eine Methode, ihn in unser Leben einzubringen. Ich glaube … ja, Religion ist eine Methode, sich auf Gott zu beziehen, und mehr habe ich dazu nicht zu sagen.

Scott: Gott ist der Eine, der uns hier auf der Erde erschaffen hat, aber auf Montanui hat man ebenfalls einen Gott, der laut sämtlicher Definitionen genau dasselbe ist. Im Prinzip ist er der Schöpfer allen Lebens. Und er ist noch mehr.

Frage: Ist diese Beziehung dasselbe wie Religion, oder …?

Scott: Sie ist auf keinen Fall dasselbe wie Religion … sondern … Es ist unmöglich zu beschreiben.

Frage: Ahn, ist Gott eine Person?

Ahn: Gott ist mit Sicherheit mehr als eine Person. Gott ist alles, und vor allem ist Gott intensive, bedingungslose Liebe. Wir sind Gottes Funken, also haben wir eine enge Beziehung zueinander – wir sind eng miteinander verbunden. Gott, oder Alles-das-ist, verbindet alles miteinander, und Religion scheint alles voneinander zu trennen. Also ist für mich eine Beziehung zu Gott nicht dasselbe wie Religion.

Gabriel: Gott ist zugleich Etwas und Nichts. Gott ist eine Spiegelung von uns. Jeder kann an Gott als eine Spiegelung glauben, selbst wenn man sonst nicht an Religionen glaubt. Gott ist weder eine Person noch Energie oder Licht, sondern ein Gefühl. Gott ist sehr real und sehr lebendig. Gott ist wie eins dieser Mosaik-Fotos. Aus all unseren Seelen zusammen entsteht das Gesamtbild, und das ist Gott. Alle unsere Seelen sind ein bestimmter Teil des Gesamtbildes von Gott.

Frage: Wie identifizierst du dich mit Gott?

Gabriel: Ein Teil meiner Seele ist Gott, und zwar Gottes Sinn für Humor. Gott gibt uns die ganze Zeit Zeichen. Wir müssen herausfinden, wo und was diese Zeichen sind. Gott hat uns hierhergeschickt, damit wir unsere Habgier und unsere Begierden bekämpfen. Wir werden ständig aufgerufen, zu unserem besseren Selbst zu werden. Der Gott in mir hört Menschen gern lachen. Ich spüre Gott am meisten, wenn ich schlafe und träume, dass ich glücklich bin.

Frage: Wie steht es mit Engeln?

Gabriel: Ich spüre die Wärme der Engel überall. Engel sind wie ein unglaublich gutes Gefühl am Rücken, genau das Gegenteil von dem kalten Angstschauer, der einem den Rücken hinunterläuft. Ich glaube, Engel sind überall, es gibt keinen Ort, den sie meiden.

Frage: Lindsay, wer ist Gott?

Lindsay: Gott sind wir. Gott ist Liebe, Gott ist alles, was du möchtest, jedes Geschöpf und alle Dinge. Gott ist eine Person, weil wir Menschen sind, und doch ist er eine Wesenheit, was wir aber auch sind. Gott ist das Unkraut in deinem Garten, das einfach nicht verschwinden will, und der Hund, der Angst vor Gewittern hat. Gott ist dein Nachbar und dein bester Freund. Gott ist überall, weil Liebe überall ist.

In irgendeiner Form steckt Gott in jeder Religion. Gott geht Sonntags in die Kirche, feiert am Freitagabend bei Sonnenuntergang den Sabbat und unternimmt Pilgerreisen nach Mekka. Wir sind mit Gott verwandt, denn Gott ist in uns.

Und seien wir mal ehrlich: Man kann mit niemandem näher verwandt sein als mit sich selbst.

Kapitel 10

Um zu sterben, muss man zuerst leben.
Die Menschen haben solche Angst vor dem Sterben,
dass sie oft ganz gelähmt sind, unfähig,
einen Fuß vor den anderen zu setzen
und an der Reise teilzunehmen,
um derentwillen sie hier sind.

Weston

Tod ist …

Was ist der Tod? Sterben wir wirklich? Ist das alles, und das war's dann? Ein Leben, und es ist mit uns vorbei? Oder gibt es noch mehr? Wohin gehen wir? Kommt etwas danach? Zu jeder Religion, jeder Philosophie gehört auch ein Glaubensinhalt über den Tod. Manche benutzen die Drohung des Todes sogar dazu, andere zu kontrollieren.

Eines ist sicher: Wir leben, um zu sterben. Unser Körper ist uns nur geliehen worden, damit wir das Leben erfahren können. Letzten Endes kommt ein Moment, in dem wir diesen Körper zurücklassen müssen. Durch Nahtoderfahrungen haben wir gelernt, dass bestimmte Dinge geschehen, wenn wir aus unserer irdischen Existenz hinaustreten. Da gibt es einen Tunnel, und am Ende des Tunnels ist ein helles Licht. Vielleicht begegnen wir anderen

Menschen, die wir in diesem Leben kennen oder mit denen wir verwandt sind. Vielleicht begleitet uns eine ganze Gruppe von Menschen oder Wesen dorthin, wo wir als Nächstes hingehen.

Manche behaupten, dass wir auf unser ganzes Leben zurückblicken und die Erfahrungen aller Menschen empfinden, denen wir je begegnet sind und mit denen wir je zu tun hatten, und zwar aus ihrer Sicht. Das wäre mit Sicherheit eine Gelegenheit, unseren Umgang mit anderen aus einer ganz neuen Perspektive zu betrachten. Wenn wir wissen, dass wir eine Lebensrückschau halten, in der wir alle Gefühle der anderen erleben, für die wir direkt verantwortlich sind, dann wird uns klar, dass wir unsere Mitmenschen vielleicht wesentlich besser behandeln sollten, als wir das bisher getan haben.

Es könnten auch andere Dinge geschehen. Der Vorgang des Sterbens scheint mir dem Wiederauftauchen nach einem tiefen Tauchgang zu ähneln. Wenn wir aus der Tiefe wieder nach oben streben, müssen wir ab und zu anhalten, um unserem Körper Gelegenheit zu geben, sich an die veränderten Druckverhältnisse anzupassen.

Beim Sterben ist es also wie beim Tauchen: Es kommt der Moment, in dem wir wieder zu unserem Ursprung aufsteigen, immer eine Ebene auf einmal, und wir müssen zwischendurch anhalten, um uns dem veränderten Druck anzupassen und alles zu verarbeiten, was wir gelernt und erfahren haben, während unsere Schwingungen sich abermals erhöhen, um dieser ätherischen Ebene zu entsprechen. Wenn wir aus der dichten Existenz auftauchen, brauchen wir Zeit, um uns den höheren Schwingungen anzupassen.

Die Kinder erinnern sich daran, dass sie bei Gott waren (den die meisten von ihnen als Energie oder Licht beschreiben). Sie erinnern sich daran, dass sie ihre Eltern und den Zeitpunkt, die Umstände und andere Einzelheiten ihrer bevorstehenden Wiedergeburt sorgfältig auswählten. Und viel zu oft werden von Personen, die nicht miteinander verwandt sind, die gleichen Geschichten erzählt, so oft, dass sie gar nicht unwahr sein können. Die Erinnerungen der Kinder fordern das Glaubenssystem und die Religionsstruktur der Erwachsenen zwar oft heraus, aber ihre Geschichten entsprechen einander grundsätzlich, und die Einzelheiten sind unbestreitbar ähnlich, häufig sogar identisch.

☆ ☆ ☆

Ich wollte von diesen begabten Wesen wissen, was geschieht, wenn wir sterben. Gleichzeitig wollte ich sie nicht in eine bestimmte Richtung lenken, deshalb fragte ich sie:

Was ist Sterben? Wohin gehen wir?

Jude: Sterben ist die nächste Phase in der Existenz unserer Seele. Wir gehen auf die andere Seite hinüber, in eine Art kosmischen Warteraum. Dann rücken wir in die Kristallstadt vor, wo wir all unsere Leben noch einmal betrachten. Es ist so ähnlich wie bei der außerkörperlichen Erfahrung, die ich beschrieben habe. Aber seit meiner außerkörperlichen Erfahrung habe ich noch viele Einsichten hinzugewonnen, in vielerlei Form, und auch viele Bestätigungen bekommen.

Eines wurde mir ganz deutlich gezeigt: Wenn man in der Kristallstadt im Rat der Meister sitzt, betrachtet man *alle* seine Leben noch einmal, nicht nur das jetzige. Man betrachtet sie aus vielen verschiedenen Perspektiven und aus den Blickwinkeln vieler verschiedener Menschen, nicht nur aus dem eigenen. Manche meinen, wir würden nur dieses eine Leben betrachten, in dem wir uns unserer selbst bewusst waren, aber mir hat man etwas anderes gezeigt. Es ist, als würden all die vergangenen, gegenwärtigen und zukünftigen Leben im selben Moment enden, und die Seele bringt sie alle in die Kristallstadt, um sie zu prüfen.

Das ist nicht unbedingt die letzte Prüfung, denn viele werden feststellen, dass sie noch eine Menge zu lernen haben, und zwar mit Hilfe der Emotionen und der fünf Sinne, die es nur innerhalb der menschlichen Gestalt gibt. Wir müssen also in einem anderen menschlichen Gefäß zurückkehren.

Das Verwirrende an all dem ist der Zeitfaktor. Anscheinend dauert es nur wenige Sekunden, die eigenen Leben zu prüfen, und doch betrachtet man sie dabei in ihrer Gesamtheit und von vielen verschiedenen Blickwinkeln aus – die Zeitlosigkeit der Kristallstadt spielt demnach eine große Rolle.

Man hat mir auch noch einen anderen Aspekt dieser Reise gezeigt. Manche brauchen einige Zeit, um zu begreifen, dass sie tot sind. Sie finden sich dann auf der ätherischen Ebene wieder und werden zu dem, was viele Leute »Geister« oder »Gespenster« nennen. Diese Seelen gehen erst auf eine andere Reise, bevor sie in der Kristallstadt ankommen. Sie müssen noch viele Lektionen zu Ende bringen, die sie nicht abgeschlossen haben, denn in vielen Fällen wurde ihr Leben vorzeitig abgebrochen.

Es gibt da verschiedenen Stufen, die man mir in diesem Zusammenhang ganz deutlich gezeigt hat. Sie ähneln den verschiedenen Phasen des Todes, die in vielen Psychologiekursen an den Colleges und in vielen Büchern über den Tod behandelt werden. Die erste Phase besteht darin, den Tod anzunehmen. Der Geist muss in seiner gegenwärtigen Form begreifen, dass er tot ist. In der nächsten Phase muss der Geist wieder lernen, was es bedeutet, ein Geist zu sein. Wie man die Energien ringsum manipuliert, wie man mit anderen Geistern interagiert und manchmal auch mit den Lebenden, und wie man als Geist lebt.

In der nächsten Phase muss man die Lektionen abschließen, die man als menschliches Wesen nicht ganz gemeistert hat. Die vierte Stufe besteht dann darin, die Lektionen zu lernen, die man noch nicht gelernt hat. Viele Leute nennen das »unbezahlte Rechnungen begleichen«. Und in der letzten Phase, wenn man die Lektionen endlich alle gelernt hat, geht man weiter und kommt in die Kristallstadt und erlebt die Rückschau auf seine Leben.

Man hat mir für diesen Vorgang keinen Zeitrahmen gezeigt, und für mich ist Zeit auch kein lineares Konzept. Es kann eine Minute dauern oder mehrere Jahrhunderte.

So wie ich es verstehe, können unsere Seelen nach unserer Lebensrückschau eine Menge »Aufgaben« erfüllen. Manchmal stellt man uns vor die Wahl, in die menschliche Form zurückzukehren, und was das anbelangt, habe ich das Gefühl, dass es da eine Art Warteliste gibt, in die man sich eintragen muss.

Ich weiß auch noch von weiteren Aufgaben, die eine Seele übernehmen kann. Da gibt es eine Art Seelenkarriere für Anfänger und Fortgeschrittene, die Laufbahn eines Schutzengels und vieles mehr, dessen ich mir im Moment nicht bewusst bin, obwohl es existiert. Und dann gibt es noch andere Bereiche des Universums, die man aufsuchen und wo man als völlig andersartige bewusste Lebensform inkarnieren kann.

Ein Beispiel dafür ist Nuevo, bei dem ich das Gefühl habe, dass meine Seelenenergie ursprünglich von dort stammt. Man kann in diesem Universum und in dieser Galaxie viele Erfahrungen sammeln, und wir können alles nach Plan erleben. Sobald wir gestorben sind, fahren wir in unserem Plan fort, in unserem eigenen Tempo, in unserem eigenen Rhythmus.

Weston: Um zu sterben, muss man zuerst leben. Die Menschen haben solche Angst vor dem Sterben, dass sie oft ganz gelähmt sind, unfähig, einen Fuß vor den anderen zu setzen und an der Reise teilzunehmen, um derentwillen wir hier sind.

Jeder Aspekt des Lebens dient einem Zweck. Selbst die kleinsten Dinge sind von höchster Wichtigkeit. Bambus zum Beispiel. Der ist sowohl zerbrechlich als auch stark. Wasser ernährt den Bambus und reinigt zugleich das Umfeld und bringt Elemente des Friedens mit ein. Das starke Tannin des Bambus trägt zum Gehalt des Wassers bei, sodass es weiter allem anderen ringsum Nahrung zuführen kann. Selbst die Insekten haben eine symbiotische Beziehung zur Gesundheit und zum Wachstum der Pflanze, sie leben in Harmonie mit ihr, und der Bambus trägt zum Wohlergehen der Insekten bei, indem er ihnen Nahrung und Schutz bietet.

Bei all dem geht der Lebenszyklus jedoch weiter, und letzten Endes findet jedes Wesen seinen Tod, und im Tod dienen die zerfallenden Reste des Gewesenen genau demselben Umfeld wieder als Nahrung, durch das das Gewesene ursprünglich ins Leben trat und am Leben erhalten wurde. Das war schon immer so.

Du brauchst den Tod nicht zu fürchten. Er ist eine Tatsache des Lebens. In Wahrheit ist der Tod ein Teil der Illusion. Du stirbst gar nicht. Du gehörst weiterhin zum unendlichen Kreislauf.

Aber vergiss bei all dem nicht, *zu leben!*

Tristan: Wir sterben, weil unsere Körper nicht ewig leben können. Dann reisen unsere Geister in ein anderes Sonnensystem und geben dort weiter, was sie gelernt haben. Wir können auch den Menschen auf der Erde helfen.

Peter: Ich denke, dass das Sterben der Punkt ist, an dem das eigene Leben endet, weil es erfüllt wurde. Ich glaube, dass wir danach in ein anderes Leben geschickt werden.

Nathan: Wenn wir sterben, kommt unser Geist in den Himmel. Einmal, als ich groß war, sah ich ein Baby namens Noah. Es starb, und ich sah, wie sein Geist in den Himmel ging.

Rhianna: Wenn unser Körper stirbt, kann unser Geist in den Himmel gehen, wir können dann über die Menschen wachen und ihnen helfen.

Jasin: In Wahrheit sterben wir gar nicht. Das ist nur ein Mythos. Wir kehren zurück zu unserem Seelenselbst. In Wahrheit träumen wir jetzt nur. Und wenn wir sterben, wachen wir auf.

Joseph: Sobald wir wissen, dass wir unsere Aufgabe erfüllt haben, für welche auch immer wir uns entschieden haben, gehen wir an den Ort unserer Wahl. Ich glaube, wir gehen entweder fort, oder wir bleiben hier und werden wiedergeboren.

Du weißt vorher nicht, wohin du gehen wirst, weil das aus deinem Herzen kommt. Du lässt dein Herz entscheiden, wohin du gehen willst. Ich nehme an, wenn du sagst, dass du wieder einen Körper haben willst, dein Herz hingegen sagt, dass du Geist sein willst, dann wird es letzten Endes wohl auf die Entscheidung des Herzens ankommen.

Scott: Sterben ist, wenn das körperliche Leben vorbei ist, aber das Leben der Seele ist noch nicht vorbei. Wohin man dann geht … Man hat die Wahl. Jeder wählt selbst, wohin er nach dem Tod gehen will.

Ahn: Ich betrachte Sterben als eine wundervolle Erfahrung. Ich verlasse dann das Körperliche und bin mit meinen Engeln zusammen, mit meinen Geistführern, mit Gott/Quelle/Alles-was-es-gibt.

Frage: Scotty, was meinst du, was passiert, wenn wir sterben?

Scotty: Ich glaube, wir steigen in irgendeine andere Dimension auf, oder in die Dimension unserer Heimat, und dort wägen wir ab, was wir in unserem Leben gemacht haben, ob wir wieder zurückkehren müssen und was wir noch mal lernen müssen, oder wir sind einfach im unendlichen Wissen.

Frage: Glaubst du, dass wir uns dafür entschieden haben, hierherzukommen?

Scotty: Ganz sicher.

Frage: Glaubst du, wir hatten einen bestimmten Grund, herzukommen? Ich meine, jeder von uns hatte doch wohl einen anderen Grund?

Scotty: O ja! Ich glaube, jede Seele hat einen bestimmten evolutionären Pfad, dem sie folgen muss, und jede Seele muss unterschiedliche Dinge lernen.

Zum Beispiel sind manche Leute von Geburt an diszipliniert, und dann gibt es wieder Leute, die total faul sind. Mein Bruder ist so diszipliniert, und ich, na ja, ich räume erst dann auf, wenn man es mir sagt, aber ich fange gerade an, daran zu arbeiten. Ich fange an, mich selbst zurechtzuweisen, denn ich muss ja ein Teil der Hausgemeinschaft sein. Wenn man meinem Bruder sagt, dass er irgendetwas tun soll, dass macht er dann sofort. Er trainiert auch jeden Tag, und er räumt auf, aber ich bin einfach so … bäh!

Frage: Er leistet also andere Dinge in seinem Leben als du. Aber das ist doch okay.

Scotty: Ja. Er macht ganz bestimmte Erfahrungen und hat bestimmte Begabungen, genau wie ich. Manche seiner Begabungen habe ich auch, und manche meiner Begabungen hat er auch. Außerdem hat er Begabungen, die ich nicht habe, und ich habe welche, die er nicht hat.

Frage: Und das ist völlig in Ordnung so, weil ihr auf unterschiedlichen Reisen seid.

Scotty: Genau, wir gehen total verschiedene Wege.

Gabriel: In Wahrheit bedeutet Sterben, dass man seine Seele verloren hat, und wenn unser Körper stirbt, gehen wir einfach an den Ort, der in uns drin ist.

Lindsay: Sterben ist ein körperlicher Begriff. Unser Körper stirbt. Wir nicht. Wir ziehen einfach weiter. Wir gehen dorthin zurück, wo wir angefangen haben, zur Quelle, und wir sitzen mit »unseren Leuten« um den Tisch herum und diskutieren über den nächsten Auftrag und die nächsten Lektionen, die wir lernen wollen.

Kapitel 11

Es ist Zeit, dass wir begreifen,
was die Lichtwesen bereits wissen.
Wir sind alle eins.

Tristan

Wahrnehmungen des Krieges

In der Urzeit ging es bei Kriegen ausschließlich ums Überleben. Jetzt führt man Kriege um der Macht willen oder um politische Vorteile, Geld oder natürliche Ressourcen. Viele entzünden sich an religiösen Überzeugungen oder werden im Namen Gottes geführt.

Mein ganzes Leben lang konnte ich nicht begreifen, warum Menschen einander umbringen, egal aus welchem Grund. Für mich ist Töten unvorstellbar, das Leben ist heilig, und jedes Leben ist Teil eines größeren Ganzen. Aus meiner Sicht tötet man einen Teil von sich selbst, wenn man jemand anderen tötet.

Es fasziniert mich immer wieder, wie einfach es ist, ein Leben zu nehmen. Wie kann man im einen Moment noch leben, und im nächsten Moment existiert man durch eine kriegerische Handlung schon nicht mehr auf der Erde? Einfach so. Nur aufgrund irgendwelcher Ideen oder Ideale, die gar nicht wahr sind und keineswegs dem Interesse der Allgemeinheit dienen, sondern einzig und allein den Interessen einiger weniger Einzelner.

Ich bin traurig darüber, dass wir auf dem ganzen Globus Kriege führen, statt einander zu unterstützen.

Wenn ich höre, dass auf der Erde täglich Zehntausende von Kindern an Unterernährung sterben, während andere Menschen überflüssige Nahrungsmittel wegwerfen, bricht mir das Herz. Wenn ich in den Abendnachrichten Flüchtlinge sehe, die alles mitschleppen, was sie nur tragen können, unter anderem Familienmitglieder, die zu schwach zum Laufen sind, und wie sie ziellos eine Straße entlangtrotten, die in der Gefangenschaft eines Flüchtlingslagers oder an einem noch schlimmeren Ort endet, werde ich wütend. Ich kann es nicht fassen, dass jemand auch nur in Erwägung zieht, sich einfach zu nehmen, was er will, auf Kosten des Lebens oder des Wohlergehens anderer.

Und viele jubeln den Kontrahenten in diesen Konflikten auch noch zu wie bei einem Fußballspiel, bei dem eine Mannschaft siegen wird. Doch im Krieg siegt in Wahrheit niemand. Jeder muss einen Preis dafür bezahlen. Für manche ist der Preis höher als für andere. So ist die primitive, unevolvierte menschliche Erfahrung.

Wie um Himmels willen gelingt es der Menschheit nur, all die Zerstörungen der Vergangenheit und Gegenwart zu überleben, die immer noch Völker und Länder verheeren?

Als ich die Kinder danach befragte, weigerten sich viele von ihnen interessanterweise, auf dieses Thema einzugehen. Auf den ersten Blick könnte man meinen, der Grund dafür sei, dass sie nicht viel über aktuelle oder geschichtliche Ereignisse wissen. Später begriff ich jedoch, dass für sie der Krieg real geworden wäre, wenn sie sich an diesem Abschnitt des Buches beteiligt hätten. Und das wollten sie nicht.

Den Kindern geht es um Liebe, um das Leben, um die Natur, um die natürlichen Landschaften und das Wasser, und um Frieden. Sie wollen nichts Negatives in ihre Welt bringen. Und das kann ich ihnen nicht verübeln.

Ich danke Gott dafür, dass sie unsere nächste Generation sind!

☆ ☆ ☆

Diejenigen Kinder, die meine Frage beantworteten, sprachen sehr nachdenklich und mit großer Tiefe über das Thema.

Was empfindet du, wenn du an Krieg denkst?

Grandma Chandra: Sinnlos.

Frage: Wie können wir ihn beenden?

Grandma Chandra: Indem wir Politiker wählen, die unsere Einstellung teilen.

Frage: Was empfindest du, wenn du an Krieg denkst, Jasin? Wie können wir ihn beenden?

Jasin: Wir können den Krieg beenden, indem wir einfach ruhiger werden. Dann gäbe es keine Kriege mehr, keine Gewehre, Kanonen, Schwerter, keinerlei Kriegsgerät. Die Menschen sind habgierig, und dabei existiert Habgier gar nicht. Das wird einem alles nur eingeredet. Die Antwort auf den Krieg ist bereits in dir drin. Das Schlimmste am Krieg ist, dass es ihn immer noch gibt. Ich bin sehr traurig, dass Menschen Krieg gut finden.

Als ich meinen Kater zum Thema Krieg befragte, sagte er: »Ich fühle mich tief im Herzen verletzt.« Er würde am Liebsten mitten hineinrennen, um ihn zu beenden. Man muss tief in die Herzen der Menschen eindringen und sie verändern, damit sie das nicht mehr wollen und damit aufhören. Also – dring mit deiner Seele tief in ihre Herzen ein und bring sie dazu, aufzuhören.

Jude: Der erste Eindruck, den ich zu diesem Thema bekam, war das Experiment, das in der Galaxis »Erde« genannt wird. Man hat mir gezeigt, dass es überall im Universum verschiedene Planeten gibt, die von bewussten, mit den Menschen vergleichbaren Wesen bewohnt werden. Sie unterscheiden sich körperlich und weisen andere Eigenschaften auf, sie ähneln den Wesen, die wir aus *Star Trek* oder *Star Wars* kennen. Jeder Planet wird von einer Rasse dieser bewussten Wesen bewohnt, aber anders als auf der Erde gleichen sie sich alle mehr oder weniger. Ihre körperlichen Merkmale gleichen sich, nicht jedoch ihr Aufbau.

Es ist gewissermaßen so, als gäbe es einen Planeten, auf dem alle Wesen die gleiche Farbe haben. Es gibt etliche Planeten mit einem unterschiedlichen Spektrum von Rassen, aber mir wurde gezeigt, dass verschiedene Energien repräsentativ gebündelt und losgeschickt wurden, um die Erde zu erschaffen. Diese repräsentativen Energien stammten nicht alle aus derselben Galaxis. Sie stammten aus ganz verschiedenen Winkeln im ganzen Universum. Und unter diesen Energien befanden sich auch die Energien der Glaubenssysteme der jeweiligen Ursprungsplaneten, und noch andere Aspekte dieser Planeten.

Für mich liegt auf der Hand, warum manchmal Kriege ausbrechen. Da gibt es all diese unterschiedlichen Wesenheiten, unsere Anführer und die anderen Wesen um uns herum, und dazu die verschiedenen Energien der erfahrenen Seelen, die aus den unterschiedlichsten Teilen des Universums hierher entsandt wurden, und insofern kann man Konflikte kaum verhindern. Im Wesentlichen ging es bei dem Experiment namens »Erde« genau darum: all die Energien des Universums zu einem Planeten auszusenden, sodass sie alle hier repräsentiert sind und erleben können, was passiert, wenn diese Energien kollidieren.

All diese Energien, die Weiß, Grau und Dunkel umfassen, gelangten in das Gebiet, das nun unser Sonnensystem ist, und bildeten die Erde und die verschiedenen anderen Planeten unseres Systems. Als bewusste Wesen anfingen, die Erde zu bevölkern, entstammten sie unterschiedlichen Rassen und wiesen durch den Einfluss der Seelenenergien ihres eigentlichen Ursprungsplaneten verschiedene körperliche Merkmale auf. Diese unterschiedlichen Energien und Einflüsse tragen zu dem bei, was wir Krieg nennen.

Die dunklen Energien spielten beim Konzept des Krieges eine große Rolle, weil sie die Gedanken einiger empfänglicher Seelen in menschlicher Form manipulierten und veränderten. Da gab es also all die unterschiedlichen Energien, und dann kam noch die dunkle Seite dazu, und insofern ist für mich klar, dass es viele Gelegenheiten zum Krieg gibt. Das Experiment war so konzipiert, dass wir den Planeten friedlich organisieren sollten, aber der freie

Wille und die verschiedenen Energien und Seelen auf dem Planeten verwandelten das friedliche Denken in die Gewalt und die Dunkelheit, die durch Kriege entsteht.

Zweitens gibt es die Trennung und Verbindung von Kirche und Staat. Das ist ein uraltes Wechselspiel, und es funktioniert nicht. Wenn man Kirche und Staat vermischt, vermischt man im Grunde Geld mit Glauben und Religion. Wie mir gezeigt wurde, führt das schon seit langer Zeit immer wieder zum Untergang der religiösen Systeme auf der Erde.

Anscheinend fing es mit der Ausbeutung der verschiedenen Kontinente an. Besonders fällt mir dabei die Epoche der Konquistadoren ein und die der Jesuiten, und auch die anderer Glaubenssysteme, die Völker eroberten, indem sie ihre dunklen Eroberungsenergien als Religion tarnten. Dieser ständige Drang, neue Länder und neue weltliche Profitmöglichkeiten zu erschließen, hat die Religionen ihres Glaubens beraubt.

Mit der Eroberung und Zerstörung der Zivilisationen der Maya, Inka und Azteken und der Kulturen der nordamerikanischen Eingeborenen begann das Zeitalter, in dem man Kirche und Staat miteinander vermischte und somit den Niedergang der Menschheit besiegelte.

Die Verbindung dieser beiden Theorien und Lebensenergien zerstörte das wahre Konzept unseres Daseins als menschliche Wesen auf dem Planeten Erde. Frühere Kulturen bedienten sich einer Lebensweise, in der Geld- und Tauschhandel sowie Religion in einer vollkommenen Mischung miteinander verbunden waren, die es ermöglichte, das Leben in Frieden und Harmonie durch sich und ihre Glaubenssysteme hindurch fließen zu lassen.

Zwei weitere Beispiele sind die Zivilisationen von Atlantis und Lemuria. Diese beiden Zivilisationen besaßen die gleiche vollkommene Mischung und konnten deshalb zur Blüte gelangen, bis das dritte Konzept mit ins Spiel kam.

Das dritte Konzept war das Konzept des »Ego«. Das Ego drang in das Leben der bewussten Wesen ein. Es war aber nicht das Ego der Maya, Inka und Azteken, das ihre Zivilisationen zerstörte. Es war das Ego der erobernden Länder, die Krieg und Zerstörung brachten, und dazu kam die Tatsache, dass sie die dunklen Energien an Orte einluden, wo man sie bis dahin nicht gekannt hatte.

Atlantis ist das perfekte Beispiel für diese Theorie. Nach all dem, was ich in meinen eigenen Visionen gesehen und über die verschiedenen Auffassungen von Atlantis gelesen habe, gab es da eine Gruppe oder eine Einzelperson, die beschloss, die Macht der Kristalle und Archive für ihre eigenen Zwecke zu nutzen. Es war das Ego, das die dunklen Energien in die atlantische Zivilisation einführte, und das führte letzten Endes zum Untergang.

Man kann Parallelen dazu in den gegenwärtigen Ereignissen im Nahen Osten finden. Das »Heilige Land«, das aufgrund seiner historischen Bedeutung so begehrt ist, wird von verschiedenen Nationen angegriffen. Sie alle gehen davon aus, dass ihre Religion die einzige korrekte und hundertprozentig akkurate Religion auf diesem Planeten ist und dass der Teil des Planeten, den man das Heilige Land nennt, rechtmäßig ihnen gehört.

Es gibt viele verschiedene Religionen auf diesem Planeten, und keine davon ist die richtige. Es gibt viele Aspekte unterschiedlicher Religionen, die zusammengenommen die Religion der Erde bilden – und diese spiritualistische Religion ist die eine, wahre Religion der Erde. Auch das gehört zu der Theorie über das Experiment Erde, denn die verschiedenen Energien zeichnen sich überdies durch verschiedene Glaubenssysteme und verschiedene Methoden aus, den Einen Schöpfer anzubeten.

Das »Heilige Land« ist gar nicht heilig. Dieser Teil der Erde ist keineswegs wichtiger oder weniger wichtig als irgendein anderer Teil – abgesehen von den Ereignissen, die dort stattfanden. Dass der Ort heute so begehrt ist, liegt an der Affinität des Egos zu diesem Ort, und am Öl. Materialismus, Ego, Religion und das Individuum lassen Kriege auf der Erde entstehen. Wenn wir begreifen würden, dass wir selbst unsere eigene Verbindung zu Gott sind und dass die Erde heilig ist, und dass wir in all unserer Verschiedenheit das Leben feiern sollten, dann würden die Kriege weniger werden und wir würden in den höheren Zustand eines friedlichen Lebens eintreten. Die Kriege werden erst dann enden, wenn jeder begreift, dass Gott in ihm selbst ist.

Es gibt auf diese Frage keine einfache Antwort, denn Krieg hat es seit den Zeitaltern von Lemuria und Atlantis gegeben. Vieles erweckt den Anschein, die Antwort zu sein, doch ohne dass es zutrifft. Ich weiß, dass Frieden auf unseren Planeten kommen wird, wenn wir uns alle durch unsere täglichen Handlungen die Zukunft bewahren. Dazu gehört, dass unsere Grundbedürfnisse erfüllt werden, ohne dass Geld notwendig ist. Wasser, Nahrung und Unterkunft sind unsere Grundbedürfnisse und sollten für alle Erdenbewohner frei erhältlich sein. Man hätte sie niemals mit Profit belegen oder verbinden dürfen.

Auch die Trennung von Kirche und Staat ist ein Faktor. Die Regierung hätte nie mit dem Glauben und der Religion ihres Volkes verknüpft werden dürfen.

Wir müssen zunächst einmal die völlige Trennung von Geld und Religion sowie von Religion und Regierung erreichen, bevor das Zeitalter des Friedens kommen kann.

Man hat mir gezeigt, dass sich auf der Erde etwas wirklich Gewaltiges ereignen wird, um die friedliche Lebensweise zu erwecken. Während dieses Ereignisses werden Hunderte oder gar Tausende sterben, aber es wird entscheidend für den Fortschritt der menschlichen Rasse sein, und auch für die Energien der Erde, denn dadurch wird eine 180-Grad-Wendung ausgelöst – weg vom Geld und hin zum Frieden.

Rhianna: Krieg macht mich traurig, wütend und unglücklich.

Frage: Lindsay, was denkst du über den Krieg?

Lindsay: Krieg entsteht, wenn die Menschen Angst haben. Angst führt lediglich zum Tod. Die Zeit wird die Kriege beenden. Wir bewegen uns bereits auf eine friedlichere Existenz zu, auch wenn es nicht so aussieht. Die alten kriegslüsternen Generationen sterben aus und neue Generationen kommen, die voller Liebe sind und weniger Angst haben.

Weston: Krieg ist der Missbrauch des freien Willens. Irgendwie glaube ich nicht, dass der freie Wille uns gegeben wurde, damit wir das Leben und die Lebensweise anderer zerstören. Die Menschen setzen den freien Willen oft ein, um vermeintlich Macht zu erlangen. In Wahrheit ist diese Macht aber gar nicht echt. Macht erlangt man nicht durch Morden, sondern indem man innere Vollkommenheit erlangt und diese Vollkommenheit in alles einbringt, was man tut.

Viele Kriege werden im Namen Gottes geführt. Im Nahen Osten geschieht das immer und immer wieder. Jeder meint, sein Gott sei der Eine Gott. Das Problem dabei ist, dass diese Personen selbst Gott sind und durch ihr Gottselbst eine Wirklichkeit erschaffen, die das genaue Gegenteil von dem ist, was sie eigentlich sind. Gott ist Liebe. Wir sind Gott. Wir sind Liebe.

Jeder Mensch auf der Welt hat Gefühle und Ängste, Gedanken und Wahrnehmungen, aber viele begreifen nicht, dass sie selbst all das sind, wonach sie suchen. Also nehmen sie von anderen Dinge, die ihnen nicht gehören. Vielleicht sollten sie ihren Nachbarn keine Gewehre bringen, sondern Nahrung und Baumaterial und gesundes Trinkwasser, und ihnen gegenüber eine neue Einstellung annehmen. Auf dem Planeten wäre genug für alle da, wenn alle ihre Ressourcen miteinander teilen würden; dann gäbe es auch keine Verzweiflung mehr, und das Leben auf der Erde würde völlig anders aussehen.

Tristan: Ich glaube, das passiert, weil die Leute vergessen haben, warum sie hierhergekommen sind. Du weißt schon ... worin eigentlich ihre Aufgabe besteht.

Wir alle haben einen Grund, hier zu sein. Gott hat mir gesagt, dass ich kommen musste, um die Menschen die Liebe wieder zu lehren, weil sie sie vergessen haben. Manchmal, wenn ich die ganze Wut spüre, die es auf der Welt gibt, vergesse auch ich meine Aufgabe und werde selbst wütend und raste aus. Dann helfen mir meine Mutter und mein Vater mit meiner Energie, und wenn ich mich beruhigt habe, reden wir über meine Aufgabe.

Und ich glaube, das passiert auch den Regierenden und all den Leuten, mit denen sie zusammenarbeiten. Sie spüren so viel Angst, weil sie vergessen haben, wer sie sind und warum sie auf die Erde gekommen sind. Dann wird es nur immer schlimmer und schlimmer, weil sie die ganze Zeit alle zusammen sind und dauernd negativ über andere Menschen und über andere Länder reden. Und dann fangen diese Leute an, auszurasten, sie tun das, was sie gesagt haben, und das Morden beginnt.

Sie haben das immer und immer wieder getan, in jedem Leben, das sie auf der Erde geführt haben. Es ist Zeit, damit aufzuhören und zu verstehen, was die Lichtwesen bereits wissen.

Wir sind alle eins.

Kapitel 12

Es geht um Harmonie!
Es geht um die Erde und ihre Existenz.
Jahrmillionen lang existierte die Welt in einer manifesten Form.
Jetzt verändert sich die Welt.

Nicholas

Wir feiern das Leben als Mitschöpfer

von Nicholas M. Tschense

Wir leben hier alle in ewigem Segen, weit und breit,
und müssen doch lernen zu lieben, ohne Leid.
Wir Kristallkinder sind hier als neue Generation
und bringen Liebe in die ganze Situation.
Und wenn du uns fragst, was geschieht 2012,
wird die Antwort schlicht eine große Feier sein –
unsere Mitschöpfung bringt sie ins Sein.

2012 aus Sicht der Kinder

Dem Maya-Kalender und rein wissenschaftlichen Fakten zufolge wird unser Sonnensystem und ganz besonders die Erde im Dezember des Jahres 2012 zu ihrem galaktischen Zentrum zurückkehren. Während wir uns durch den Weltraum auf unseren Ursprungsort zu bewegen, treten wir in den Photonengürtel ein. Dadurch erhalten wir mehr Licht, als die Menschheit während der letzten 26.000 Jahre bekommen hat.

Wie ein Uhrwerk kehren wir alle 26.000 Jahre zu unserem galaktischen Zentrum zurück. Visionäre und Wissenschaftler haben gleichermaßen gesagt, dass diese 26.000-Jahre-Zyklen häufig Veränderungen auf der Erde bewirken, darunter extreme Wetterverhältnisse, Erdbeben und eine Verschiebung der Pole. Das bedeutet, dass die Erde ihre aufrechte Position, an die wir gewöhnt sind, komplett umdreht. Der Süden wird zum Norden und umgekehrt. Wenn eine Polumkehrung stattfindet, werden sowohl das gesamte Klima als auch sämtliche elektromagnetischen Einflüsse verändert. Oft folgt eine Eiszeit, und die Erdkruste verschiebt sich, um den Planeten buchstäblich im Gleichgewicht zu halten.

Aufgrund solcher Ereignisse mussten die Menschen auf unserem Planeten schon oft wieder von vorn beginnen. Manchmal haben wir es nicht überlebt, abgesehen von ganz wenigen Individuen. Aber diese Wenigen bildeten den Neuanfang der Menschheit.

Für mich bedeutet das Jahr 2012 den Beginn eines neuen Zeitalters und das Heraufdämmern neuer Möglichkeiten für eine bessere Zukunft. Selbstverständlich wird es auf und innerhalb der Erde Veränderungen geben, aber das ist seit Anbeginn der Schöpfung so gewesen. Seien wir realistisch. Wie kommen wir dazu anzunehmen, dass die Erde in ihrer Evolution innehält, nur weil wir beschlossen haben, sie zu bewohnen? Aber wir können die Zielrichtung dieser Evolution beeinflussen. Wir sind Teil eines lebendigen Organismus, eines größeren Ganzen. Jeder Gedanke, jede Handlung und sogar jedes kleinste bisschen Energie, das wir aussenden, kommuniziert mit dem Ganzen und verändert die Wirklichkeit. So mächtig sind wir. Was würde erst geschehen, wenn wir uns alle einig wären? Wir könnten unsere Erfahrungen und die Erfahrungen der Erde vollkommen verändern. Stellen Sie sich das einmal vor.

Einige Menschen spekulieren heftig über die Veränderungen, die im Jahr 2012 oder in der Zeit davor auf der Erde stattfinden könnten. Andere glauben, dass die Endzeit bevorsteht, die in der Bibel vorausgesagt wurde. Aus irgendeinem Grund scheint die Menschheit besessen von ihrem eigenen Untergang zu sein.

Für mich sind das alles Erinnerungen, die jeder von uns auf zellulärer Ebene in sich trägt. In energetischer Form werden dort die Erinnerungen an eine Zeit aufbewahrt, in der der größte Teil der Menschheit vernichtet wurde. Tief in uns wohnt noch immer die Furcht, dass das wieder geschehen könnte.

Manche meinen, dass es sich bei dem Ereignis, das im Jahr 2012 stattfinden soll, um eine Dimensionsverschiebung handelt. Andere sind sich nicht gewahr, dass es überhaupt zu einer bestimmten Begebenheit kommen wird, und glauben nicht daran.

Handelt es sich beim Jahr 2012 nur um eine Massenhysterie, wie sie sich so ähnlich schon vor der letzten Jahrtausendwende und vor anderen signifikanten Daten ereignet hat? Oder geschieht da wirklich etwas Besonderes?

Viele Kinder weigerten sich rundweg, diese Frage zu beantworten. Weil sie die Antwort kannten, oder weil sie sie nicht kannten – was war wohl der wahre Grund dafür? Das wird sich erst im Laufe der Zeit herausstellen!

☆ ☆ ☆

Diejenigen Kinder, die darauf antworteten, hatten sehr handfeste Einstellungen. Ich stellte ihnen folgende Fragen:

Wie denkst du über die kommenden Veränderungen des Jahres 2012? Erwarten die Menschen zu viel davon, oder werden wir wirklich gewaltige Veränderungen erleben? Und wenn ja, welche Veränderungen siehst du voraus?

Nicholas: Es geht um Harmonie! Es geht um die Erde und ihre Existenz. Jahrmillionen lang existierte die Welt in manifester Form. Jetzt verändert sich die Welt. Damit meine ich, sie verwandelt sich in eine Schwingungsenergie, die man bisher noch nie erlebt hat.

Aber bevor du jetzt anfängst zu lachen, lass mich erklären, was ich damit meine. Im Moment durchläuft die Erde eine Wandlung, sie entwickelt sich zu einer Leichtigkeit hin, die ganz anders ist als die dichte Energie, die die Erde bisher gespürt hat. Wir können das an uns selbst erfahren, wenn wir das Gefühl der Leichtigkeit in unserem Körper damit in Verbindung bringen.

Da die Erde unsere Seinsrealität widerspiegelt, können wir davon ausgehen, dass wir in unserem Inneren direkt mit ihr verbunden sind. Wir sind dazu aufgerufen, mitten in dieser Veränderung darauf zu achten, was richtig ist. Während wir die Transformation von dichter Materie in weniger dichte Materie wahrnehmen, müssen wir uns fragen: »Worum geht es bei dieser Veränderung? Kann es sein, dass es wirklich so einfach ist? Kann es sein, dass eine Veränderung der physischen Materie eine Veränderung des Bewusstseins bewirkt? Oder ist es umgekehrt?«

Wir beobachten den Wandel hin zur Leichtigkeit, und ich fordere dich auf, gut aufzupassen, damit du die Veränderung mitbekommst. Allein dadurch, dass wir diesen Vorgang beobachten, erschaffen wir größere Leichtigkeit.

Ich möchte behaupten, dass diese Wechselbeziehung uns alle näher an den Ort bringen kann, an dem wir sein möchten.

Statt uns ständig auf die Dinge zu fixieren, die uns verstören, weil sie so anders erscheinen, als wir es gern hätten, also zu wenig

Frieden, zu wenig Liebe, zu wenig Vollkommenheit und Ordnung in der Natur, sollten wir uns bewusst darauf konzentrieren, die Dinge so zu sehen, wie wir sie sehen möchten. Dadurch werden wir mehr Liebe, mehr Frieden und mehr Vollkommenheit und Ordnung in der Natur erschaffen.

Frage: Ist das Jahr 2012 für die Menschheit oder für unsere Welt wichtig? Oder machen die Leute zu viel Aufhebens darum?

Grandma Chandra: Es ist eine dimensionale Veränderung, die die Menschheit schon früher durchlaufen hat.

Jude: Ich möchte gern zunächst die Vision vom Anfang der Erde schildern, die man mir gezeigt hat. Damals wurden Seelen von anderen Planeten hergeschickt, und sie waren ein Teil der Energien und Seelen, die bei der Erschaffung der Erde benutzt wurden. Es war eine Art galaktisches Experiment, um zu sehen, ob die verschiedenen Rassen, die es überall in der Milchstraße gibt, auf der neuen Erde koexistieren konnten, ohne dass das Ego oder der freie Wille das friedliche Zusammenleben behinderte.

Am Anfang war die Erdachse nicht schräg geneigt. Das bedeutet, dass die Sonne den ganzen Planeten gleichmäßig berührte und dass die Jahreszeiten sich nicht so sehr voneinander unterschieden wie heute.

Die Erde bestand größtenteils aus Wasser, und dann begann der erste der vielen Zyklen von jeweils 26.000 Jahren. In dem Universum, in dem wir uns befinden, vollendet die Milchstraße alle 26.000 Jahre eine volle Kreisbahn. Und in jedem sechsundzwanzigtausendsten Jahr kehrt sie zu dem galaktischen Zentrum zurück, in dem sie erschaffen wurde.

Ich habe dieses Zentrum gesehen, als ein strahlendes Feld von Elektronen und Protonen und anderen atomaren Energien, die ganz ähnlich aussehen wie Nordlichter. Wenn wir uns dem galaktischen Zentrum nähern, werden viele Dinge geschehen, auf der physischen Ebene wie in allen anderen damit verbundenen Dimensionen, und das schließt natürlich die persönliche Wirklichkeit jedes Einzelnen mit ein.

Die Erde schickt den Bewohnern ihrer Oberfläche als interne

Reaktion darauf Botschaften. Die wichtigste Botschaft, die ich erhalten habe, lautet: Entfernt euch vom Wasser. Von allen Gewässern – Flüssen, Meeren, Seen und vor allem den Ozeanen oder Meeresküsten. Dann zeigte man mir mehrmals eine Landkarte der Vereinigten Staaten. Jedes Mal war die Landmasse weiter geschrumpft, und die Menge an Wasser hatte zugenommen. Das liegt daran, dass die überschüssigen Energien, die vom Erdkern ausgehen, und die Energien, die wir aufgrund der Gesetze der Anziehung auf uns lenken, so gewaltig sind.

Ich habe in dem Zusammenhang noch eine weitere Botschaft empfangen. Und zwar, dass wir diese überschüssige Energie zur Behebung der Schäden verwenden sollen, die wir dem Planeten während der ganzen Zeit unserer Anwesenheit hier zugefügt haben. Die meisten entstanden durch die industrielle Revolution, denn damals begannen wir ernsthaft damit, unsere Mutter Erde zu missbrauchen.

Auf der Landkarte wurden Vermont, New Hampshire und Maryland abgeschnitten, weil es da einen langen Erdbebengraben gibt, den Connecticut River, bei dem eine seismische Reaktion schon lange überfällig ist. Der Graben wird sich verschieben, und durch den entstandenen Spalt wird Wasser einströmen und die Ufer des Connecticut überfluten. Dadurch werden die genannten Staaten vom Rest der Vereinigten Staaten abgeschnitten. Cape Cod wird überflutet werden, genau wie ein Großteil von Boston und Zentral-Massachusetts.

Außerdem wird ein großer Teil der Ostküste überflutet werden, dazu Florida und ein Teil von Texas und andere Küsten im Südosten. Der Mississippi wird über die Ufer treten und das Land ringsum fruchtbar machen. Etwas ganz Ähnliches passiert alle zehn Jahre mit dem Tigris und anderen lebenswichtigen Strömen. Aufgrund unserer Erfindungen, der von Menschenhand gebauten Dämme und Deiche und Flutregulatoren, ist das jetzt schon lange nicht mehr geschehen. Durch das Hochwasser wird in der Mitte der Vereinigten Staaten eine große Wasserfläche entstehen, die man nur mit seetüchtigen Schiffen überqueren kann. Natürlich wird man einige Abschnitte dieses Gewässers auch mit kleineren

Booten überqueren können, aber es wird auch völlig unpassierbare Gebiete geben.

Was ich von der Westküste gesehen habe, betrifft hauptsächlich Kalifornien und Oregon. Ein tief gelegenes Gebiet in Oregon wird zu einer großen Bucht werden. An der kalifornischen Küste wird es viele Erdbeben geben, und dies wird dazu führen, dass ein langer Abschnitt der Küste abbricht, der aber nicht verschwinden wird. Das, was ich gesehen habe, ist mit der jetzigen Halbinsel Nieder-Kalifornien zu vergleichen, nur wird sie sich dann parallel zur ganzen Länge Kaliforniens erstrecken.

Ich werde versuchen, eine Landkarte von dem zu zeichnen, was ich gesehen habe, denn das waren sehr deutliche und in meiner Wirklichkeit auch sehr akkurate Visionen dessen, was kommen wird.

Es gibt innerhalb der Vereinigten Staaten eine »Sicherheitszone«, zu der ich gern umsiedeln möchte. Der Ort, der mich »gerufen« hat, ist Sedona in Arizona. Ich plane, dorthin zu ziehen, sobald ich dem Ruf nicht mehr widerstehen kann. Ich habe ein Datum um das Jahr 2011 vorgesehen. In dieser Zeit werden auch viele andere Menschen in dieses Gebiet ziehen, denn das ist eine Botschaft, die die Erde an Schlüsselpersonen aussendet, damit sie während der bevorstehenden großen Veränderungen helfen können.

Auch der Golfstrom wird sich verändern und einen kreisförmigeren Verlauf nehmen. Er wird die Ostküste entlangfließen. Dann wendet er sich Großbritannien zu, dreht nach Süden ab, folgt der afrikanischen Küste und fließt in Richtung Südamerika weiter, wo er dem Küstenverlauf folgt. Der Kreis, den der Golfstrom beschreibt, wird wesentlich kleiner sein als jetzt, sodass das zirkulierende Wasser jedes Jahr immer wärmer wird. Andere Gründe dafür sind die globale Erwärmung und das vermehrte Abschmelzen der polaren Eiskappen.

Ich habe einen großen Kometen gesehen, der in wenigen Jahren knapp an der Erde vorbeifliegen wird. Er wird bedeutende Veränderungen im Neigungswinkel der Erdachse und bei der elliptischen Umlaufbahn um die Sonne verursachen. Der Nei-

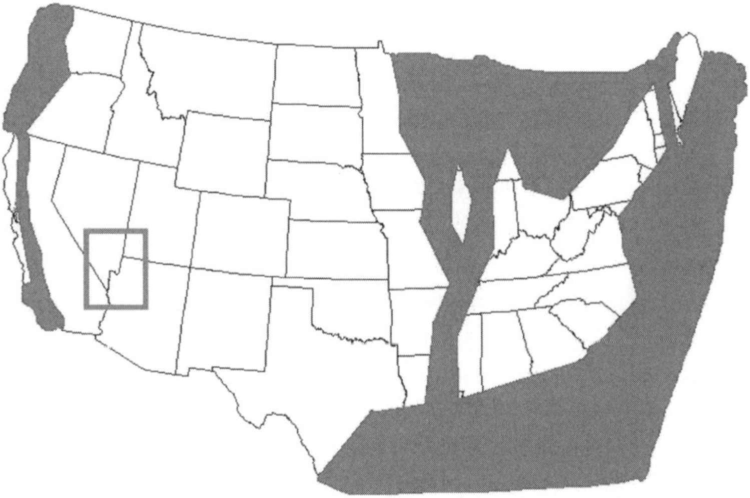

Die von Jude DeCoff vorausgesagten Veränderungen des Küstenverlaufs der Vereinigten Staaten nach 2012.
Copyright © 2007 by Jude DeCoff

gungswinkel wird sich verringern, und die Erde wird anfangen, ein wenig zu schwanken. Dadurch schwankt auch die elliptische Umlaufbahn um die Sonne. Das könnte einen starken Einfluss auf das Magnetfeld der Erde und unsere Entfernung zur Sonne haben.

Außerdem hat man mir gezeigt, dass sich der Mars früher einmal an derselben Position befand, an der heute die Erde ist, und die Erde war dort, wo heute die Venus ist. Diese Vision ließ keinen Zweifel daran, dass der Mars damals bewohnt und voller Leben war, denn das Wunder des Lebens wird durch den richtigen Abstand zur Sonne ermöglicht. Auf dem Mars gibt es jetzt kein Leben mehr, und eines Tages wird die Erde so nahe an die Sonne gelangen, dass es auf ihr zu heiß für Leben sein wird. Der genannte Komet wird viel dazu beitragen, dass unsere Sonne die Erde schneller anzieht. Dafür wird die Venus eines Tages von bewusstem Leben und intelligenten Wesen bewohnt sein.

Wir können die Erde stärken, indem wir über positive Veränderungen meditieren. Nutze die freie Energie, um zusammen mit anderen Lichtarbeitern die Erde zu erschaffen, auf der wir eigentlich leben wollen. Das geht am besten, indem du das Massenbewusstsein und den Glauben der Massen in etwas verwandelst, das deine persönliche, individuelle Wirklichkeit widerspiegelt und deine Vorstellung von dem Ort, an dem du nach dieser Veränderung leben möchtest. Durch die Transmutation der überschüssigen Erdenergien werden wir unsere neue Erde selbst erschaffen.

Wenn wir diese Energie nicht nutzen, wird sie ihrerseits uns benutzen und höchstwahrscheinlich noch mehr Erdoberfläche in Lava oder in Gewässer verwandeln. Es wird viele Erdbeben, Vulkanausbrüche, Orkane, Tornados und andere Naturkatastrophen geben, wenn das alles näher rückt. Sie werden in Gebieten stattfinden, in denen es bisher nur selten solche Katastrophen gab. Es wird Tornados an Orten geben, wo es noch nie zuvor Tornados gab, nicht nur in den Vereinigten Staaten, sondern auf der gesamten Welt. Wir müssen diese Energie nutzen, um die Menschheit und unsere Seelen weiterzuentwickeln und ebenso die Erde als solche, als Wesenheit.

In dieser doppelten Transmutation einer positiven Veränderung werden wir noch lange, nachdem die Veränderung stattgefunden hat, leben und gedeihen. Wir werden von unserer Vergangenheit gelernt haben und uns an alle unsere Leben erinnern und die Informationen, die in unserer Seelenerinnerung ruhen, dafür verwenden, den Himmel zu erschaffen, von dem so viele Religionen sprechen – und zwar hier auf Erden. Wir werden gut über die Runden kommen, aber es werden sämtliche positiven Meditationen und Gedanken, die wir aufbringen können, nötig sein, um die freigesetzte Erdenergie zum Miterschaffen zu nutzen, statt weiterhin stumm und verwundbar zu bleiben!

Zu den erfreulicheren Dingen, die ich in meinen Visionen gesehen habe, gehört die Gründung metaphysischer Schulen, deren Lehrstoff über Religion weit hinausgeht. In ihnen wird auch Evolution gelehrt werden und die kontinuierliche Feinabstimmung der Seelenreisen im Universum.

Es gibt bestimmte Schlüsselpersonen, die jetzt in unserer Zeit erwachen und in der Lage sind, alle ihre vergangenen Leben in ihr aktuelles Leben einfließen zu lassen. Das geschieht, damit wir auf dieser Bewusstseinsebene all unsere Fähigkeiten aus all unseren Leben nutzen und dadurch auf bestmögliche Weise bei der Veränderung helfen können. Bei den meisten Menschen geschieht das durch Seelenreisen im Tiefschlaf. Auch ich wurde mir zunächst auf diese Weise meiner Heilung auf psychischer Ebene bewusst.

Eine gewaltige Veränderung kommt auf uns zu, und wir bereiten uns durch diese allnächtlichen Reisen darauf vor. Ich bin mit meinem Bewusstsein an einen Ort gereist, an dem es einen riesigen Kreis mit Leuten gibt, die ganz und gar nicht wie menschliche Wesen aussehen. Da gibt es so viele verschiedene Typen, dass ich es kaum beschreiben kann. Wir sitzen alle im Kreis und meditieren, und dabei kommunizieren wir telepathisch miteinander und halten eine Art Beratung ab.

Die Informationen, die dort diskutiert, und das Vorgehen, das während dieser Treffen geplant wird, habe ich bereits erläutert. Es geschieht dort noch viel mehr, woran ich mich im Einzelnen nicht mehr genau erinnern kann, aber die Hauptbotschaft ist, dass das Land, das heute tausend Meter über dem Meeresspiegel liegt, dann auf gleicher Höhe mit dem durchschnittlichen neuen Meeresspiegel sein wird. Das wird die Küste sein. Der andere Teil der Botschaft lautet, dass wir die ganze Situation immer noch aus einer destruktiven in eine positive, kreative Veränderung umwandeln können.

Weston: Die kommenden Zeiten sind Teil eines Zyklus des Bewusstseins und der Natur, der sich schon unendlich oft wiederholt hat. Natürlich wird es auf dem Planeten Veränderungen geben. Das Wetter und das Magnetfeld und sogar die Position des Planeten folgen ständig wechselnden Mustern, und das wird auch immer so bleiben. Aber die wichtigste Veränderung wird darin bestehen, dass die Menschheit als Ganzes die Realität anerkennt, und zwar sowohl die Realität dessen, was im Inneren stattfindet, als auch die Realität der äußeren Welt.

Die Menschen neigen dazu, sich wie Schafe zu verhalten. Sie folgen einer Person oder einer Personengruppe und übertragen ihr alle Macht. In der kommenden Zeit müssen die Menschen wieder lernen, sich aus eigenem Antrieb richtig zu verhalten, aus ihrem tiefsten Inneren heraus. Sie müssen aufhören, ihre Entscheidungen anderen zu überlassen. Die Menschen sind faul geworden, sie wollen, dass andere sich um alles kümmern, während sie es sich bequem machen und den Nutzen daraus ziehen.

Jeder hat die Wahl, eine ganz andere Welt zu erschaffen. So wie die Energien sich nun organisieren, besteht eine sehr gute Chance, dass wir in ein völlig neues Bewusstseinszeitalter eintreten. Bewusstsein umfasst aber nicht nur Wahrnehmung, sondern auch Handeln.

Wenn du willentlich nach dem universellen Gesetz lebst und durch dein Leben ein Beispiel für die richtigen Grundsatzentscheidungen gibst, trägst du dein Bestes zum Ganzen und zum Einen bei. Jeder ist Teil des Einen. Wenn also jemand beschließt, sich willentlich und aktiv zu beteiligen, indem er sich anderen gegenüber genau so verhält, wie er selbst gern behandelt werden möchte, werden sich die Beziehungen der Menschen untereinander verändern. Und wenn die sich verändern, werden sich auch die Beziehungen zwischen den Ländern verändern. Und wenn das geschieht, entsteht allmählich eine echte Chance auf universellen Frieden, und die Welt ist zum Garten Eden auf Erden geworden.

Mit den Veränderungen wird es auch zu gewissen Begebenheiten kommen, die mit Himmelskörpern zu tun haben. Sie werden die Beziehungen zwischen den Planeten vieler Sonnensysteme umgestalten. So etwas ist früher schon geschehen, wenn Einflüsse die Umlaufbahn eines oder mehrerer Himmelskörper verändert haben, und manchmal stoßen diese Himmelskörper miteinander zusammen. So ist der Kuipergürtel entstanden. Deshalb dreht sich unser zehnter Planet jetzt um zwei Sonnen.

Es gibt immer Wechselbeziehungen zwischen den Himmelskörpern, und genau wie die Menschen braucht auch jeder Himmelskörper seinen Freiraum. Wenn ein anderer Himmelskörper in diesen Freiraum eindringt, verändern sich sämtliche Wechselbeziehungen. Und wenn sich diese Beziehungen verändern, dann verändern sich auch die Schwingungen auf jeder Ebene der Wirklichkeit. Und genau das wird passieren. Die Frage ist: Wie viele Menschen sind bereit, in voller Absicht ein bewusstes, integres Leben zu führen?

Rhianna: Im Jahr 2012 werden wir so stark von der Technologie abhängig sein, dass wir uns gar nicht mehr selbst helfen können.

Jasin: Nein, es werden keine großen Veränderungen stattfinden. Das Jahr an sich ist unwichtig. Wir haben da nur irgendwas ausgerechnet. Da ist kaum etwas dran. Etwas hat sich verändert, aber in welcher Weise ist unwichtig.

Joseph: Ich sehe, dass wir jedes Jahr mehr und mehr lernen werden. Ich denke eigentlich nicht so weit in die Zukunft, nur bis morgen, oder vielleicht bis übermorgen oder bis nächste Woche. Ich möchte lieber JETZT leben statt in der Zukunft, denn man braucht die Erfahrung des JETZT, um eine bessere Zukunft zu erleben.

Scott: Ich weiß nur eins: Die Technologie wird fortgeschrittener sein als jetzt, und auch das menschliche Verhalten. Meiner Meinung nach ist die Welt noch nicht ganz bereit für all die Veränderungen, die kommen werden.

Ich sehe eine weiterentwickelte Technologie und Waffen, und die werden von irgendeinem Ort gestohlen, an dem die mächtigsten Waffen weggesperrt sind. Viele Leute versuchen, dort einzubrechen, und ich sehe, dass es einigen gelingen wird. Das ist die einzige Veränderung, die ich deutlich wahrnehme.

Frage: Wir haben vorhin darüber gesprochen, wie sich die Dinge wandeln werden. Wie sieht das für dich aus, Scotty?

Scotty: Na ja, ungefähr so: Wir hatten früher einen Bach in der Nähe unseres Hauses, und ich bin dort hingegangen und saß dort, und plötzlich wurde alles so klar, als sei ich in die fünfte Dimension eingetreten, und ich sah mich um und sagte: »Wow, alles ist ganz anders, als es vorhin war, als ich herkam.«

Frage: Verstehe ... Wenn alles glasklar ist und sauber aussieht, und man kann jedes kleinste Detail erkennen?

Scotty: Ja, und der Wind weht genau im richtigen Moment, und das Gras scheint sich genau im richtigen Rhythmus zu wiegen und zu tanzen.

Frage: Alles ist in Harmonie.

Scotty: Ja – und immer, wenn ich das tat, wenn ich dort hinging, passierten mir die erstaunlichsten Dinge. Einmal stieß ich nach einer dieser Erfahrungen auf dem Nachhauseweg auf eine ganze Familie von Schleiereulen. Ein anderes Mal rannten mir zwei Rehe entgegen und blieben stehen, und ich sah, dass es eine Mutter mit ihrem Kitz war.

Wenn ich Tiere sehe, dann setze ich mich ruhig hin und bin einfach mit ihnen zusammen; ich bin einfach in ihrem Energiefeld, bis sie wieder wegfliegen oder weiterlaufen. Dann stehe ich auf und gehe nach Hause.

Lindsay: Weißt du was, ich glaube nicht, dass es riesige chaotische Katastrophen geben wird – und ich bin auch nicht sicher, ob 2012 überhaupt das richtige Jahr ist. Ich weiß, dass Veränderungen kommen werden, vielleicht in Form von Erdbeben und Orkanen, aber egal ob sie auf dem Radar zu sehen sind oder nicht – wenn es Veränderungen gibt, so wie wir uns das vorstellen, dann werden sie sich allmählich vollziehen.

Tristan: Ich schätze, wir müssen einfach abwarten und sehen, was geschieht ...

Kapitel 13

Es ist schwierig, sich der dreidimensionalen Realität anzupassen,
denn die Regeln entsprechen weder der Wahrheit,
noch tragen sie zu positiven Ergebnissen bei.
Man muss uns lehren,
uns in die Gesellschaft zu integrieren,
auch wenn sie dann etwas anders aussieht,
als die Leute es gewohnt sind.

Weston

Was unsere Kinder brauchen

In meinem vorigen Buch *The Children of Now* habe ich mich mit der Frage befasst, was unsere Kinder brauchen. Das beinhaltete unter anderem Veränderungen ihrer unmittelbaren Umgebung, wie glatte Oberflächen, Farben, Möbel, dazu Natur und Musik und andere Dinge, die ihnen eine gewisse Behaglichkeit ermöglichen, denn sie leiden oft unter akustischer und optischer Überbelastung. Diese Art der Überbelastung beeinträchtigt die Fähigkeit der Kinder, sich zu konzentrieren – ganz ähnlich wie atmosphärische Störgeräusche eine Rundfunksendung beeinträchtigen.

Andere Vorschläge betrafen eine Umstellung der Ernährungsgewohnheiten und die Versorgung mit Nahrungsergänzungsmitteln, einen veränderten Lehrplan an der Schule sowie das soziale Umfeld.

Ich habe auch angesprochen, dass bei sehr vielen dieser Kinder irrtümlich ein Aufmerksamkeitsdefizitsyndrom (ADS), ein Aufmerksamkeitsdefizitsyndrom mit Hyperaktivität (ADHS) oder Autismus diagnostiziert wurde. Ihr Gehirn und ihr Bewusstsein arbeiten in Wahrheit anders als bei früheren Generationen. Diese Kinder sind vollkommen unfähig, auf lineare Weise zu lernen oder überhaupt zu funktionieren. Es ist ihnen unmöglich, weil ihr Gehirn und ihr Bewusstsein nach holografischen Gesetzen aufgebaut sind. Sie speichern alles, um es sogleich oder später zu benutzen. Ihnen entgeht nichts, auch wenn es den Anschein hat, als würden sie gar nicht aufpassen.

Diese Kinder sind keine Missgeburten, sondern Teil eines Evolutionssprungs der Menschheit. Sie denken modular. Stellen Sie sich vor, ihr Gehirn würde nicht in Form einer geraden Linie denken, sondern in Form einer unbegrenzten Anzahl von Waben. Jede Wabe kann Informationen aufnehmen, die später abgerufen werden können.

So denken diese Kinder wirklich. Und bei den meisten Kindern, die als ADS- oder ADHS-Patienten abgestempelt wurden, verhält es sich so. Sie scheinen wie ein Wirbelwind durchs Leben zu stürmen und nie aufzupassen, aber in Wahrheit sammeln sie Informationen schneller, als andere sich das vorstellen können. Später rufen sie ihre Beobachtungen dann ab, um sie näher zu betrachten und umfassender zu verstehen. Wenn ich diese Kinder beobachtete, war ich hinterher oft völlig verblüfft darüber, wie viel sie aufgenommen hatten. Wir dürfen sie nicht als Außenseiter behandeln, sonst entwickeln sie kein Selbstbewusstsein.

Autismus wirkt sich auf einer anderen Ebene aus. Die elektromagnetischen Energiefelder im Körper dieser Kinder sind sozusagen entzündet. Das kann verschiedene Ursachen haben; vielleicht haben sie Quecksilber im Organismus, ein stark leitendes Metall, das sich bei Zimmertemperatur verflüssigt und bei Erhitzen zu Gas wird. Und wenn das im menschlichen Körper geschieht, werden die elektromagnetischen und elektrischen Körpersysteme hyperfunktional. Dadurch kann das Bewusstsein, das ebenfalls Energie ist, sich nicht richtig im Körper oder im Gehirn »verankern«.

Diese Kinder können nicht ungehindert funktionieren, oder sie sind nicht ganz »da«, aber in Wahrheit fehlt ihnen weiter nichts, als dass ihr Bewusstsein multidimensional lebt.

Natürlich gibt es noch andere Gründe dafür, dass ein Bewusstsein sich nicht völlig mit dem Körper verbindet, etwa Geburts- oder spätere Traumata. Ich habe mit Kindern (und auch mit einigen Erwachsenen) gearbeitet, die während der Geburt oder durch ein schweres Trauma gestorben waren und wieder zurückgekehrt sind, spontan oder durch die heldenhaften Bemühungen anderer. In diesen Fällen war der Schock, in den Körper zurückzukehren, zu groß, und das Bewusstsein hat sich dadurch nicht mehr ganz mit dem Körper verbunden. Es ist, als sei das Bewusstsein schon wieder auf dem Weg zu seinem Ursprung gewesen und dann in den Körper zurückgezerrt worden. Dabei wurde es entweder aufgespalten, oder es hat den Rückweg in den Körper nicht bis zu Ende zurückgelegt. (Etwas Ähnliches geschieht, wenn jemand im Koma liegt. Das Bewusstsein ist auf einer gewissen Ebene in der Nähe des Körpers anwesend, aber es ist nicht genug mit dem Körper verbunden, um zu reagieren.)

Der springende Punkt ist, dass unsere neuen Generationen gar nicht unbedingt funktionsgestört sind, sondern dass sie nur *anders* funktionieren. Nicht bei allen Kindern wurde ADS, ADHS oder Autismus diagnostiziert. Und bei denjenigen, denen man diese Diagnose verpasst hat, stimmt sie wahrscheinlich nicht. Diese Kinder funktionieren wesentlich besser, als wir es überhaupt begreifen können. Und sie haben Bedürfnisse. Sie sind sehr sensibel, und sie sind Gefühlen und Reaktionen ausgeliefert, die wir nicht verstehen; deshalb misshandeln wir sie oft, ohne uns dessen bewusst zu sein.

Ich wollte den Kindern die Gelegenheit geben, sich direkt zu ihren Bedürfnissen zu äußern, und zwar sowohl, was ihre inneren Erlebnisse angeht, als auch in Bezug auf ihre Erfahrungen in ihrem sozialen Umfeld und in ihrem Zuhause. Ich fand es interessant, dass die meisten von ihnen über »die Kinder« in der dritten Person sprachen, als würden sie ihre eigenen Erfahrungen von außen betrachten.

In dem Vorwort, das Nicholas für *The Children of Now* schrieb, sprach er von dem Bedürfnis, »zutiefst gehört zu werden«. Das Bedürfnis, gehört zu werden, ist unter diesen Kindern am meisten verbreitet. Sie haben das Gefühl, nicht ernst genommen zu werden.

Also gut, Kinder – *wir hören euch zu!*

☆ ☆ ☆

Ich stellte folgende Fragen:

Was brauchen unsere besonderen Kinder noch, außer zutiefst gehört zu werden? Was können wir tun, um sie zu unterstützen?

Nicholas: Wenn ich mir diese Fragen stelle, fallen mir dazu gleich mehrere Dinge ein. Zuallererst: Hört man uns denn im Augenblick zu?

Zweitens: Wie können liebevolle Bewohner des Planeten aktiv werden, um diese Kinder anzunehmen und in ihr Herz zu schließen? Damit das geschehen kann, müssen wir einen Treffpunkt erschaffen, an dem wir unseren besonderen Kindern begegnen und uneingeschränkt erleben können, wie sich ihre kostbaren Begabungen entfalten. Eine Synergie aus Liebe und aktivem Handeln wird uns auf eine neue Ebene führen.

Drittens: Die beste und höchste Möglichkeit, diese besonderen Kinder zu unterstützen, besteht darin, ihre Schwingungen mit harmonischer Resonanz zu beantworten. Wenn wir ihnen bewusst in einer auf sie eingestimmten und authentischen Form begegnen, geben wir den Kindern energetische Schwingungen, die wie eine kohärente Symphonie wirken und die Schwingungen der Erde erhöhen.

Das lässt sich mit Bienen aus einem Bienenvolk vergleichen: Sie arbeiten und dienen der Bienenkönigin, indem sie aufeinander eingestimmt sind und ihren Zweck authentisch verfolgen. Ihre Schwingung schwankt, weil sie sich der Schwingung der Bienenkönigin angleicht, und dadurch wird die Energieschwingung des ganzen Bienenvolkes erhöht.

Dies ist eine Metapher dafür, wie wir mit diesen besonderen Kindern umgehen können, aber man darf nicht vergessen, dass unsere erste Lektion darin bestehen muss, ihnen zutiefst zuzuhören.

Grandma Chandra: Viel Liebe ist erforderlich, und man muss ihnen erlauben, uns anderen beizubringen, worin der nächste Schritt besteht.

Jude: Die Kinder von heute kommen mit den Erinnerungen an die Vergangenheit ihrer Seele in dieses Leben, und sie brauchen Verständnis. Aber es darf nicht beim Zuhören bleiben, man muss noch viel mehr tun. Eine interaktive Form des Zuhörens auf täglicher Basis wäre hilfreich. Besonders, wenn sie mit diesen unbekannten Informationsquellen zu einem kommen.

Akzeptieren. Ich suche überall danach, akzeptiert zu werden, und nach Wertschätzung, und nach einer Bestätigung für die Dinge, die ich aufgrund meiner Begabungen erlebe; und das alles ist sehr schwer zu finden. Die Kinder werden die Unterstützung und die Wertschätzung derjenigen Menschen brauchen, die ihrem Herzen in diesem Leben am nächsten sind.

Wissen. Die Kinder werden mystisches Wissen sammeln – auf der ganzen Welt und in der Galaxie und aus Quellen, die für das menschliche, dreidimensionale Auge sowohl sichtbar als auch unsichtbar sind.

Ich habe gesehen, dass es »Platzanweiser« gibt, die heute schon menschliche Form haben. Sie gehören meiner Generation an und haben dieses menschliche Leben so organisiert, dass sie in der Lage sind, Kontaktbereiche zu schaffen, in denen die begabten Kinder lernen und wachsen können.

Ich stelle mir Klassenzimmer vor, in denen mediales Gewahrsein und Seelenwissenschaften gelehrt werden. Der Welt steht eine große, quantitative Veränderung bevor, und wenn die Kinder richtig aufwachsen und genügend gefördert werden, können sie die Menschheit in die nächste Phase bringen – *die Phase der Liebe*.

Die Kinder brauchen Schutzgebiete, wo sie über ihre Erfahrungen und Fähigkeiten reden können, ohne Angst haben zu müssen, dass man sie dafür verfolgt oder in irgendeiner Weise ausgrenzt. Das Bewusstsein der Öffentlichkeit wird bei dem, was ich als »Indigo-Revolution« gesehen habe, eine große Rolle spielen. Für mich ist es eher eine Evolution. Wir müssen spirituelle Themen in das Schulsystem integrieren, wenn wir wollen, dass die Kinder erkennen und begreifen, was für Werkzeuge ihnen die Erde und die Menschheit bei der spirituellen Evolution der Menschheit anbieten.

Die Lehrer, die man dafür finden wird, werden alle in etwa aus meiner Generation stammen. Wir sind diejenigen, die diese besonderen Kinder fördern und ihnen bei ihrer Entwicklung helfen müssen. Man darf sie nicht zum Schweigen bringen, sondern muss sie dazu auffordern, der Welt ihr Wissen mitzuteilen, und zwar in einem vorurteilsfreien Rahmen. Wenn das geschieht, können wir von ihrem universellen Erbe alles lernen, was nur möglich ist.

Weston: Ich habe großes Glück, denn meine Familie unterstützt mich vollkommen, auch meine andersweltlichen Fähigkeiten, vor denen eine Menge Leute Angst haben. Kinder wie wir brauchen wirklich die Unterstützung aller Leute in unserer Umgebung. Einige von uns können mit ihrem körperlichen Selbst nicht besonders gut umgehen, aber andere Teile von uns funktionieren hervorragend. Da wir zumindest bis zu einem bestimmten Grad in der körperlichen Welt leben, brauchen wir Leute, die an uns glauben. Die uns zeigen, dass wir nicht irgendein schräges Phänomen sind oder irgendeine bizarre Randerscheinung.

Wir sind überall – buchstäblich! Wir wissen, was du denkst und fühlst, bevor du es selbst weißt. Das liegt daran, dass wir medial und sensitiv sind. Wir fühlen mit unserem ganzen Körper, nicht nur mit unseren inneren Emotionen.

Ein Kind von heute zu sein bedeutet, dass Anderssein die neue Norm ist. Wir *sind* anders – und dann sind wir es auch wieder nicht, sondern spiegeln nur das wieder, was die Menschen sind und was sie alles können. Die Menschen haben einfach nur vergessen, wie kostbar und wozu sie in der Lage sind, wenn sie ihre Achtsamkeit bewahren und sich nicht ablenken lassen von den Vorstellungen, die alle anderen von der Wirklichkeit haben.

Wir brauchen Unterstützung. Es ist schwierig, sich der dreidimensionalen Realität anzupassen, denn die Regeln entsprechen weder der Wahrheit, noch tragen sie zu positiven Ergebnissen bei. Man muss uns lehren, uns in die Gesellschaft zu integrieren, auch wenn sie dann etwas anders aussieht, als die Leute es gewohnt sind. Wir brauchen den richtigen Rahmen, um gedeihen zu können. In vielen Teilen der Welt wird die Familie nicht mehr als grundsätzlicher Wert betrachtet, und das ist nicht gut, besonders, wenn Kinder im Spiel sind. Noch schlimmer ist es, wenn die Kinder »Wächterwesen« sind und immer alles fühlen und wissen, denn das führt zu einer zerstörerischen Mischung.

Außerdem brauchen wir Schulen, an denen wir so sein können, wie wir sind, damit wir uns in unserem Lernumfeld wohlfühlen. Viele Kinder werden wie ich zu Hause unterrichtet, und das ist einerseits toll, aber andererseits schränkt diese Notwendigkeit denjenigen Elternteil ein, der zu Hause bleibt, um uns zu unterrichten. Außerdem wird dadurch unsere Sozialisation stark eingeschränkt.

Und vor allem brauchen wir keine Bewunderung und wollen auch nicht etikettiert werden und auf keinem Sockel stehen. Nur weil wir uns erinnern, wozu wir in der Lage sind, sind wir noch lange nicht anders. Es ist einfach Zeit für eine Veränderung. Die Menschheit entwickelt sich sehr schnell. Und nicht in eine gute Richtung. Weil im Augenblick so viele von uns Kindern auf die Welt kommen, erhöhen sich die Chancen auf eine Veränderung, und das Potenzial der Menschheit, langfristig mit einem neuen Wertesystem zu überleben, das ausnahmslos allen Menschen zu Gute kommt, ist jetzt viel höher.

Liebt uns, fördert uns, sagt uns die Wahrheit, lehrt uns das, was wir wissen müssen, um uns einzufügen und zu überleben, und liebt uns noch mehr, und dann liebt uns *noch* viel mehr …

Tristan: Das Wichtigste, was die Leute tun können, um Kindern wie mir zu helfen ist, dass sie mit ihren Gefühlen aufrichtig sind. Dann werden sie sich auch positiv Ausdruck verschaffen. Ich bin sehr sensibel, und wenn ich mit Leuten zusammen bin, die Angst haben oder wütend sind, ist es sehr schwierig für mich, weil sie es nicht positiv ausdrücken. Ich wünschte, dass diese Leute mit sich und anderen aufrichtig sein könnten.

Christina: Helft uns dabei, gehört zu werden, und vertraut uns. Wenn ich mit Gleichgesinnten zusammen bin, fühle ich mich akzeptiert und geliebt, so wie ich bin, und dann kann ich wirklich ich selbst sein. Das liegt daran, dass man mich nicht zum Schweigen bringen will oder mir den Mund verbietet, sondern man hört mir zu, und wenn jemand etwas von mir lernen kann, macht mich das unglaublich glücklich.

Wenn einem jemand zuhört, ist das eine Sache, aber es ist etwas ganz anderes, verstanden zu werden. Ich kann Leuten zuhören und doch kein Wort von dem hören, was sie sagen; dabei bemühe ich mich wirklich, alles zu *hören*, was sie sagen.

Wenn die Leute die Kinder unterstützen wollen, dürfen sie sie nicht verstecken und müssen sie so sein lassen, wie sie sind.

Frage: Scotty, so viele von euch Kindern sind so sensibel und nachdenklich. Ihr fühlt die Dinge nicht nur, sondern handelt auch entsprechend, und das finde ich wundervoll.

Scotty: Ja, aber ich fühle ganz genau, dass es auch ein paar sehr wütende Kinder gibt, so wie meine Schwester. Sie ist sehr wütend.

Frage: Hast du das Gefühl, dass sie schon so auf die Welt kamen, oder sind Kinder wie sie vielleicht nur so weit offen, so sensibel?

Scotty: Sie haben keinen Filter …

Frage: Und dann sind sie immer, immer in der Defensive, weil sie weder die Hilfsmittel noch die Fähigkeit haben, mit ihren Gefühlen umzugehen?

Scotty: Da hast du Recht, ja. So wie meine Schwester. Sie ist sehr intensiv im Umgang mit den Leuten, und ihr ist gar nicht klar, wie grob sie sein kann.

Frage: Wie alt ist deine Schwester?

Scotty: Jetzt ist sie elf, aber als sie klein war, mussten wir sie vom Kindergarten abholen und nach Hause bringen, weil sie solche

Wutanfälle bekam und so gemein zu ihrer Kindergärtnerin war. Die Kindergärtnerin sagte etwas zu meiner Schwester, und meine Schwester sagte, dass sie es nicht verstand, und dann wiederholte die Kindergärtnerin das einfach nur immer wieder. Und meine Schwester sagte die ganze Zeit, dass sie es nicht verstand. Meine Schwester war so frustriert.

Frage: Die Kindergärtnerin hat sich also immer nur wiederholt und gar nicht so mit deiner Schwester geredet, dass sie es verstehen konnte?

Scotty: Genau, und dann macht meine Schwester genau dasselbe. Sie sagt etwas zu uns, und wir sagen, dass wir es nicht verstehen, und dann wiederholt sie sich einfach immer wieder, und am Schluss explodiert sie vor lauter Frustration. Wenn sie verwirrt ist, macht sie einfach dicht und hört gar nicht mehr, was man ihr sagt. Und dann wird es immer schlimmer. Dann muss man sie einfach in Ruhe ihr Buch lesen lassen.

Frage: Sagen die Leute, dass deine Schwester ADS hat?

Scotty: Sie sagen, dass sie alles Mögliche hat, Aufmerksamkeitsdefizit, Legasthenie – alles Mögliche.

Frage: Sie versuchen also, sie mit einem Etikett zu versehen?

Scotty: Ja, auf jeden Fall. Und ich glaube nicht, dass ihr das etwas nützt.

Frage: Sehr oft sind diese Kinder in Wahrheit gar nicht funktionsgestört, sondern man kommuniziert einfach nicht auf eine Weise mit ihnen, dass sie es verstehen oder annehmen können, weil ihre Wahrnehmung so gesteigert ist. Mir fällt auf, dass viele Kinder modular denken, besonders viele, die jünger als deine Schwester sind.

Weißt du, die meisten Menschen denken in einer geraden Linie, eins folgt auf das andere, alles baut logisch aufeinander auf. Aber viele Kinder wie du und deine Schwester denken modular, in einem System aus Schichten und Schubladen. Dadurch könnt ihr gleichzeitig sehr viele Informationen abrufen, aus allen Schubladen zugleich.

Es ist, als könnte man zehn verschiedene Dinge auf einmal tun. Und dabei alles gleichzeitig im Auge behalten.

Scotty: Das Komische bei mir ist, ich möchte so viele Sachen sagen, aber mein Mund kommt einfach nicht mit, und deshalb stottere ich dann. Als ich klein war, hatte ich ein Stotterproblem, weil ich so viele Gedanken im Kopf hatte, die kamen aus allen Richtungen. Mein Mund konnte da nicht Schritt halten.

Ich gebe dir Recht – viele Leute können nicht mit dem Schritt halten, was in ihrem Inneren vorgeht. Wie bei meinem Stiefbruder – er ist ein mathematisches Genie. Am Anfang von jedem Schuljahr rechnet er genau aus, was er tun muss, um bei minimaler Arbeit in jedem Fach eine 2 zu bekommen. Und das rechnet er alles selbst aus, mit Unbekannten und Variablen und dem ganzen Kram, aber er kann sich nicht selbst die Schuhe zubinden. Er kann sich nur von Punkt A zu Punkt B bewegen. Viele Leute verstehen nicht, dass das Leben nicht von Punkt A zu Punkt B geht, sondern von Punkt Z zu Punkt A zu Punkt G zu Punkt T, und dann kommt man erst zum Punkt B.

Frage: Und so denken die Kinder …

Scotty: Ja! Wir können die Dimensionen von Fraktalen ausrechnen. Für mich ist das ganz natürlich, und ich denke gar nicht darüber nach.

Frage: Aha, und deshalb bist du deinen Lehrern immer so weit voraus und weißt immer schon vorher, was als Nächstes kommt. Dabei bist du gar kein Besserwisser, sondern dein Gehirn arbeitet eben so.

Scotty: Genau! Wie bei Albert Einstein. Der war unheimlich schlecht in der Schule, weil er so viel mehr wusste als seine Lehrer. Er hatte in allen Fächern schlechte Noten!

Frage: Das sehe ich häufig bei Kindern, die in öffentliche Schulen gehen und dort mit Kindern zusammen sind, die linear denken, die also nie außerhalb der ausgetretenen Spuren denken, und ich glaube, die Lehrer wissen irgendwie nicht, wie sie damit umgehen sollen, denn sie sind nicht dafür ausgebildet worden, diese Denkweise zu begreifen.

Also, ich denke in multipler Form, an mehrere Aufgaben zugleich. Das funktioniert so ähnlich wie ein Rad: Es sind lauter Dinge, die man entweder einzeln nacheinander tun könnte oder alle auf einmal. Wenn man innerhalb des festgesetzten Zeitraums mit allem fertig wird, wäre das doch viel angenehmer, meinst du nicht auch?

Scotty: Es wäre viel einfacher, weil sich jeder ganz anders ausdrückt, zu verschiedenen Zeiten und auf verschiedene Weise. Zum Beispiel hat meine Schwester gerade an dieser erstaunlichen Schule angefangen. Statt den Kindern jeden Tag Hausaufgaben aufzugeben, kriegen die ihre Hausaufgaben am Anfang des Monats, und man kann selbst bestimmen, wann man sie machen will. Man muss sie nur rechtzeitig fertig haben.

Frage: Und wie klappt das?

Scotty: Sie findet das ganz toll! Dort geht es ihr viel besser. Was mich an meiner Schwester traurig macht ist, dass sie mit dem Lernen so schlechte Erfahrungen gemacht hat. Sie verbindet das Lernen mit ihrer Verwirrung und Wut, und deshalb will sie gar nichts mehr lernen. Es fällt ihr unheimlich schwer, überhaupt noch irgendwas lernen zu wollen.

Frage: Ja, es gibt da einen Punkt, an dem die Kinder total frustriert sind, und wenn sie dann vierzehn, fünfzehn oder sechzehn Jahre alt sind, haben sie echte Probleme. Das erlebe ich sehr oft. Ich nenne diese Kinder Übergangskinder. Sie sehen Dinge, und sie hören oder spüren Dinge, sie sind sehr sensibel, aber sie sind sich dessen nicht so bewusst wie einige der jüngeren Kinder. Dann fangen sie an, sich selbst als so negativ zu empfinden, dass sie in selbstzerstörerische Verhaltensmuster hineinschliddern, und dann bekommen sie oft große Probleme oder Schlimmeres. Sie werden tief in ihrem Herzen krank.

Einige Übergangskinder werden sogar richtig körperlich krank, und niemand kann herausfinden, was ihnen fehlt. Ich nenne das die »kosmische Krankheit«. Das macht mich so traurig, denn ihnen hat ja nur jemand gefehlt, der gesagt hätte: »Ich weiß, was du meinst, ich weiß, was du fühlst, es ist real, und es ist okay.« Und man hätte ihnen die Möglichkeit geben sollen, ihre Gefühle über ihr mangelndes Selbst-

bewusstsein auszudrücken. Aber die Menschen kapieren das nicht. Diese ganze Situation bekümmert mich sehr.

Ich habe mit einigen wirklich geschädigten Kindern gearbeitet. Sie sind sehr tief verletzt worden, von der Gesellschaft und sogar von ihrer eigenen Familie. Nicht absichtlich. Ihre Familien meinen es gut, aber sie haben weder die Wahrnehmung noch die Fähigkeiten, die sie bräuchten, um zu helfen. Diese Kinder passen einfach nicht in das Schema. Deine Schwester gehört nicht zu diesen Kindern, aber ich spüre, dass ihre Frustration so ähnlich ist.

Scotty: Ja.

Frage: Aber was hat sie für Begabungen?

Scotty: O mein Gott, sie kann modellieren. Es ist unglaublich. Sie hat Drachenbüsten und Köpfe gemacht, die total echt sind.

Rhianna: Besonderen Kindern darf man nicht dauernd sagen, dass sie seltsam sind. Wir brauchen mehr Orte, an denen wir andere Kinder treffen können, die auch so sind wie wir, und wo wir an Kursen teilnehmen können und gutes Essen bekommen und nette Leute kennenlernen.

Nathan: Kinder brauchen Freundlichkeit, Frieden und Liebe.

Jasin: Wir brauchen liebevolle Behandlung. Helft uns dabei, zu lernen, wie man in Liebe, Frieden und Harmonie lebt.

Joseph: Ich glaube, man sollte ihnen keine Angst vor dem einjagen, was sie haben. Mehr denke ich nicht darüber.

Scott: Kristall- und Indigokinder brauchen eine sehr positive Atmosphäre. Sie müssen von Leuten umgeben sein, die sie unterstützen und nicht sagen: »Ach, das ist ja gar nichts … Das bildest du dir nur ein … Du hast nur einen Schatten gesehen … oder: Du spinnst!«, denn manche Leute sagen das. Man muss von Leuten umgeben sein, die einen wirklich unterstützen, weil man anders ist, statt einen deshalb fertig zu machen. Das hilft wirklich.

Ahn: Meine Erfahrung war, dass meine Mutter mir wirklich zuhörte und mich respektierte, und das war sehr wichtig. Auch eine hilfreiche Einstellung wäre, wenn man uns erlauben würde, »aus dem Schema zu fallen«, und uns dazu ermutigen würde, unserer Fantasie freien Lauf zu lassen und schöpferisch zu sein. Kinder wie wir brauchen eine Schule, die unsere Sensibilität versteht und ihr einen Platz einräumt.

Ich würde gern eine Schule sehen, die ganz aus Kristallen gebaut ist und Steinböden hat; und keine Prüfungsaufgaben – nur Erfahrungen (wir nehmen die Dinge besser auf, wenn wir sie fühlen können). Keine Einimpfungen und andere auf Angst beruhende Denkweisen. In der Schulküche gäbe es nur Essen mit hoher Schwingung, und der Lehrplan würde sich auch an die Gedanken wenden. Einführung in Meditation, Klangheilung, Yoga, Wahrheitssuche in der eigenen Innenwelt und so weiter – das wäre so hilfreich.

Die BESTE Ausbildung ist das Reisen. Lernprogramme, die einen dazu anregen, in anderen Kulturen zu leben, sei es auch nur für kurze Zeit, wären toll für die Kinder, und auch für ihre Eltern. Wettstreit ist eine niedrige Schwingung, und ich habe das Gefühl, er sollte in unserem Schulsystem keine Rolle mehr spielen. Ich sehe die Schule für Kinder wie mich eher als eine Partnerschaft mit den Lehrern und wünsche mir ein familiäres Gefühl in der Schule. Die Weisheit, die jedes Kind besitzt, würde anerkannt und geschätzt.

(So weit Ahn. Die Ansichten von Scotty waren sehr spezifisch. Ihm ging es vor allem um die Art des Unterrichts, den er und die anderen Kinder erhalten würden.)

Frage: Also, was möchtest du den Schulen dieser Welt gern sagen, Scotty? Jetzt hast du die Möglichkeit dazu. Du könntest zum Beispiel sagen: »Ihr Schulen dieser Welt, lehrt uns alles, was wir brauchen … Wir sind anders als die Kinder vor uns, wir können mit eurer Unterrichtsmethode nichts anfangen, wir können euch weder spüren noch hören, und wir wissen mehr.« Was würdest du sagen?

Scotty: Ich würde sagen, bringt uns Dinge bei, die wir tatsächlich anwenden können. Wir lernen lauter Dinge, die wir nie benützen. Wir brauchen keine Gleichungen mit inversen Funktionen und keine Informationen über irgendwelche langweiligen alten Leute, wie wir sie immer lesen müssen. Viele der Dinge, die ihr uns sagt, brauchen wir gar nicht.

Bringt uns bei, wie man ein Scheckbuch benutzt und wie man in den Wald geht und dort eine Hütte baut. Bringt uns bei, wie man sich autonom am Leben erhalten kann. Bringt uns bei, wie man die Dinge, die wir lernen, praktisch anwendet. Denn sie bringen uns bei, wie man lernt, aber nicht wozu.

Frage: Also ein Unterricht, der mehr an der praktischen Anwendung orientiert ist?

Scotty: An der praktischen Anwendung! Ist das nicht der springende Punkt beim Lernen? Warum soll man etwas lernen, was man nie benutzt?

Frage: Klar. Es geht so oft nur um Auswendiglernen, und man muss den Lehrstoff herunterbeten und darf gar nicht nach dem Warum fragen. Wenn du also in einer Umgebung lernen könntest, die dir beibringt, wie man den Lehrstoff praktisch anwendet und was er eigentlich bedeutet und wozu er da ist, dann hättest du eine klare Vorstellung davon, und es wäre viel interessanter?

Scotty: Genau. Mir fällt nur eine einzige Sache ein, die ich jemals praktisch benutzt habe, seit ich in die Schule kam, und zwar haben sie uns in Chemie die spezifische Dichte von Hölzern beigebracht, und das finde ich so toll, denn ich finde immer so viele tolle Stöcke und Äste, und ich weiß nicht, wie ich sie identifizieren soll, weil sie so ausgelaugt sind von Wind und Wetter, dass sie gar keine spezifischen Merkmale mehr haben, durch die ich sie identifizieren könnte …

Frage: Du kannst sie also aufgrund ihrer Dichte identifizieren?

Scotty: Klar. Ich kann ein Stück abschneiden und dann alle medizinischen und magischen Eigenschaften des Holzes nachschlagen, und ich kann Proben von Hölzern nehmen, die ich bereits identifiziert habe, und ihre Dichte messen und dann die Dichte der unbekannten Probe messen und feststellen, welches Holz es ist. Also, das kann ich praktisch anwenden.

Das ist das Einzige, das ich aus meinem ganzen Chemieunterricht praktisch anwenden kann.

Frage: Das ist spannend, denn du kannst das in deiner gesamten Umwelt anwenden …

Scotty: Ja, und Pflanzen kann ich genauso identifizieren. Man nimmt ein bekanntes Exemplar und vergleicht seine Dichte mit einem unbekannten Exemplar, und voilà!

Frage: Wie empfindest du das Umfeld in der Schule?

Scotty: Meine Schule ist auf jeden Fall eine Ausnahme, denn wir haben ganz tolle Lehrer. Mein Englischlehrer letztes Jahr hatte ganz irre Prinzipien. Wenn wir etwa einen fünfzehn Seiten langen Aufsatz schreiben mussten, schrieb er auch einen, und wir haben den dann zusammen angeschaut. Er saß auch immer auf der gleichen Ebene wie wir. Und er saß nie an einem Pult. Er saß mit uns an einem runden Tisch, und wir durften nicht mal die Hand heben, denn dadurch hätte er einen höheren Rang gehabt, und das wäre falsch gewesen. Er hatte eine ganz erstaunliche Sichtweise, die man im Leben praktisch anwenden und an dem man sein Leben auch messen konnte. Er sagte immer: »Ja, das ist wirklich ein gutes Argument.«

Er hat mich richtig inspiriert. Und ich glaube, dass die einzige Aufgabe des Lehrers, die einzige Aufgabe aller Lehrer, darin besteht, zu inspirieren. Die Kinder dazu zu inspirieren, für das Fach zu lernen, denn wenn man sie inspiriert, dann wollen sie auch lernen. Und er hat uns auf jeden Fall inspiriert.

Frage: Das ist ein sehr wichtiger Punkt. Ich habe auch die Erfahrung gemacht, dass die Leute in der Schule uns dazu brachten, uns minderwertig zu fühlen, damit sie sich so verhalten konnten, als wüssten sie mehr. Aber dieses ganze Grundmuster hat sich verändert, weil die Kinder heute so viel mehr wissen.

Du hast mir vorhin gesagt, dass du dem, was die Lehrer tun, immer um Lichtjahre voraus bist. Möchtest du jetzt darüber reden?

Scotty: Ja, zum Beispiel als ich in der vierten Klasse war, da schrieb die Lehrerin in meiner damaligen Waldorfschule Hieroglyphen an die Tafel, und ich hatte das Gefühl, dass ich wüsste, was die bedeuten, und dann gab sie mir ein Alphabet, das ich in ungefähr einer halben Stunde auswendig lernte. Ich fing an, es zu schreiben, und es waren Hieroglyphen. Einfache Hieroglyphen – aber ich fing an, Dinge zu übersetzen, und es war Altägyptisch, und ich habe viel dabei richtig gemacht. Also solche Sachen meine ich, denn irgendwo tief in mir drin wusste ich diese Dinge bereits.

Frage: Du hast also Erinnerungen in deinem Inneren …

Scotty: Genau.

Frage: Und wie ist es mit dem physischen Umfeld, in dem du dich bewegst, mit der Schulumgebung im Allgemeinen – du weißt schon, die Farben, die Möbel. Möchtest du dazu irgendetwas vorschlagen, das jemandem, der so sensibel ist wie du, dabei helfen würde, sich wohler zu fühlen?

Scotty: Ja, unbedingt. Zum Beispiel ging ich in Santa Barbara in eine Schule mit dreitausend Kindern. Da gab es einen Pult, die Wände, weiße Kacheln, es war ein großes leeres Klassenzimmer mit langweiligen Plakaten und dergleichen an der Wand, und wenn man in den Raum reinkam, dann langweilte man sich bereits. Er fühlte sich leer und seelenlos an. Seelenlos. So etwas halte ich nicht aus. Meine jetzige Schule ist besser, wir haben bunte Wände. Wow. Jaaaa … *Das ist echt spannend.*

Frage: Für eine Institution ist das ein großer Schritt.

Scotty: In meiner jetzigen Schule haben wir sogar Teppiche, und in einem Zimmer gibt es auch Sofas. Im Klassenzimmer meines Englischlehrers gibt es runde Tische und tolle Plakate an der Wand, und Posters von Bands …

Frage: Euer Lehrer hat also damit ein vertrautes Umfeld für euch geschaffen.

Scotty: Einen Raum, der tatsächlich ein bisschen Seele besitzt. Das ist nicht nur so ein leeres weißes Zimmer, in dem man sich vorkommt wie im Irrenhaus.

Frage: Und in dem man dazu verdonnert ist, seine Zeit abzusitzen.

Scotty: Genau, Zeit absitzen. Viele Schulen fühlen sich wirklich so an. Und alle Schüler rechnen sich aus, wie lange sie noch in die Schule gehen müssen.

Frage: Als würde man andauernd die Uhr beobachten, die genau über dem Kopf des Lehrers hängt.

Scotty: Genau so ist es. Wir müssen nur noch drei Jahre bleiben, nur noch zwei Tage, bis die Schule aus ist …

Frage: Weil es so hart ist, dort zu sein.

Scotty: Genau.

Frage: Ich weiß, dass das seit Generationen so gewesen ist. Jedes Schulkind hat dieses Gefühl gehabt, und manche können damit leben, und das ist gut so. Aber insgesamt können die Schüler es kaum abwarten, bis sie endlich draußen sind.

Meiner Meinung nach geht es darum, ein Umfeld zu schaffen, das für die Kinder förderlich ist, nicht nur für ihre Menschlichkeit, sondern auch für die Sensibilitäten, die bei Kindern wie dir eine Rolle spielen, und alles teilt einem etwas mit, die Farben und Formen, die Art, wie die Möbel arrangiert sind und wie das ganze Zimmer gestaltet ist. Du weißt ja, es ist so wichtig, dass das Umfeld sauber ist. Weniger Chaos. Man muss das optische Chaos loswerden und Dinge hineinbringen, die etwas bedeuten, und man muss das Ganze durch lebende Dinge abmildern, durch Pflanzen.

Scotty: Ja, das mag ich total gern. Wenn man sich langweilt, kann man sich die ganze Zeit mit den Pflanzen unterhalten.

Frage: Antworten sie dir auch?

Scotty: O ja, sie antworten auf jeden Fall.

Frage: Worüber sprechen sie denn?

Scotty: Über alles, einfach alles, sie wissen eine Menge über Dimensionen. Man kann sie nach ihrem Namen fragen und nach der Beschaffenheit der Erde, in der sie wachsen, und danach, was sie gern mögen.

Frage: Hast du je mit einem dieser Bäume gesprochen, die schon seit Jahrhunderten da sind?

Scotty: Das ist eine tolle Erfahrung. Sie können dir erzählen, was sie alles gesehen haben, seit sie kleine, winzige Schößlinge waren. Das macht unheimlich viel Spaß, es ist ein bisschen so, wie in dieser Redewendung: Wenn die Wände reden könnten!

Frage: Worüber tauscht ihr euch in solchen Situationen denn aus?

Scotty: Das kommt darauf an. Manchmal sind die Bäume total rätselhaft, und manchmal ist es ganz einfach. Es ist so ähnlich wie in einer Gehörlosengruppe. Ich hatte mal einen tauben Lehrer und nahm Unterricht in Zeichensprache, und bald habe ich sie fließend beherrscht. Mir gefällt, wie einfach die ist, als würde man sagen: »Du siehst heute aber dick aus, bist du schwanger?« Ich mag diese Einfachheit, denn normalerweise sagen die Leute: »O nein! Sag ihr bloß nicht, dass sie was zwischen den Zähnen hat«, und dann wird alles kompliziert, und wir reden bloß noch um den heißen Brei herum.

Frage: Da hast du vollkommen Recht, denn wenn wir mit Pflanzen und Bäumen sprechen, kommunizieren sie ganz direkt und ohne irgendwelche Umschweife. Ich glaube nur, den Menschen ist nicht klar, dass diese Dinge wirklich mit uns kommunizieren können.

(Auch Gabriel und Lindsay brachten ihre Auffassungen klar auf den Punkt.)

Gabriel: Die Kinder müssen wissen, was in dieser Welt los ist. Sie brauchen gute Nahrung für ihr Herz, ihr Gehirn und ihren Körper, damit sie zur Lösung beitragen können.

Lindsay: Akzeptiere sie. Vergiss das übliche Schema. Es ist egal, ob deine Kinder gern Fußball spielen oder sich lieber mit Außerirdischen befassen. Es ist egal, wofür sie sich in ihrem Leben entscheiden – so lange sie damit niemandem wehtun, unterstütze sie darin.

Ich beobachte oft, dass Eltern ihre Kinder in eine bestimmte Richtung drängen wollen (meistens in die falsche Richtung), einfach weil sie glauben, dass ihr Kind an diesem speziellen Ort sein sollte. Tiefes Zuhören hilft, aber du musst auch daran arbeiten, das zu verstehen, was du hörst, und dann danach handeln. Du kannst dein angelerntes Wissen mit deinen Kindern teilen und hoffen, dass sie gute Entscheidungen treffen. Wenn du sie unterstützt und liebst, besteht eine gute Chance, dass sie das auch tun werden.

Akzeptieren und lieben, das sind die Schlüssel zur Zukunft der neuen Generation.

Kapitel 14

Wenn jeder begreifen würde,
dass er wirklich die Welt erschafft,
in der er lebt,
dann würde sich alles ändern.

Christina

Wenn die Dunkelheit anklopft

von Jude DeCoff

Da sitzt du allein in deinem Büro
und fragst dich verzweifelt: Wo nur, wo,
sind die Führer, Propheten, Könige, Weisen?
Du hast all deine Leben, die dich unterweisen,
wenn der Zeitpunkt da ist, wirst du es wissen.
Du siehst dein Schicksal in den Sternen umrissen,
die Botschaft, die Vision, das Licht im Inneren
zeigen dir den leuchtenden Weg deiner Bestimmung.
Auf einmal wirst du deinen Weg deutlich sehen
und ihn wie eine Biene zum Honig unbeirrt gehen.
Deine Flügel sind spinnwebdünn, doch sie tragen dich heim
mit deiner Last aus Liebe und der Weisheit süßem Seim.
Die Astralebene ist überraschend und unbekannt,
Nixen, Feen, aufsteigende Energie, extra zu dir gesandt.
Du spähst durch den Schleier und das Trauma deiner
   eigenen Mauern
und befreist deine Seele im karmischen Kampf:
   Du wirst überdauern.
Wie ein Schaukelstuhl seine Kufen an den Boden schmiegt,
birgst du dich im Schoß der Mutter, die das Leben gibt.
Sie liebt dich, umarmt dich, sie küsst und liebkost dich.
Sie verurteilt dich nie, ihre Liebe ist ewig.
Hass und Schmerz führen niemals weiter,
nur wer sich selbst liebt, erklimmt die Leiter!

Richtungswechsel für die Menschheit

Beinahe in allen Ländern der Erde macht man sich Sorgen über die Richtung, die die Menschheit eingeschlagen hat. Manche denken, dass wir auf dem Weg der Selbstzerstörung sind und unseren Planeten, das Lebensblut der menschlichen Existenz, kaputt machen, indem wir die natürlichen Ressourcen verschwenden, die Luft, das Wasser und das Land vergiften und den Planeten, auf dem wir leben, grundsätzlich nicht genügend wertschätzen.

Die heutige Menschheit leidet in vieler Hinsicht Mangel. Wir haben keine Ziele mehr, wir sind selbstzufrieden und wagen es nicht, zu handeln, es sei denn, wir werden unmittelbar mit einer katastrophalen Herausforderung konfrontiert. Statt selbst aktiv zu werden, berufen die meisten Menschen sich darauf, dass »die« sich darum kümmern müssen. Das Problem dabei ist allerdings, dass es »die« in dieser Welt gar nicht gibt, denn es gibt nur »uns«.

Wir verbrauchen bedenkenlos die Ressourcen unseres Planeten. Manche Menschen verdienen daran ein Vermögen, während andere ein Vermögen dafür bezahlen, sie nutzen zu dürfen. Insgesamt gesehen ist die ganze Situation aus dem Ruder gelaufen.

Zum Beispiel schmelzen im Augenblick die Eiskappen in der Nähe des Nordpols. Dieses Gletscherschmelzen könnte und wird letzten Endes ein globales Hochwasser von biblischen Ausmaßen nach sich ziehen. Es ist mehr als wahrscheinlich, dass viele Menschen ihr Zuhause verlieren und ums Leben kommen werden. Statt alles in ihrer Macht Stehende zu tun, um dieses Problem zu lösen, können die Regierungen gar nicht schnell genug die neuen Erdgas- und Ölvorkommen in den bisher für uns unerreichbaren Gebieten an sich reißen und erschließen.

Angesichts der Gefahren der globalen Erwärmung, der Klimaverschiebungen und Veränderungen auf der ganzen Erde, der Dürrezeiten, der Hungersnöte und der unzureichenden medizinischen Versorgung sollten wir uns vielleicht endlich den Spiegel vorhalten und gründlich hineinsehen.

Kinder haben anscheinend immer wundervoll unschuldige Ansichten, die mehr als nur ein Körnchen Wahrheit enthalten. Ist unseren Kindern bewusst, was in unserer Welt geschieht?

☆ ☆ ☆

Ich wollte herausfinden, wie sie all diese Dinge empfinden, und deshalb stellte ich ihnen eine einfache Frage:

Was müssen wir als Menschheit tun, um unsere gegenwärtige Zielrichtung zu verändern?

Und sie gaben wundervolle Antworten!

Nicholas: Weil wir uns jetzt vereinigen und auf die Kristallkinder und auf uns selbst achten, hört die Erde auch zu und hat uns sehr lieb. Und wenn wir uns weiterhin auf diese Weise miteinander austauschen, freut sich unser Planet, und *eine Menge Schaden kann noch behoben werden*. Und zwar kann das durch höher schwingende Energien geschehen, zum Beispiel durch Massengebete und Liebesmeditationen für unseren Planeten Erde.

(Grandma Chandra bezieht sich auf die Polarisierung zwischen den Menschen und die energetische Harmonie auf einer universellen Ebene … Die Spiralen, von denen sie spricht, sind Energiepolarisationen, hohe und niedrige Frequenzen, Licht und Dunkelheit …)

Grandma Chandra: Viele Menschen haben bereits ihre Zielrichtung geändert. Es gibt etwa vier Milliarden, die sich dafür entschieden haben, an der neuen Energieverschiebung der Zahl 777 teilzunehmen. Dabei geht es um zwei Energiespiralen: Eine ist mit der dritten Dimension verbunden, auf der wir mehr Verbrechen, Kriege, Folter und so weiter sehen, und dann gibt es die neue spirituelle Spirale, der sich viele Menschen angeschlossen haben. Beide Spiralen finden ihren jeweiligen Abschluss.

Jude: Die einzige Möglichkeit, die Richtung zu verändern, in die sich die Menschheit momentan bewegt, besteht darin, unser

Gewahrsein und unsere persönliche Selbstfindung mit einer Liebesschwingung zu erfüllen, die an die Stelle der Religion tritt. Die wichtigste Religion der Erde ist Spiritualität.

Es gibt letzten Endes keine Religion, die anderes zum Schwerpunkt hat als die Gier nach Geld und Expansion. Die heiligen Kriege müssen aufhören. Im Namen Gottes dürfte es nur Liebe geben. Die Situation wird sich erst ändern, wenn Erleuchtung und die Lehren aus alter, neuerer und moderner Zeit zusammenkommen, und wenn sich die Menschen zu einer einzigen Erdenrasse verbinden.

Wir müssen aufhören, unsere Ängste auszuleben, und stattdessen unsere Visionen des Lichts und der Liebe ausleben. Wenn alles besser werden soll, müssen im Laufe der nächsten Jahre immer mehr Veränderungen auf immer mehr Ebenen stattfinden.

Wir müssen auch die überschüssigen Energien der Erde und des Universums nutzen, und wir brauchen eine neue Einstellung gegenüber unseren Mitmenschen. Wenn uns das nicht gelingt, werden diese Energien die Erde in Form von Ängsten und Naturkatastrophen bombardieren.

Die Menschen, die glauben, dass sie Gott und sich selbst kennen, und dann Kriege und Selbstmordattentate mit dem Namen Gottes verknüpfen, kennen Gott überhaupt nicht. Sie kennen sich selbst nicht, und weil ihre Suche nicht tief genug geht, können sie weder sich selbst noch Gott finden. Sie machen es sich leicht und folgen anderen, genau wie eine Viehherde einer Glocke folgt. Sie wählen nicht den Pfad der größeren Herausforderung, auf dem sie sich selbst finden und ihr Glaubenssystem in ihrer Gesellschaft praktisch anwenden müssen – und das ist besonders dann schwierig, wenn das eigene Glaubenssystem nicht dem der Mehrheit ringsum entspricht.

In Wahrheit können wir Gott nur durch Ausdauer und innere Hingabe finden, indem wir uns selbst und unsere Lebensaufgabe finden. Erst dann wird sich die Welt zum Besseren verändern. Wenn es soziale Veränderungen geben soll, brauchen wir zunächst ein riesiges, weltweites Erwachen der Massen, die sich ihrer eigenen Kraft bewusst werden müssen.

Frage: Wie können wir das erreichen?

Jude: Jeder von uns muss sich darüber bewusst werden, dass wir durch unsere Gedankenabläufe unsere eigene Wirklichkeit erschaffen. Sobald wir die Wirklichkeit unseres innerlichen Schöpfungsprozesses begreifen, können wir unsere Wirklichkeit verbessern. Wir werden feststellen, dass wir uns in einem mitschöpferischen Prozess namens Leben befinden und Hand in Hand mit unserem Schöpfer namens Gott arbeiten.

Wir müssen zunächst in unserer persönlichen Wirklichkeit Einssein und Verantwortung erreichen, bevor sich nennenswerte Veränderungen manifestieren können. Wenn wir uns nicht ändern, wird vieles von dem geschehen, was ich vorausgesehen habe – Naturkatastrophen, große Religionskriege, Aufstände der unteren Schichten, also der Leute mit geringem Einkommen – und viele Leute werden im Namen irgendeiner angeblich guten Sache ums Leben kommen, die weder mit der Erde noch mit Gott das Geringste zu tun hat.

Es ist nicht leicht, Realität zu manifestieren und zu verändern. Um diesen Vorgang zu lernen, sind viele Schritte nötig, aber dies ist der wahre Lebensweg des Mitschöpfens, gemeinsam mit dem eigentlichen Schöpfer selbst.

Frage: Weston, was können wir tun, um die Richtung zu verändern, in die sich die Menschheit entwickelt?

Weston: Die Menschen haben ihren Humor verloren. Ich lache zum Beispiel sehr viel. Ich tauche unheimlich gern plötzlich in den Köpfen der Leute auf und bringe sie zum Lachen. Die ganze Welt ist viel zu ernst. Die Menschen sind so tief darin verstrickt, wer Recht hat und wer nicht und wessen Gott der einzig wahre Gott ist, dass sie völlig vergessen haben, dass es nur Eins gibt und dass das in uns allen ist.

Wenn man die Welt von oben betrachtet, dann sieht man, dass es überhaupt keine Grenzen gibt, und doch wurden alle Kriege in der Geschichte der Menschheit um irgendwelche fiktiven Grenzen geführt. Das liegt daran, dass die Menschen offenbar ihre Unterschiedlichkeit einfach nicht anerkennen können.

Verschiedene Hautfarben, verschiedene Kulturen, verschiedene Glaubenssysteme – verschieden, verschieden, verschieden. In Wirklichkeit sieht man, wenn man hinter diese Verschiedenheiten blickt, einfach nur Menschen, Menschen mit Bedürfnissen, Menschen mit Gefühlen … Menschen. Keine Feinde, nichts Böses, sondern Spiegelungen Gottes.

Es gibt Menschen, die haben Hunger und nichts als den nackten Boden zum Schlafen, und nicht einmal der gehört ihnen. Sie und ihre Kinder verhungern oder sterben an Krankheiten, die man ganz leicht heilen könnte, während andere Menschen Besitz anhäufen und gar nicht an andere denken. Niemand sollte jemals auf die Erfüllung seiner Grundbedürfnisse verzichten müssen. *Niemand.*

Wenn die menschlichen Grundbedürfnisse für jeden erfüllt würden und wenn die Völker eine Koalition bilden würden, um die Güter gerecht zu verteilen, und wenn alle Menschen auf der Welt gleich behandelt würden, dann wäre das ein guter Anfang für einen grundsätzlichen Richtungswechsel. Ich meine damit, wir müssen uns in Richtung auf eine weltweite Situation hin entwickeln, statt in der Illusion zu leben, dass es überall Grenzen gibt. Veränderungen spielen sich nur im Inneren ab.

Es sollte als positiv und akzeptabel gelten, dass die Menschen verschiedene Kulturen haben. Es ist nicht richtig, Krieg wegen der verschiedenen Glaubenssysteme zu führen.

Die Menschen sitzen selbstzufrieden herum und bilden sich ein, dass »die« schon alles hinkriegen werden. »Die« sind aber wir alle, und trotzdem handelt die Mehrzahl der Menschen nicht. Sie kümmern sich nur um ihr behagliches Leben und sonst um überhaupt nichts.

Wir müssen uns mehr mit der Erde befassen und besser für sie sorgen. Dem Planeten werden Gifte zugeführt, in Form von toxischen Chemikalien und Drogen, die in der ganzen Nahrungskette die Verhältnisse ändern. Dadurch ändert sich auch die Wirkung, die die Nahrung auf unseren Körper hat. Und dadurch ändert sich, welche Nahrungsmittel harmlos sind und welche nicht. Auch die Tiere sind davon betroffen. Viele Tiere sterben aus. Es gibt Tierarten, die nie wieder auf der Erde auftauchen werden, und das ist traurig.

Das Gleiche kann der Menschheit passieren, wenn nicht endlich alle anfangen, verantwortlich zu handeln.

Die Wahrheit ist, dass die vorigen Generationen uns keine besonders gesunde Umwelt hinterlassen haben, in der wir aufwachsen können, und unsere Familien und die Angehörigen der jetzigen Generation haben alles nur noch schlimmer gemacht.

Die Ressourcen unseres Planeten werden aufgebraucht, und niemand stellt neue her. Wir haben nur den einen Planeten, aber wir sorgen nicht für ihn. Die Menschen zerstören das Gleichgewicht unseres Ökosystems, bis ein Punkt erreicht ist, an dem der Schaden nicht mehr rückgängig gemacht werden kann. Wir müssen das, was wir nehmen, wieder zurückgeben.

Aufgrund all dieser Veränderungen liegt der Planet Erde im Sterben. Wenn die Erde stirbt, sterben wir alle mit ihr, und es wird unsere Schuld sein, weil wir nicht rechtzeitig gehandelt haben. Wir haben uns nicht darum gekümmert, und wir haben die Augen vor dem verschlossen, was direkt vor unserer Nase lag.

Wenn die Menschheit ihre Richtung ändern soll, dann müssen alle Menschen ihre Augen öffnen und sehen, was wirklich passiert, und entsprechend handeln. Es wäre möglich, und wir hätten auch noch Zeit dazu, aber nicht mehr viel.

Tristan: Ich glaube, es ist sehr wichtig für uns, dass wir wissen, was wir in unserem tiefsten Inneren fühlen. Wenn es uns schlecht geht, dann sollten wir mit jemandem darüber reden, statt unsere Wut an anderen auszulassen. Dann können wir die Liebe fühlen, die im Inneren ist.

Peter: Mehr Liebe, weniger Hass, weniger Kampf, mehr Umarmungen.

Christina: Wenn jeder begreifen würde, dass er wirklich die Welt erschafft, in der er lebt, dann würde sich alles ändern. Wenn jemand sagt: »Die Welt ist ein schrecklicher Ort«, dann wird er dadurch genau das erschaffen, und zwar für sich und für die Welt. Aber wenn man das Ganze umkehrt und sagt: »Die Welt ist wunderschön und aufregend«, dann erschafft man das ebenfalls.

Nathan: Unsere Welt braucht mehr Frieden und Liebe.

Jasin: Die Antwort auf alles ist Liebe. Lebe deinen Traum. Liebe dein Leben. Liebe. Liebe. Liebe. Liebe. Hör niemals damit auf.

Joseph: Jeder einzelne Kopf, jedermanns Denken muss sich ändern, jeder muss allen anderen Menschen vorbehaltlose Liebe und Hilfe geben. Ich weiß nicht, was dazu nötig wäre oder was passieren wird. Ich glaube, es geht um das Denken jedes einzelnen Menschen … Jeder individuelle Verstand kann innerhalb einer Gruppe daran arbeiten, allen anderen vorbehaltlose Liebe zu schicken. Ich glaube, das haben wir noch nie versucht. Ich glaube nicht, dass wir das schon mal gemacht haben. Vielleicht ist es das.

Scott: Manche Leute glauben, dass etwas verändert werden könnte. Ich glaube es jedenfalls. So, wie wir im Moment sind, das könnte verändert werden. Aber wodurch das verändert werden könnte … Ich habe keinen Schimmer.

Ahn: Freie, bewusste Wahl, Absicht, bewusste Konzentration und vorbehaltlose Liebe – das sind die Dinge, die die Menschheit braucht, um ihre gegenwärtige Richtung zu ändern.

Frage: Wie könnte sich deiner Meinung nach die Welt verändern und besser werden?

Scotty: Das habe ich noch nicht herausbekommen.

Frage: Okay. Aber als Visionär, denn du bist ja ein Visionär – was würdest du sagen: Was brauchen wir, um unsere Welt zu verändern?

Scotty: Ich glaube, wir müssen die andere Seite des Lebens anerkennen. Man sollte nicht so entfremdet von sich selbst sein, und man sollte nicht glauben, dass alles materialistisch ist.

Der amerikanische Traum zielt darauf ab, eine blonde Frau und einen BMW zu haben, aber das Leben hat zweifellos sehr viel mehr zu bieten.

Frage: Es geht also darum, enger mit sich selbst in Kontakt zu sein und Erfüllung eher in sich selbst zu finden als in den äußeren Dingen?

Scotty: Ja, genau. Erkenne dich selbst, und du erkennst das Universum. Das ist echt großartig, denn wenn du dich selbst kennst, kannst du alles abwehren, was auf dich zukommt. Dann kann dich ruhig jeder aufziehen oder verspotten, und es macht eigentlich nichts, weil du weißt, wer du bist. Es ist, als würde Wasser über einen Felsen fließen. Wenn du dich selbst kennst, kannst du ein richtig starker Felsen sein.

Frage: Wer bist du, Scotty?

Scotty: Ich bin auf jeden Fall ein starker Felsen.

Frage: Du glaubst also, wenn wir das erkennen, was in unserem Inneren ist, dann würde das zu einer ganz anderen Welt führen?

Scotty: Ja. Ich bemühe mich wirklich, mich selbst kennenzulernen, damit ich auch in Zukunft etwas leisten kann und nicht gleich zusammenbreche. Wenn man sich selbst kennt, ist das wie mit den kleinen Kieseln: Die schlagen ganz kleine Wellen, die sich dann aber über den ganzen See ausbreiten. Man muss immer wieder seine kleinen Kiesel werfen, bis man eines Tages einen großen Felsen wirft, und dann verändert sich der ganze See.

Frage: In Wahrheit wissen wir gar nicht, wie stark wir mit den kleinen Dingen, die wir tun, andere Menschen und die Welt beeinflussen.

Scotty: Genau.

Frage: Jeder Moment unseres Lebens zählt; ich glaube, das willst du sagen. Wenn man positiv und aktiv handelt, kann sich alles ändern.

Scotty: Genau, und wenn alle zugleich am Seeufer stehen und ihre Kiesel hineinwerfen, dann kann sich der See total verändern. So wie all die Leute, die die Welt verändert haben. Ghandi hat angefangen, indem er kleine Papierchen verbrannte, und er hat ein ganzes Land verändert. Er hat die ganze Welt verändert.

Frage: Lindsay, was braucht die Menschheit, um die Veränderungen zu bewirken, die einen Richtungswechsel ermöglichen?

Lindsay: Zeit.

Kapitel 15

Schwarz, weiß oder pink, schwul oder hetero,
männlich oder weiblich,
Putzhilfe bei MacDonalds oder Anwalt
der oberen Zehntausend,
es ist völlig egal.
Nur die Liebe ist nicht egal.
Wenn wir nämlich nicht lernen können zu lieben,
dann hat alles andere keinen Sinn!

Lindsay

Finde deinen Geist.
Frage dich, was wichtig ist.
Wirklich wichtig.
Lebe danach.

Weston

Inspiration für Zeiten, in denen nichts klappt

von Jude DeCoff

Wenn deine Pläne am Leben gescheitert sind,
vergiss nicht: Gott hält deine Hand, du bist sein Kind.
Wenn alles um dich finster ist, trüb, grau und ohne Saft,
dann bitte deine Seele von Herzen um Durchhaltekraft.
Auf deinem Weg wirst du Lektionen lernen müssen
und Glauben haben, vertrauen, beten und wissen:
Er hört dich immer, wenn du das Göttliche anrufst,
wenn du seinen Namen aussprichst und dich auf ihn berufst.
Er ist in deinem Inneren, in deiner Seele, also sei getrost:
Entspann dich, atme tief durch und lass alles los!

Botschaften für unsere Welt

Haben Sie sich jemals gewünscht, Sie könnten der Welt Ihre Gedanken und Gefühle mitteilen und all die Ideen, die Ihrer Meinung nach vor Ihnen noch niemand gehabt hat? Sehnen Sie sich manchmal danach, auf breiter Ebene gehört zu werden? Mir selbst ist es schon unzählige Male so gegangen.

Die meisten Kinder sind überhaupt nicht daran interessiert, Dinge in die Welt hinauszuschreien. Sie spielen gern und machen sich nicht allzu viele Sorgen, es sei denn, es geht um ihr Taschengeld oder um die Frage, ob Billy heute bei ihnen übernachten darf. Die Kinder von heute dagegen machen sich große, ernste Sorgen um unsere Welt. Tatsächlich erzählen sie uns oft, was sie denken und fühlen, doch wir hören ihnen nicht zu. Ich wollte aber so gern hören, was die Kinder von heute zu sagen haben.

Nachdem ich inzwischen mit so vielen besonderen Kindern gesprochen hatte, fragte ich mich: Was würden unsere Kinder sagen, wenn man sie nach ihrer Meinung fragen würde? Wie empfinden sie, was mit der Menschheit, unserem Planeten und unserer Zukunft geschieht? Was haben sie beobachtet, was müssen wir verändern? Was können unsere Kinder, die sich sehr schnell zu Lichtwesen entwickeln, zu unserem Bewusstseinsstand beisteuern, und wie können sie unser Gewahrsein erhöhen, damit wir den Zustand erkennen können, in dem sich unsere Welt und die Menschheit befinden – obwohl es so viele Menschen gibt, die überhaupt nicht mitbekommen, was mit uns geschieht?

Was hätten unsere Kinder uns zu sagen, wenn wir ihnen Gelegenheit dazu geben würden? Das wollen wir jetzt herausfinden.

☆ ☆ ☆

Manche Kinder haben über die Grundfrage hinaus noch so manches beigesteuert, und ich habe einige ihrer Ideen mit aufgenommen. Werden wir sie auf der Seelenebene hören, oder werden wir nur kommentieren, wie tief ihre Gedanken sind und wie niedlich sie sind, und einfach so weitermachen, als wäre nichts gewesen? Ich überlasse Ihnen die Entscheidung. Aber ich möchte Sie darum bitten, Ihr Herz beim Lesen weit zu öffnen.

Das ist die Grundfrage, die ich ihnen stellte:

Was ist die wichtigste Botschaft, die du den Menschen auf unserer Welt überbringen möchtest?

Nicholas: Meine wichtigste Botschaft an die Menschen ist ganz einfach: Ihr müsst lernen, auf euer Herz zu hören. Das klingt zwar ganz leicht, aber es fällt uns sehr schwer.

Meine Erfahrung hat mich gelehrt, dass ich nie daneben liege, wenn ich auf mein Herz höre. In unserem Herzen wohnen alle Gefühle, manche sind demütig und manche nicht. Unsere unendliche Seele wohnt in unserem Herzen. Alle unsere Erfahrungen, die wir im Laufe der Zeiten gesammelt haben, bezeugen das.

Wenn unser Herzzentrum erwacht, dann lernen wir, mit tiefer Liebe zu leben. Da gibt es ein Gefühl im Inneren, das immer mehr anschwillt, bis es uns so vorkommt, als würden wir vor Freude überfließen. Daran merken wir, ob wir in unserem Herzzentrum sind. Wir sind dazu aufgefordert, sämtliche Gefühle des ganzen Spektrums zu erleben, damit wir häufiger in unser Herzzentrum gehen können.

Frage: Warum gibt es Armut und Leid auf der Welt?

Nicholas: Ich glaube, es gibt Armut und Leid, weil die Menschheit einen groben Fehler macht. Und dieser grobe Fehler besteht darin, immer in den Begriffen des *Mangels* zu denken. Ein gewisser Prozentsatz der Bevölkerung häuft immer größeren Reichtum an, weil ihre Gedanken auf Furcht beruhen, und deshalb konsumieren sie auch immer mehr.

Das Ergebnis ist das, was wir »Armut« nennen. Diese Armut entsteht nicht so sehr aus Armutsdenken heraus, sondern vor allem aufgrund von Habgier. Wenn man die Habgier durch vorbehaltlose Liebe ersetzt, wird der *Mangel* ganz sicher verschwinden.

Jude: In absehbarer Zeit wird die Welt eine gewaltige Umwälzung erleben. Nach dem, was ich gesehen habe, kommen viele Naturkatastrophen und Zerstörungen auf uns zu, aber es werden auch überall auf der neuen Welt Menschen überleben. Wir müssen eine Menge tun, um uns auf dieses Ereignis vorzubereiten. In den Massenmedien tauchen jetzt ständig Sendungen und Berichte auf, die sich mit der globalen Erwärmung und Hochwasser und gewaltigen Zerstörungen befassen.

Bitte lasst euch von den negativen Aspekten und Gedanken, die diese Dinge in der menschlichen Seele auslösen, nicht herunterziehen. Wir müssen die überschüssige Energie nehmen, mit der dieser Planet bombardiert wird, und sie dazu benutzen, die Erde zu heilen! Wir müssen positive Gedanken haben, über Natur und Liebe! Wir müssen einander hegen und pflegen, und wir müssen heilende und liebende Energie an diejenigen Orte auf unserem Planeten schicken, die zur Zeit besonders negativ sind.

Schon, wenn man nur daran denkt, dass sich positive Dinge an Orten ereignen, an denen man noch nie war, schickt man bereits eine positive Ereigniskette ins Universum, die unser Schöpfer dann ans Licht bringen kann, gemeinsam mit unseren persönlichen Manifestationsenergien.

Wir sind ein Teil des Schöpfers. Wir haben die Fähigkeit, mit Hilfe unserer Alltagsgedanken und unserer alltäglichen Handlungen die Erde zu retten, und zwar, indem wir an negative Ereignisse denken und diese dann ins Universum entlassen, um sie zu recyceln und in positive Ereignisse zu verwandeln.

Bitte verbeißt euch nicht in die Negativität, sondern lasst das Licht und die positiven Energien der Quelle, des Schöpfers, Gottes, des Göttlichen ein. Leuchtet und fließt, an jedem einzelnen Tag. Seid freundlich, gütig, voller Mitgefühl und beendet das banale Leben des ständigen Totschweigens, das bisher immer unseren Alltag geprägt hat. Seid interaktiv mit eurer persönlichen Realität, werdet Mitschöpfer Gottes, erschafft die Welt, die ihr euren Urenkeln wünscht.

Lebt durch und mit LIEBE.

Weston: Die Menschheit muss zur Liebe zurückkehren. Die Welt ist voller Dramen, voller Angst, Wut und Konflikt. Zum Guten der ganzen Menschheit ist eine Veränderung notwendig. Doch die Menschen widersetzen sich der Veränderung, weil sie keine Erinnerungen haben, die über ihr gegenwärtiges Leben hinausgehen, und sie sind vollgestopft mit Informationen und kriegen so viel Input, dass sie quasi alles, was sie tun, einfach nur rechtfertigen.

Die Menschheit muss über die Illusion hinaussehen und sich erinnern, dass die Lebenskraft gar nicht das ist, was sie zu sein scheint. Die Leute müssen ihre Angst loslassen, denn die Wahrheit ist viel einfacher. Angst wirft uns zurück in den Widerstand gegen Veränderungen. Das Unbekannte liegt nun mal jenseits des Bekannten, und die Angst vor dem Unbekannten ist völlig irrational.

Die Länder der Erde zeigen uns das innere Dasein der Menschheit in allen Farben der Freude und des ungehinderten Geistes und der Verzweiflung eines besiegten Herzens. Das Leben fließt, genau wie ein Fluss fließt. Und dann gibt es Stillstand, so wie bei Felsen oder auf einem Berg.

Viele Menschen bewegen sich in ihrem Leben überhaupt nicht. Bewegungsmangel im Leben ist Traurigkeit. Man muss sich dem Leben in die Arme werfen und es mit allen anderen Lebensformen teilen. Man soll die Farben des Lebens nicht durch irgendwelche Wahrnehmungen verwässern, sondern sie in ihrer Schwingung unterstützen, indem man seinen Geist in Hochstimmung versetzt.

Vergleicht euch mit den Tieren: Manche sind Aasfresser, aber sie bleiben sich selbst treu. Sie haben keine Angst, nur den Willen zum Überleben. Sie sind ihrem Wesen nach frei und in ihrer Existenz vollkommen unschuldig.

Diejenigen Tiere, die man ihrer wahren Natur beraubt hat, erinnern sich nicht mehr an ihre Wildheit, außer in ihren Träumen. Sie haben vor vielen Dingen Angst, weil es ihnen an Erfahrung fehlt. Die Menschen sind genauso. Sie wollen verwöhnt werden, und dann machen sie es sich an ihrem sicheren

Zufluchtsort total bequem, und sie haben und besitzen viele Dinge, aber sie wissen überhaupt nichts über das eigentliche Leben. Sie haben ihre Wildheit und ihre Unschuld vergessen.

Unschuld findet man im Licht der Liebe und der Barmherzigkeit. Die Menschen verstricken sich in ihr Innenleben, und es ist ihnen peinlich, Barmherzigkeit zu zeigen, so wie es ihnen peinlich ist, die Barmherzigkeit anderer zu erfahren. Aber in Wahrheit reagieren andere genauso, und ihre Liebe, ihre Barmherzigkeit, könnte viel heller strahlen.

Der Schlüssel liegt darin, immer dran zu bleiben. Sich immer bewusst zu sein, was man fühlt und was man in Wirklichkeit erlebt, im Gegensatz zur Illusion. Die meisten Menschen sind so tief in der Illusion verstrickt, dass sie sich nicht mal an ihr wahres Selbst erinnern. Hört nicht mehr auf andere. Lauscht nach innen. Dort sind die Antworten. Das Dasein als Mensch ist zeitlich begrenzt, und die ganzen kleinen Alltagssorgen spielen im Vergleich zum Gesamtbild überhaupt keine Rolle. Der Geist ist ewig. Und nur darauf kommt es an. Finde deinen Geist. Frage dich, was wichtig ist. Wirklich wichtig. Lebe danach.

In diesem Leben auf der Erde gibt es eine Menge Hoffnung, aber wenig Glauben. Glaube und Hoffnung sind zwei völlig verschiedene Gefühls- und Denkenergien. Hoffnung impliziert Scheitern. Glaube erwartet den Erfolg. Und darüber hinaus ist es der Glaube, der Leben erzeugt, wenn kaum noch Hoffnung auf Leben besteht.

Die Menschen schränken sich zu stark ein; vor allem haben sie das Bedürfnis, sich als etwas Besonderes zu empfinden und zu meinen, sie seien ganz allein auf der Reise und irgendwie wichtiger als andere. In Wahrheit ist jeder vollkommen.

Im Einssein liegt Freude, und auch das Wissen, dass man heil ist, bedeutet Freude. Nichts kann allein existieren und niemand ohne die anderen.

Tristan: Ich würde den Leuten gern sagen, dass sie die Liebe in ihrem Inneren finden müssen und dass sie sie mit jedem Menschen und jedem Lebewesen teilen sollen, dem sie begegnen. Mehr will Gott gar nicht.

Peter: Ich glaube, ich möchte sagen, dass man dankbar für das Leben sein soll, das Gott einem gegeben hat, und dass man den anderen Gotteskindern gegenüber hilfsbereit sein soll.

Rhianna: Die Menschheit muss auf die Engel und die Geister hören, die uns umgeben. Ich möchte, dass die Menschen sich um die Erde kümmern. Benutzt sie nicht einfach als riesigen Mülleimer! Und hört auf eure Geistführer.

Jasin: Die Menschen müssen aufhören, die Bäume zu fällen, denn wenn die Bäume alle weg sind, existieren wir auch nicht mehr.

Frage: Du meinst, wir wären ganz weg, als hätten wir gar nicht existiert?

Jasin: Ja, und dann müssten wir wieder ganz von vorn anfangen, in einer anderen Form.

Joseph: Hoffnung … Hoffnung! Hauptsächlich: Gebt die Hoffnung nie auf. Mit ein bisschen Hoffnung kann man immer den positiven Aspekt sehen und lernen, auf welche Weise man sein Ziel verwirklichen will. Auch wenn du dein Leben einfach verstreichen lässt, hast du dich für ein Ziel entschieden. Also: Verlier niemals die Hoffnung.

Scott: Die Botschaft, die ich weitergeben möchte, lautet: Hört auf zu kämpfen und handelt so einmütig, wie ihr angeblich seid. Die Politiker behaupten immer, sie seien sich alle einig. »Wir sind uns alle einig. Jetzt erklären wir euch den Krieg.« Das wäre im Prinzip alles.

Ahn: Alle deine persönlichen Antworten sind immer in deinem Inneren. Wir sind unermesslich mächtig, also nimm deine Macht an, freue dich ihrer in deinem Herzen, in deiner Seele, in deinem ganzen Wesen. Für mich liegt der Schlüssel darin, mich auf das Licht zu konzentrieren und mir lieber etwas zu »wünschen«, statt mich als »bedürftig« zu empfinden … Tu dein Bestes, und erwarte das Beste, und hab VIEL SPASS!

Frage: Und du, Scotty? Wenn du jetzt direkt zu unseren Lesern sprechen könntest – was würdest du ihnen sagen, damit sie wissen, dass alles in Ordnung ist?

Scotty: Wahrscheinlich würde ich einfach sagen, *dass* alles in Ordnung ist. Habt Vertrauen und liebt das Leben. Alles ist vollkommen, und wenn man ganz unten in der Talsohle angelangt ist, dann geht's nur noch bergauf... Ich meine, alles passiert genau zum richtigen Zeitpunkt, und du bist hier, um es zu erleben. Du hast diese Dinge für deine Seele gebraucht, du musstest sie erfahren und dich da durcharbeiten. Ich glaube daran, Gefühle hundertprozentig zu erleben.

Frage: Glaubst du, dass wir Fehler machen?

Scotty: Nein, nein, überhaupt nicht. Ich glaube, alles ist vollkommen, und vielleicht hast du eine Lektion lernen müssen, oder du hast scheinbar das Falsche getan, damit alles andere später dann genau so passieren konnte. Ich habe unglaublich oft erlebt, dass ich sagte: »Verdammt, warum hab ich das bloß gemacht?«, und dann bin ich einem ganz tollen Menschen begegnet, oder irgendetwas anderes Perfektes ist passiert.

Frage: Ist es nicht erstaunlich, dass man so oft meint, man hätte totalen Mist gebaut, aber dann führt gerade das manchmal zu einem ganz wundervollen Erlebnis oder zu einer besonders schönen Erfahrung?

Scotty: Genau wie der Umzug hierher: Ich war so fertig, weil wir zum sechsten Mal umgezogen sind. Ich habe Kalifornien so geliebt, aber wenn ich jetzt zurückblicke, dann bin ich sehr froh, dass ich hierher gezogen bin, weil ich ein ganz anderer Mensch wäre, wenn ich in Santa Barbara geblieben wäre. Ich hätte nicht so viele Menschen kennengelernt, die mein Leben verändert haben. Ich wäre einfach da geblieben, in einem Leben, das mir jetzt total oberflächlich vorkommt. Damals schwankte ich zwischen zwei Extremen hin und her und war entweder wahnsinnig gesellig oder völlig isoliert. Hier ist das Leben sehr spirituell.

Frage: Heutzutage gibt es so viel Input – das Fernsehen, Videospiele, Filme. Wenn man fernsieht, erscheint unweigerlich Werbung auf dem Bildschirm, und dieser ganze Input desensibilisiert die Leute, sodass wir die Gefühle, die in uns drin sind, gar nicht mehr empfinden können. Wir können die Freude nicht mehr empfinden, wir werden abgestumpft und können nicht einmal mehr definieren, was wir eigentlich fühlen …

Scotty: Genau. Ich habe den Fernseher aus meinem Leben verbannt. Wir haben nicht einmal mehr einen im Haus. Und wenn ich irgendwo bin und etwas sehe, dann bin ich total überwältigt von der Werbung und weil sie alle viel zu schnell reden, und das halte ich nicht aus. Ich habe früher unheimlich oft Videospiele gespielt, aber ich glaube wirklich, dass man durch Fernsehen und Videospiele sein Leben irgendwie vergeudet.

Warum sollte man durch das Fernsehen das Leben eines anderen leben? Oder warum soll man durch ein Videospiel ein neues Leben erschaffen, das gar nicht existiert, wo man doch sein eigenes Leben führen könnte?

Frage: Wow, was für eine kraftvolle Aussage.

Scotty: Das ist meine wichtigste Vision: Wenn man eine Fernsehserie verfolgt, also die Katastrophen im Leben anderer Leute, dann kann man sich zwar zusammen mit denen da durcharbeiten, und das ist für manche Leute ganz toll, aber statt an den fiktiven Leben zu arbeiten, könntest du ja auch an deinem eigenen Leben arbeiten.

Oder wie bei den Online-Videospielen, wo man seine eigene Spielfigur erschaffen und eine Identität erfinden kann. Warum sollte man an so was arbeiten, wenn man doch sein eigenes Leben erschaffen könnte?

Frage: Wenn man eine solche Spielfigur erfindet, dann ist das so ähnlich, als würde man ein Spiegelbild von sich selbst erschaffen, aber es fliegt irgendwo da draußen herum und existiert nicht wirklich. Es ist schwierig, dadurch mit echten seelischen Werten in Berührung zu kommen.

Scotty: Also ich finde, wir sollten unser eigenes Leben weiterentwickeln, statt zu versuchen, das Leben eines anderen zu führen, den es nicht einmal wirklich gibt. Man könnte die Zeit nutzen, um sich selbst zu erfahren, einem Hirsch zu begegnen, ein Buch zu lesen, die Natur zu erleben …

Frage: Die Realität zu berühren.

Scotty: Genau. Die Realität zu berühren.

Frage: Ich habe den Eindruck, wenn wir die Realität berühren, führt uns das zu uns selbst zurück; und wenn ich sage, »die Realität berühren«, dann meine ich damit, dass wir all unsere Sinne benutzen sollten. Alle Dinge, die uns geschehen, lehren uns, dass unser Besitz unwichtig und eigentlich sogar irreal ist. Es geht also darum, diese Illusion hinter sich zu lassen und zu den einfachen Dingen zurückzukehren.

Scotty: Ja, man muss alles vereinfachen. In meinem Zimmer hängt ein großes Schild, das ich gemacht habe. Darauf steht: »Vereinfachen«. Es erinnert mich ständig daran. Jeden Morgen beim Aufwachen sehe ich es, und es erinnert mich daran, dass das Leben gar nicht so kompliziert ist, wie es manchmal erscheint.

Frage: Und du, Gabriel? Was würdest du den Menschen auf der Welt gern sagen? Wie können wir unsere Zielrichtung verändern?

Gabriel: Wir müssen die wahre Bedeutung unseres Lebens herausfinden, damit wir unsere Lebensaufgabe erfüllen können. Jeder Mensch hat eine andere Lebensaufgabe. Letzten Endes ist es unser Ziel, eine Welt zu erschaffen, in der alle glücklich sind, so wie in den Geschichten.

Lindsay: Schwarz, weiß oder pink, schwul oder hetero, männlich oder weiblich, Putzhilfe bei MacDonalds oder Anwalt der oberen Zehntausend, es ist völlig egal. Nur die Liebe ist nicht egal. Wenn wir nämlich nicht lernen können zu lieben, dann hat alles andere keinen Sinn!

Kapitel 16

Ich habe das Gefühl, ich bin ein Symbol dafür,
in der Wahrheit zu leben,
und ich bin hier,
um ein Beispiel dafür
zu geben,
dass man
diese Wahrheit
aussprechen
und danach
leben kann.

Ahn

Das Ende ist erst der Anfang

Auf den Seiten dieses Buches haben wir den Vertretern unseres nächsten Evolutionsschrittes zugehört, den Kindern von heute, oder doch wenigstens einer repräsentativen Auswahl dieser Kinder. Vielleicht wurden die Grenzen unserer Wirklichkeit dadurch ein bisschen weiter gesteckt (das hoffe ich zumindest!), und vielleicht fällt es uns jetzt etwas leichter, uns daran zu erinnern, wer wir sind und wozu wir fähig sind. Unsere Kinder wissen Bescheid.

Sie wissen wirklich Bescheid.

Wie kommt es nur, dass wir Erwachsenen uns immer noch so abstrampeln, obwohl die Botschaften völlig eindeutig sind? Sind wir wirklich so verstrickt in unser Dasein als erfolgreiche Erwachsene, dass wir vergessen, wie viel mehr wir im tiefsten Inneren unseres Herzens wissen, und wie viel mehr wir eigentlich sind? Und dass wir unbegrenzte Möglichkeiten haben, und dass das Leben eine wundervolle Reise ist? Vielleicht liegt es daran, dass wir uns zu wenig zutrauen. Wahrscheinlich erinnern wir uns gar nicht mehr daran, wer wir sind und woher wir kommen. Und deshalb begreifen wir einfach nicht, dass das Leben keineswegs aus ununterbrochenen Kämpfen und Durchsetzungskraft bestehen muss.

Das Leben ist ein Geschenk. Es ist ein endloses Abenteuer, und wir können mittendrin beschließen, es zu verändern. *In Wahrheit sind wir die Veränderung*.

Was haben wir von den Kindern von heute gelernt? Vielleicht, dass menschliche Wesen nicht individuell allmächtig sind, sondern dass wir eigentlich Teile eines größeren Ganzen sind. Dass es jenseits unserer Wirklichkeit liebevolle Wesen gibt, die uns hegen und pflegen und die aus unserem Inneren heraus wirken, aber auch aus der Ferne. Sie besitzen uralte Überlieferungen und die Weisheit der Äonen, sie bringen uns die Lehren ihres unbegrenzten Wissens und darüber hinaus die Weisheit vieler Zeitalter.

Ja, diese Weisheit existiert.

Die Kinder wissen zweifellos genau, wer sie sind. Sie wissen, warum sie hier sind. Ist uns das je so bewusst gewesen? Haben wir es vergessen, oder hat es uns nie besonders bewegt?

Was haben wir noch von diesen großartigen Wesen, diesen wundervollen Produkten unserer Evolution, lernen dürfen?

Wir haben gelernt, dass Liebe wirklich bedingungslos ist. Und dass wir diejenigen sind, die die Liebe verwässern und in etwas Albernes und Überflüssiges verwandeln. Dass Liebe die Grundlage aller Existenz ist und dass wir selbst entscheiden, wie wir diese Existenz ausleben wollen. Wir haben gelernt, dass Gott in uns ist und dass wir Gott sind. Das gibt uns unbegrenzte Macht. Die Macht, jedes mögliche Leben zu erschaffen, das wir uns wünschen, und jede mögliche Welt, in der wir uns zu leben wünschen. Wir haben gelernt, dass Gott nicht dasselbe ist wie Religion, sondern dass Religion lediglich ein vom Menschen erschaffener Rahmen ist, der ursprünglich dazu geschaffen wurde, die Essenz Gottes einzufangen. Allerdings wurde dann unglücklicherweise häufig stattdessen die Essenz der Agenda der Religionsgründer darin eingefangen.

Die Kinder versichern uns, dass der einzige Gott ein Gott der Liebe ist.

Die Kinder von heute geben uns Einblick in ein breites Spektrum von Dingen jenseits der Wirklichkeit, die wir sehen, fühlen, berühren, hören und riechen können. Viele Kinder und heutzutage auch viele Erwachsene erleben unterschiedliche Wirklichkeiten, aber deshalb sind sie noch lange nicht krank oder verschroben, und sie brauchen auch keine Behandlung. Es bedeutet lediglich, dass die Möglichkeiten, die der Menschheit zur Verfügung stehen, genau so unbegrenzt sind wie die Welten, die so viele von uns erleben.

Und was ist mit den Dingen, die die Bewohner jener anderen Welten uns beibringen könnten? Wenn wir einen Blick in die goldenen Bücher werfen könnten, die einige unter den Ratsmitgliedern offenbar besitzen, dann würden wir vielleicht alles wissen … Mein Gefühl sagt mir: Wenn wir unsere eingefahrene Denkweise nur für kurze Zeit verlassen könnten, würden wir eine viel größere Realität entdecken, die uns geduldig erwartet.

Diese großartigen Führer haben vielen von uns die eigentliche Natur unserer Existenz näher gebracht. Sie haben uns gelehrt, wie und woraus alle Materie erschaffen wurde. Wie das alles funktioniert und dass wir ein Teil dieser ineinander verflochtenen Vorgänge sind. Die Frage ist: Wollen wir uns weiterhin unser ganzes Leben lang mit Händen und Füßen gegen all die Dinge wehren, die uns durch andere Kanäle zugänglich wären – oder lauschen wir, bis wir über den Lärm und die Stille hinausgelangen und erfahren, was für uns erreichbar ist? Erschaffen wir bewusst unser eigenes Leben – oder entscheiden wir uns dafür, Opfer unseres Lebens zu sein? Sind wir die Menschen, die uns zu sein bestimmt ist? Was für ein Leben erschaffen wir für uns und unsere Welt?

Wenn man weiß, dass wir sowohl jetzt als auch nach unserem »Tod« weit über unseren Körper hinaus leben, dann erhält man eine ganz neue Perspektive und kann neue Prioritäten setzen. Kleinigkeiten spielen wirklich keine Rolle. Wir sind unendliche Wesen, aus Licht geschaffen – und dieses Licht enthält alles, was jemals war, alles, was ist, und alles, was je sein wird.

Nach dem, was die Kinder uns sagen, waren die meisten von uns schon sehr, sehr oft hier. Müssen wir den Zyklus der Zeit wieder und wieder durchlaufen, oder gibt es einen Punkt, an dem wir Meisterschaft erlangt haben und unser unendliches Erbe antreten können? Es liegt nur an uns, welche Antworten wir auf diese Frage bekommen – und noch viel mehr! Alles steht uns zur Verfügung, es kommt nur darauf an, was wir wählen.

Es liegt an uns, die Zielrichtung der Menschheit zu verändern. Mir gefallen die Formulierungen der Kinder so gut: Mehr Liebe. Mehr Umarmungen. Mehr Licht. Gegenseitige Achtung und die Anerkennung, dass wir alle Teil des allumfassenden Einen sind.

Wir haben von unseren Kindern gehört, dass wir uns vor unserem Schicksal nicht zu fürchten brauchen, sondern dass wir es selbst erschaffen können. Was für eine Vorstellung!

So betrachtet ist das Phänomen des Jahres 2012 und der ganze diesbezügliche Vorgang einem kreativen Prozess unterworfen. Nehmen wir doch die kreativen Zügel selbst in die Hand, und stellen wir uns furchtlos jedem Augenblick unseres Daseins, statt uns vor Veränderungen zu fürchten und Angst zu haben – und wer weiß? Vielleicht haben wir allein dadurch bereits die Veränderung bewirkt, die wir herbeiführen möchten.

Es gibt nur eine Möglichkeit, dies zweifelsfrei herauszufinden: *Man muss es tun*.

Vor allem in Bezug auf uns und unsere Verschiedenheiten haben die Kinder einen sehr wichtigen Punkt hervorgehoben. Jeder von uns ist ein Stück eines gigantischen Puzzles. Und wenn auch nur einer von uns fehlt, ist das Bild unvollständig. Wir sollten die Unterschiede, die zwischen uns bestehen, als unentbehrlich für den

Erfolg betrachten. Seien wir Licht, statt fehlgeleitete Bedürfnisse und Ängste mit uns herumzuschleppen.

Ja, das ist es: *Seien wir Licht!*

Segnen wir unsere Kinder, hegen und pflegen wir sie.

Vergessen Sie nicht: Egal, welches Urteil andere auch über sie fällen mögen, Ihre Kinder sind Ihre Kinder. Lassen Sie sich von niemandem einreden, was sie brauchen und was nicht. Die Kinder wissen es nämlich längst, und es sind keineswegs Medikamente, Ausgrenzungen oder das Hervorheben von Andersartigkeit. Sie brauchen nichts weiter als eine Welt der Liebe – die wir an sie weitergeben müssen.

Sie können uns den Weg dorthin weisen.

Nachwort

Entspannen wir uns, denn wir wissen, es gibt einen großen Plan

von Nicholas Tschense

Es gibt einen Plan, der ist so gewaltig, dass man ihn leicht übersehen kann. Und wenn wir unser Bewusstsein erweitern, gelangen wir irgendwann an den Punkt, an dem wir nicht einmal mehr fragen wollen: »Welche Rolle spiele ich in diesem Plan?«, denn diese Frage beantwortet sich völlig offensichtlich von selbst.

Durch das Naturgesetz des Fließens kommt immer alles dort an, wo es ankommen soll, egal ob jetzt oder später. Es ist so ähnlich wie bei dem Wasser, das einen Fluss hinunterströmt. Entweder strömt es ungehindert, dann kommt es früher an. Oder es stößt auf einen Felsen, der ihm Widerstand leistet und vorübergehend die Strömung behindert. Durch das Naturgesetz des Fließens strömt das Wasser dann um den Felsen herum, und zwar mit umso größerer Kraft, und kommt schließlich doch am selben Ziel an.

Ihr seht also, dass die Entwicklung unseres göttlichen Universums auch in diesem Augenblick den natürlichen Rhythmen und den Naturgesetzen unterliegt.

Alles, was zwischen dem jetzigen Moment und 2012 und darüber hinaus passiert, wurzelt ganz natürlich in unseren Naturgesetzen.

Dem Felsen des Widerstandes begegnen wir immer dann, wenn wir an unseren Naturgesetzen herumpfuschen. Doch wie das Wasser im Fluss werden sie dennoch ihren Weg nehmen.

Wir sind wie der Fluss, jeder von uns findet und webt seinen Pfad selbst und bestimmt anscheinend auch selbst die Zielrichtung seiner Strömung. Aber genau wie ein Wassertropfen zur Matrix des Wassers gehört, gehören wir zu einer Matrix des Lebens, die beinahe vorherbestimmt ist. Der Unterschied besteht nur darin, dass wir als Partner der Lebensmatrix auf der Schwelle zu unserer eigenen evolutionären Schöpfung stehen. Vielleicht hat es den Anschein, als würde uns diese Chance überfordern, aber auch das gehört zum göttlichen Plan. Im Meisterplan der Schöpfung fehlt zur Vollendung unseres evolutionären Weges in der subatomaren Information nicht einmal der kleinste Nanostrang.

Man hat uns nicht nur die lückenlosen evolutionären Daten gegeben, sondern auch die vollständige evolutionäre genetische Blaupause, damit wir an der großen Feier teilnehmen können.

Dieses Gedicht oder Lied ist meiner Mutter und allen Kindern gewidmet, die auf dem Weg vorangehen!

Wir feiern das Leben als Mitschöpfer

Wir leben hier alle in ewigem Segen, weit und breit,
und müssen doch lernen zu lieben, ohne Leid.
Wir Kristallkinder sind hier als neue Generation
und bringen Liebe in die ganze Situation.
Und wenn du uns fragst, was geschieht 2012,
wird die Antwort schlicht eine große Feier sein –
unsere Mitschöpfung bringt sie ins Sein.

In diesen Tagen treffen immer mehr Kristallkinder ein, um ein integraler Bestandteil der ätherischen und genetischen Blaupause zu werden. Wenn man ihre Anwesenheit achtet, unterstützt man den gesamten Vorgang.

Meine wichtigste Botschaft lautet: Wir können uns entspannen, denn wir wissen, dass unser allumfassender Liebevoller Meisterhafter Göttlicher Geist auch nicht die kleinste Einzelheit übersehen hat.

Wir können uns entspannen, denn wir wissen, dass die Liebe für immer bleiben wird!

Überbringer von Licht und Liebe
Nicholas Tschense, 10 Jahre

www.friendsofnicholas.com

☆ ☆ ☆

Die Ansichten und Meinungen, die Nicholas im Alter von zehn Jahren ausdrückt, können sich noch weiter entwickeln, wenn er heranwächst. Die geschriebenen Worte entstanden mit Hilfe seines Letterboards. Der Begriff »Gott« wird als Metapher verwendet und bezeichnet unseren Schöpfer, oder welches Wort man dafür auch immer benutzen möchte.

Diese Botschaften wenden sich ausnahmslos an jeden von uns und wollen keine Gruppe ausschließen. Die Kinder laden Sie ein, ihnen zuzuhören und zu antworten, indem Sie ihnen bei Begegnungen und Gesprächen entsprechende Rückmeldung geben.

Anhang

Weitere Informationen über die Kinder von heute

Es folgt eine Liste mit Webseiten, Büchern und Filmen, die eine große Menge Informationen über die Kinder von heute anbieten. Bitte beachten Sie, dass es sich nicht um Empfehlungen handelt, denn ich habe nicht jeden Artikel selber gelesen oder gesehen. Die meisten wurden mir von Eltern, Lehrern und Menschen, die beruflich mit Kindern von heute zu tun haben, empfohlen. Sie werden hier als mögliche Hilfsmittel aufgeführt, falls Sie mehr über diese Kinder erfahren möchten. Wie bei allen anderen Informationen auch, die dort draußen zur Verfügung stehen, sollten Sie nach eigenem Ermessen damit verfahren ... und wenn die Informationen Ihnen weiterhelfen, umso besser!

☆ Indigo-Webseiten

- *www.indigochild.com*
  (Updates der Informationen in den klassischen Büchern)
- *www.artakiane.com/home.htm*
  (Seite von Akiane, einem Wunderkind in Sachen Kunst und Seele)
- *www.greatdreams.com/indigo.htm*
  (Verstreute Texte einschlägiger Autoren)
- *www.indigokinder.de/homeframe.htm*
  (Deutschsprachige Webseite von Carolina Hehenkamp)
- *www.childrenofthenewearth.com*
  (Bietet Informationen über das Aufwachsen von Indigo- und Kristallkindern)

- *www.indigochildren.meetup.com*
  (Bietet Informationen über Eltern & Kind-Gruppen überall auf der Welt)
- *www.experiencefestival.com/indigo_children*
  (Links zu anderen Quellen)
- *www.starchild.co.za/articles.html*
  (Links zu Artikeln von Celia Fenn, auch über Kinder der neuen Zeit)

☆ Webseiten zum Kristallbewusstsein

- *www.spiritlite.com*
  (Webseite der Autorin)
- *www.childrenofthenewearth.com*
  (Webseite des gleichnamigen Magazins)
- *www.friendsofnicholas.com*
  (Webseite von Nicholas Tschense)
- *www.grandmachandra.com*
  (Webseite von Grandma Chandra)
- *web.mac.com/lorrinsworld/Site/Welcome.html*
  (Webseite über das Leben von Lorrin Kain)
- *www.thecrystalchildren.com/crystal.html*
  (Artikel von Doreen Virtue über Indigo- und Kristallkinder)
- *www.lightworker.com/beacons/101502AwakeningCrystalChildren*
  (Channeling von Steve Rother und The Group, das die Kristallkinder ankündigte)
- *www.metagifted.org/topics/metagifted/crystalChildren*
  (Allgemeine Informationsseite mit Links zu vielen anderen Seiten)
- *www.enchantedlearning.com/Home*
  (Bietet eine Fülle von Anregungen für neue Lernmethoden)
- *www.learnnc.org*
  (Bietet moderne Lehrmethoden für Erzieher und Recherchematerial für Schüler)
- *www.learner.org/jnorth/current.html*
  (Bietet eine umfassende Artikelsammlung mit Wissenswertem für Jugendliche)

- *www.ket.org/cgi-plex/watch/series.pl?&id=AJONO*
  (Webseite des Bildungsfernsehens von Kentucky)
- *www.theindigoevolution.com*
  (Links im Zusammenhang mit Indigokindern)
- *www.cosmikids.org*
  (News, Events und Angebote für Kinder, die sich selbst erkunden wollen)
- *www.childrenlights.com*
  (Bietet Online-Beratungen für eine tiefere Verbundenheit von Eltern und Kind)
- *www.planetlightworker.com*
  (Spirituelles Online-Magazin mit zahlreichen aktuellen Artikeln)

☆ Deutschsprachige Bücher zum Weiterlesen

- *The Children of Now. Kristallkinder, Indigokinder, Sternenkinder und das Phänomen der Übergangskinder* von Meg Blackburn Losey, Amra Verlag
- *Vom Abenteuer, als Indigo- oder Kristallmensch zu leben. Über die Erschaffung globalen Friedens durch Liebe und Harmonie* von Celia Fenn, Amra Verlag
- *Indigo-Erwachsene. Wegbereiter einer neuen Gesellschaft. Sind Sie eine Indigo-Seele und wissen es nicht?* von Kabir Jaffe und Ritama Davidson, Amra Verlag
- *Autismus und die Verbundenheit mit Gott. Erkenntnisse über die hohe Spiritualität von Menschen mit Autismus* von William Stillman, Amra Verlag
- *Die Seele des Autismus. Warum wir die hohe Spiritualität von Menschen mit Autismus brauchen* von William Stillman, Amra Verlag
- *Elf ist freundlich und Fünf ist laut. Ein genialer Autist erklärt seine Welt* von Daniel Tammet, Patmos Verlag
- *Die spirituelle Welt der Kinder. Wie Sie ihre verborgenen Fähigkeiten verstehen und fördern* von Tobin Hart, Hugendubel Verlag
- *Die Indigo-Kinder. Eltern aufgepasst… Die Kinder von morgen sind da!* von Lee Carroll und Jan Tober, Koha Verlag

- *Indigo-Kinder erzählen. Botschaften, Geschichten und Einsichten rund um die Indigo-Kinder* von Lee Carroll und Jan Tober, Koha Verlag
- *Das Praxisbuch für Indigo-Eltern* von Doreen Virtue, Koha Verlag
- *Die Kristallkinder. Ein Leitfaden für den Umgang mit der neuesten Generation außergewöhnlicher Kinder* von Doreen Virtue, Koha Verlag
- *Indigo-Schulen. Chinas Trainingsmethoden für medial begabte Kinder* von Paul Dong und Thomas E. Raffill, Koha Verlag
- *Abgesandte der Liebe* von James F. Twyman, Koha Verlag
- *Indigo-Kinder und die neue Zeit ab 2012* von P. M. H. Atwater, Lüchow Verlag
- *Das Indigo-Phänomen. Kinder einer neuen Zeit. Das Geschenk der Indigo-Kinder* von Carolina Hehenkamp, Schirner Verlag
- *Der Indigo-Ratgeber. Tips & Übungen für einen entspannten Umgang mit Indigo-Kindern* von Carolina Hehenkamp, Schirner Verlag
- *Indigos öffnen ihre Seele. Berichte aus der neuen Zeit* von Carolina Hehenkamp, Schirner Verlag
- *Das Märchen vom ADHS-Kind* von Thomas Armstrong, Junfermann Verlag
- *ADHS als Geschenk. Wie die Probleme Ihres Kindes zu Stärken werden können* von Lara Honos-Webb, Junfermann Verlag
- *Heilende Klänge bei ADHS. Neue therapeutische Erkenntnisse* von Dick de Ruiter und Danny Becher (mit Musik-CD), Verlag Binkey Kok
- *Es geht auch ohne Ritalin* von Judyth Reichenberg-Ullman und Robert Ullman, Michaels Verlag
- *Gesunde Kinder mit Bach-Blüten* von Barbara Mazzarella, Heyne Verlag
- *Das Handbuch der Blütenessenz-Heilung. Anwendung und Präparation der neuen Blütenessenzen* von Lila Devi, Heyne Verlag (Zeigt, wie man Blütenessenzen verwendet, um bei emotionaler Unausgeglichenheit zu helfen und Kinder und Jugendliche zu unterstützen)

☆ Englischsprachige Bücher

- *Attention-Deficit Disorder: Natural Alternatives to Drug Therapy* (Natural Health Guide) von Nancy L. Morse
- *ADD: The Natural Approach* von Nina Anderson und Howard Peiper (auch als Hörkassette erhältlich)
- *The A. D. D. and A. D. H. D. Diet!* von Rachel Bell und Howard Peiper
- *Without Ritalin: A Natural Approach to ADD* von Samuel A. Berne
- *Natural Treatments for ADD und Hyperactivity* von Skye Weintraub
- *Creative Activities for Young Children* von Mary Mayesky
- *Anger and the Indigo Child: Transforming Anger into Love* von Dianne Lancaster
- *Spiritually Healing the Indigo Children (and Adult Indigos, Too!): The Practical Guide and Handbook* von Wayne Dosick und Ellen Kaufman Dosick
- *Upside-Down Brilliance: The Visual Spatial Learner* von Linda Kreger Silverman
- *Ending School Violence: Solutions from America's Youth* von Jason R. Dorsey
- *The Journey Home: The Story of Michael Thomas and the Seven Angels: Children's Edition* von Theresa Corley
- *Beyond What You See: For Teens* von Nicolette D. Groeneveld
- *Seven Secrets to Raising a Happy and Healthy Child: The Ayurvedic Approach to Parenting* von Joyce Golden Seyburn
- *Raising Your Spirited Child: A Guide for Parents Whose Child is More Intense, Sensitive, Perceptive, Persistent and Energetic* von Mary Sheedy Kurcinka
- *Raising Psychic Children: Messages from »Thomas«* von James F. Twyman

  (Schauen Sie auf seiner Webseite www.emissaryoflight.com vorbei, oder schreiben Sie an james@emissarybooks.com)

☆ Deutschsprachige Kinderbücher

- *Ich bin das Licht! Die kleine Seele spricht mit Gott* von Neale Donald Walsch und Frank Riccio, Hans Nietsch Verlag
  (Lehrt Kinder den wahren Ursprung ihrer Seele)
- *Die kleine Seele und die Erde* von Neale Donald Walsch und Frank Riccio, Hans Nietsch Verlag
- *Das Geheimnis des friedlichen Kriegers. Eine Geschichte über Liebe und Mut* von Dan Millman und T. T. Bruce, Ch. Falk Verlag
- *Hoffnung für die Blumen. Die Geschichte einer Raupe, die beinahe vergaß, dass sie ein Schmetterling werden kann* von Trina Paulus, Ludwig Verlag

☆ Englischsprachige Kinderbücher

- *Full Moon Stories – Thirteen Native American Legends* von Eagle Walking Turtle
- *Arrow to the Sun: A Pueblo Indian Tale* von Gerald McDermott
- *Places of Power* von Michael DeMunn
  (Lehrt die Unverletzlichkeit heiliger Stätten und die Heiligkeit der Kinder)
- *Native Plant Stories* von Joseph Bruchac
  (Lehrt, den Pflanzen zuzuhören und ihre Medizin zu empfangen)
- *The Sacred Tree* vom Four Worlds Developments Project
  (Lehrt die Geschenke der vier Richtungen)
- *SunDancer Speaks of Life, Death and Freedom: We are the Generators of the Myths, Stories and Legends of a Future Age* von Edward Hays
- *Special Gifts: In Search of Love and Honor* von Dennis L. Olson
  (Eine bezaubernde Erzählung über den Schöpfer, der Rat bei den Tieren sucht)
- *The Children's Book of Virtues* von William J. Bennett
- *Children of the Sun: A Spiritual Journey Using Story and Songs* von Laurel Savoie und Emery Bear (inklusive CD)

☆ DVDs zum Thema

- *Indigo Evolution* von James Twyman, Stephen Simon, Neale Donald Walsch, Doreen Virtue, Masaru Emoto u. a., Kamphausen Verlag
- *Indigo – Der Spielfilm* von James Twyman, Stephen Simon und Neale Donald Walsch, Kamphausen Verlag

☆ Andere wertvolle Links

- *www.montessori-express.de*
  (Deutsche Webseite der Montessori-Schulen)
- *www.waldorfschule.info*
  (Deutsche Webseite der Waldorf-Schulen)
- *www.williamstillman.com*
  (Webseite von William Stillman, dem führenden Autor von Spiritualität und Autismus)
- *www.chadd.org*
  (Gemeinnützige amerikanische Organisation für Menschen mit ADS und ADHS)
- *www.heartmath.com*
  (Gemeinnützige Firma, gegründet von Doc Childre, die streßreduzierende und gesundheitsfördernde Produkte anbietet)
- *www.nutrichem.com*
  (Webseite von Nutri-Chem, behandelt die Auswirkung der Ernährung auf Krankheitszustände)
- *www.simplexityhealth.com*
  (Webseite der Firma Simplexity Health, die im Klamath Lake gezüchtete blaugrüne Algen anbietet)
- *www.bp.edu*
  (Webseite des Mindful Psychology Institute, das gesundheitsfördernde Atemtechniken unterrichtet)
- *www.healing-arts.org/children/holmes.htm#exam*
  (Webseite von Dr. Amy S. Holmes, behandelt Quecksilbervergiftung bei Autismus)

- *www.cem.msu.edu/(cem181h/projects/97/mercury/#anchor233568*
  (Webseite von Andrew Volz, Jake Weaver und Dean Shooltz, diskutiert die Giftigkeit von Quecksilber im Gehirn)
- *www.drboylan.com*
  (Webseite von Richard Boylan; siehe auch die 42 Anzeichen für ein Sternenkind auf *www.drboylan.com/strkidsigns*)

Über die Autorin

Dr. Meg Blackburn Losey wurde als begnadete Heilerin, Rednerin und spirituelle Lehrerin bekannt. Sie entwickelte mehrere Heilmethoden, und ihr Newsletter *The Online Messages* fand auf Anhieb eine große Lesergemeinde. Sie schreibt Artikel für esoterische Zeitschriften und ist regelmäßige Kolumnistin des *Mystic Pop Magazine*. Ihr erstes Buch, *Pyramids of Light*, erschien 2004, gefolgt von *The Children of Now* und *Conversations With The Children of Now*. (Deutsche Ausgaben im AMRA-Verlag.) Seit Jahren ist sie regelmäßiger Gast bei amerikanischen und internationalen Fernsehsendungen, war als Beraterin für *Good Morning America* tätig, die größte tägliche TV-Nachrichtensendung der USA, und moderierte auf der eigenen Webseite die Radiosendung *Dr. Meg Show: Conscious Talk for Greater Reality*. Seit Januar 2008 präsentiert sie die Nachfolgesendung *Continuum* auf der Webseite von Shirley MacLaine. Ihre eigene Webseite www.spiritlite.com wird mehr als 500.000 Mal pro Monat aufgerufen. Dr. Meg, wie sie auch kurz genannt wird, hält Seminare und Workshops auf der ganzen Welt. Sie ist per E-Mail erreichbar unter drmeg@spiritlite.com.

Register